003
고전
아틀리에

치유의 언어 - 상권

| 논어와 함께 노자, 열자, 장자 읽기 |

003
고전
아틀리에

치유의 언어 ─상권

| 논어와 함께 노자, 열자, 장자 읽기 |

최기재 지음

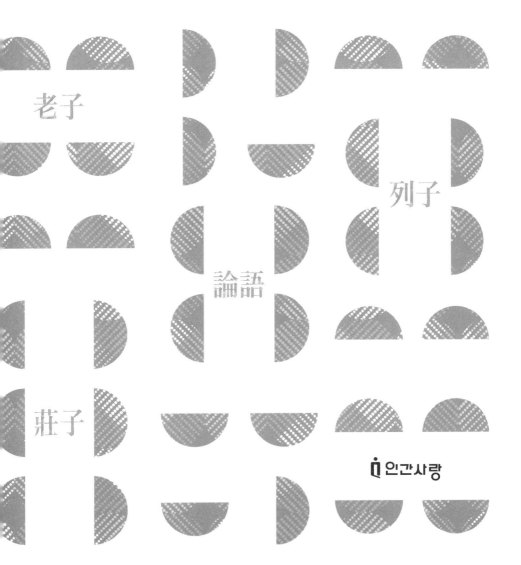

老子

列子

論語

莊子

인간사랑

오른손엔 논어, 왼손에는
노장으로 삶의 균형 찾기

위대한 사상은 어려운 시대를 살아가는 처방이다. 춘추전국시대(BC 770~BC 221)는 진시황이 통일하기 전으로 중국 역사에서 가장 혼란한 시기였다. 강한 자만이 살아남는 약육강식의 시대에 등장한 처방전이 제자백가사상이다. 전쟁으로 백성들의 삶이 도탄에 빠지자 제자백가 중 인과 의를 강조한 공자의 유가사상, 무위 자연을 강조한 노자, 열자, 장자의 노장사상, 개인의 삶과 생명을 존중하는 묵적의 겸애설과 양주의 위아설이 백성들에 큰 영향력을 끼쳤다. 진나라가 법가사상으로 550년 동안의 혼란에 종지부를 찍고 중국을 통일한다. 한나라 무제 이후 통치이념으로 받아들인 공맹의 유가사상이 동아시아 윤리, 사회, 정치의 바탕이 되고 노장사상을 계승, 발전시킨 도가사상은 중국 봉건사회의 정통 사상이 되지는 못했지만 민간의 생활 속으로 스며들며 중국을 넘어 우리나라에까지 깊숙이 영향을 미쳤다. 노자의『도덕경』을 이론적 근거로 하는 도교는 신선이 되길 바라는 민간 신앙으로 현재 타이완과 홍콩의 주요 종교가 되었다.

　노자와 열자와 장자를 대표로 하는 도가사상은 동양사상 전반, 특히 유가와 불가에 큰 영향을 끼쳤다. 노자에게 여러 번 물은 바 있던 공자가 중심이 되는 유교의 사서삼경은 도가사상의 반영이다.『주역』의 태극이나 음양오행 등은『도덕경』의 영향이고,『중용』『대학』등도 도가사상의 영향을 받은 것으로 학자들은 평가한다. 인도에서 전래된 불교 중 선종은 도가의 좌망(坐忘)과 직접 결합한다. 우리 문학 작품 속에는 유불선 사상이 동시에 나타난다. 그 중심이 노자이다. 그러면서 도가와 유가와 불교는 서로를 보완해 준다고 할 수 있다. 유불선(儒佛仙) 사상은 현재까지 우리 삶 속에 공존한다.

　공자는 성인을 지향한다. 공자의 언어는 우리에게 규범을 요구한다. 자기를 이기고 예로 돌아가라는 것이 쉬운 일은 아니다. 공자의 가르침이 현재에도 다양한 스펙트럼으로 우리의 삶을 가치 있게 하고 있음은 틀림없다. 한편으로 현대인들은 공자의 틀에서 벗어나고 싶어 한다. 그 틀을 벗어나는 해방의 언어, 그 압박에서 자유로워지는 치유의 언어가『도덕경』,『열자』,『장자』이다.『장자』속「소요유」의 여유로움은 우리 삶에 휴식을 준다. 공자의 언어는 바름을 숭상하고 노자, 열자, 장자의 언어는 자유를 구가한다. 공자의 충서(忠恕)와 노자의 무위(無爲)는 서로를 다듬는 숫돌이다. 공자는 나를 바로 서게 하고 노자, 열자, 장자는 쉼 없이 달려온 나를 돌아보게 한다. 도가와 유가를 함께 읽어야 하는 이유다. 오른손잡이라고 오른손만이 중요한 것은 아니다. 머리에는 우뇌와 좌뇌가 함께 존재한다. 오른쪽 눈이거나 왼쪽 눈이거나 하나로는 제대로 보지 못한다. 우리 선비들은 오른손에는 세속적 삶의 길을 안내하는 유교 경전『논어』와『맹자』를,

왼손에는 신선의 삶을 노니는 『도덕경』과 『열자』와 『장자』를 들어왔다. 『열자』와 『장자』에 끊임없이 공자가 등장하는 것도 『논어』를 함께 읽어야 하는 이유이다.

『도덕경』, 『열자』, 『장자』는 머리맡에 두고 아무 곳이나 펼쳐도 마음의 평화를 받을 수 있는 책이다. 책 속의 언어는 살아온 날들에서 부족함을 먼저 떠올리는 나를 온전한 나로 돌아가게 하는 치유의 주삿바늘이다. 지금, 여기에서 나를 나로 살아가게 하는 나침반이 될 것이다. 또한 이 책은 우리 딸과 아들이 삶에 지쳐 있을 때를 위한 책이다. 최선을 다했지만 위로받지 못할 때 등을 토닥여주는 따뜻한 손이 될 것이다. 이 책은 간혹 한쪽 세상에 치우친 삶을 사는 친구들에게 권할 마음의 여유를 담은 찻잔이다. 도와 덕, 생명존중과 양생, 평화사상, 여성, 장애인, 처세, 정치에 이르기까지 조화와 균형의 빛이 되는 책이다. 부드러움과 강함을 갖춘 책, 하지 않아도 함이 있는 치유의 책이다.

이 책은 무엇보다 80억 광년이라는 상상조차 할 수 없는 우주 공간, $10^{11} \times 10^{11} = 10^{22}$개의 별 중의 하나가 거느린 행성 속의 지구, 그 속에 사는 작은 존재로서 인간임을 깨우치게 한다. 우리의 몸부림은 그 속에서 와각지쟁(蝸角之爭) 같은 사소함일 뿐임을 이 책은 알려준다. 이로써 나는 온전히 나로 살 수 있다. 사소함 때문에 인생을 허비하지 않는 지혜를 얻을 수 있다.

온전한 자유를 추구하는 진정한 인문학은 현대인의 삶을 치유한다. 공자가 다그치는 삶의 방식에 노장의 언어는 숨통을 트이게 한다. 치유의 언어, 은유와 상징의 언어가 노자와 열자와 장자에서 오늘날에도 살아 숨 쉰다. 바쁜 일상에서 때때로 아무 생각 없이 멍하며 자기를 잊을 때가 있어야 자기 자신으로 온전히 돌아온다.

절대 자유의 유토피아를 구가하는 인문학으로서 도가사상은 인류를 치유하며 동서양에 큰 영향을 끼쳐왔다. 진정한 인문학은 현대인의 삶을 치유한다. 개인의 삶은 처한 상황에 따라 언제나 춘추전국시대와 같은 형국일 수 있다. 이 책은 그 상황에서 지혜의 불빛이 될 것이다. 이 책의 원고를 독자의 입장에서 검토해 주신 전주독서연합회 독서모임 운영자 한재하 선생님께 감사드린다.

2023년 10월 1일

시립 꽃심 도서관에서 최기재

일러두기

1. 니체는 '사실은 없다. 해석이 있을 뿐이다'라고 말한다. 수전 손택은 『해석에 반대한다』에서 '해석은 지식인이 세계에 가하는 복수다'라며 해석에 반대한다. 손택은 말한다. '예술을 해석하는 사람들이 뱉어놓은 말들은 우리의 감성에 해독을 끼친다.' 그러면서 '예술을 예술 자체로 경험해야 한다.'라고 주장한다. 곧, 번역은 반역이다. 번역이 해석을 최소화하도록 이 책은 가능한 말의 순서까지도 때로는 의미 없는 언어조차도 그대로 옮기고자 하였다. 각 언어의 뉘앙스까지 옮기는 방법의 하나일 수 있다. 군더더기가 없어야 해석은 씹는 맛이 나고, 그 맛은 풍부하면서도 순수하다. 당시 언어의 풍미를 즐기며 해석의 기쁨을 얻는 것도 직역으로 반복해서 읽으려는 까닭이다. 어색할지라도 독자는 직역으로 |본문|을 읽은 후에 자신의 언어로 표현할 수 있어야 한다. 이 글은 해석을 최소화한 번역을 우선한다. 화려함 속에서 왜곡을 경계해야 한다.

2. '온고이지신(溫故而知新)'처럼 과거는 '오래된 미래'일 때 의미가 있다. 오래된 책일수록 과거의 해석에 의존하는 경우가 많다. 과거를 깨야 미래로 나아갈 수 있다. 이런 점에서 과거 해석자들의 견해에 눈을 두기보다 백지상태에서 글 자체에 정신을 모아야 한다. 하나의 기준이라면 '해석학적 순환'이다. 곧 글의 이해는 부분과 전체의 유기적인 관계로 맥락에 초점을 두어야 할 것이다.

3. 『도덕경』은 통용본인 「왕필본」, 『열자』는 장담(張湛)의 『열자주(列子注)』, 『장자』는 왕선겸(王先謙)의 『장자집석(莊子集釈)』을 원본으로 삼았다.

4. |본문|은 원본을 필자가 직역으로 번역한 내용이다. 최대한 간결하게 직역하려 했다. 각 장(章) 또는 편(篇)마다 |본문| 앞 시작 부분에 필자가 '시' 형식으로 내용을 안내하였다. |해석과 감상|은 이해에 도움이 될 내용을 서술하였다. |필사하기|는 글의 중심어 또는 중요하게 언급하는 구절로 필사할 가치가 있는 글을 뽑고, 이와 연관성이 높은 『논어』의 구절을 제시하였다. |노장과 논어로 삶의 균형 갖추기|는 |필사하기| 구절을 대비하여 설명하였다. |필사하기| 부분만으로도 노장과 공자의 핵심 사상을 거의 이해하게 될 것이다. 필사하기는 자신을 치유하는 시간이 될 것이다.

차　례

하권 차례

제 1 장

노자와 장자
그리고 공자

동양의 대표적 인문학, 도가와 유가

-결국에는 물처럼 바람처럼-

공자는 노자를 만나고 나서
용을 보았다고 제자들에게 말하고
사마천은 사기에서 공자의 상갓집 개 이야기를 한다.
선비들은 공자를 받들어 벼슬을 하고
벼슬 끈이 끊어지고 나서야
노자와 열자와 장자로 병을 치유하려 한다.
선비들은 고향에 돌아와 인위를 벗어 흰옷으로 갈아입고
신선이 되고자 노자를 우러르며 장자를 따른다.
양반들은 공자를 따르던 벼슬 시절을 되뇌고
선비들은 끝내 명산 심곡에서 양생법으로 신선이 된다.

나이 들면 아무도 들어주지 않는 과거를 주절거리며
광야에 홀로 서서 노닐다가
끝내 사람들은 평생 짊어졌던 돌을 내려놓고
물이 되고 바람이 된다.

중국을 대표하는 두 사상이 도가사상과 유가사상이다. 도가사상이 무위자연이 바탕이라면 유가사상은 정치와 사회 윤리의 바탕이다.

노장사상은 노자, 열자, 장자의 사상을 일컫는다. 노자의『도덕경』은 관윤의 물음에 답한 글 오천 자로 이루어져 있다. 열자는 위작 논쟁이 있는 몇 편의 글이 있다. 장자가 지었다는 글은 일곱 편이 전해진다. 이들 사상을 계승 발전시킨 철학이 도가사상이다.

공자는 중국의 삼황오제 등 성현을 떠받든다. 술이부작(述而不作), 즉 옛것을 전할 따름이지 자기가 창작하지 않는다는 생각으로 공자는 요순임금 등 성인을 숭상하고 이를 따르려 하였다.

노장은 무위자연이고, 공자는 인위이다. 노자와 열자와 장자는 세속을 떠난 신선의 세계를 지향한다. 공자는 세속적 문화를 지향한다. 노장이 산천을 찾는다면 공자는 학문과 벼슬을 추구한다. 장자는 우물을 벗어나는 지혜를 말하고, 공자는 우물 속에서 살아가는 지혜를 말한다. 노자, 열자, 장자는 절대적인 자유의 경지에서 놀고자 하는 반면 공자는 인의예지에 바탕을 둔 군자를 지향한다. 노장사상은 앎이 삶의 장애물이라고 하고 공자는 배워야 한다며 가르치는 실천을 중시한다. 장자는 쓸데없이 큰 것으로 공격받으며, 공자는 상갓집 개로 조롱당한다.

『장자』는 삶과 죽음을 초월하며 자유롭게 노니는 것을 삶의 목적으로 삼는다.『논어』는 예(禮)와 인(仁)을 강조하며, 과유불급(過猶不及)의 중용(中庸)으로 조화를 이루기를 바란다.

노자는 주나라가 쇠퇴하자 주나라를 떠난다. 장자도 관리 생활을 하지만 초나라 재상 자리를 거절한다. 공자는 세상을 바꾸려 세상 속에 뛰어들고 노자와 장자는 자연처럼 순응하며 자연이 된다. 공자는 52세에 노나라 대사구의 벼슬(지금의 법무장관)을 하며 재상도 겸한 경력이 있지만 더 큰 뜻을 펼치려고 벼슬길을 찾아 나선다.

　동양에서 도가와 유가는 다른 듯하나 한 몸이다. 대척점에 있는 듯 보이나 서로를 보완해준다. 선비가 벼슬에 나가면 유가를 따르고 산천을 벗 삼으면 도가를 따른다. 지금이라고 다를 바 없다.

　공자는 노자를 만나고 나서 용을 보았다고 제자들에게 말한다. 선비들은 공자를 받들어 벼슬을 하고, 벼슬 끈이 끊어지고 나서야 노자와 열자와 장자로 세속의 병을 치유하려 한다. 선비들은 고향에 돌아와 인위를 벗어 흰옷으로 갈아입고 신선이 되고자 노자를 우러르며 장자를 따른다. 양반들은 공자를 따르던 벼슬 시절을 되돌아보다 끝내 명산 심곡에서 양생법으로 신선이 된다.

사마천의 「사기열전」 속 노자와 장자

-신선은 형체 없는 그림자-

사람들은 신선이 간 곳을 모른다.
인간들은 신선의 나이도 모른다.
단지 산에 머물거나
사찰의 단출한 신선당에서
호랑이를 곁에 두고 바둑을 둔다는 사실을 겨우 볼 뿐이다.
신선은 맑은 공기를 마시며 인간의 음식을 취하지 않아
흰 머리카락이 투명하게 빛난다.
눈과 얼굴에 태양의 광채가 영롱하게 스며들고
걸음은 바람처럼 형체가 없다.

자연 속에서 스스로 깨달아야 함을 알기에
노자와 장자는 가르치려 하지 않고
역설과 우화로 세상을 빗댈 뿐이다.
속세에 말해 주어도 알지 못하기에
그들은 어리둥절한 말만 남기고
그저 홀로 자연으로 들어가 자연이 된다.
세상이 주는 것은 올가미,
노자와 열자와 장자는 세상의 덫이 잡지 못하는 바람이다.

사마천의 『사기열전』의 세 번째 글은 「노자 한비 열전」 또는 「노장 신한 열전」이다. 이 열전은 노자, 장자, 신불해, 한비를 하나로 묶어서 서술하고 있다. 그중에 노자와 장자는 분량이 많지 않고 한비자의 내용이 많은 분량을 차지한다.

노자(추정 BC 6C~BC 4C)는 초나라 출신으로 주나라에서 도서관장을 지냈다. 노자는 소를 타고 함곡관 밖으로 가서 종적이 묘연해졌다. 그에 대해서는 기록이 거의 없다.

장자(BC 369?~BC 286)는 전국시대 송나라 사람이다. 본명은 주(周)이다. 도교에서는 남화진인, 남화노선, 남화진경으로 부른다. 『사기열전』에 몽(蒙) 칠원의 관리였다.

다음은 열전 속의 노자와 장자에 관한 내용이다.

「노자 한비 열전」 (또는 「노·장·신·한 열전」) 중 노자와 장자 부분

| 본문 | 노자는 초나라 고현(苦縣) 여향, 곡인리 사람이다. 성은 이씨, 이름은 이(耳), 자는 담(耼)으로 주나라 장실(도서관)의 사관이다.

공자가 주나라에 가서 노자에게 예(禮)에 관하여 물었다.

노자가 말했다.

"그대가 말하는 것은 그 육체와 뼈가 모두 썩어 버리고 오직 그 말만 남아 있을 뿐이오. 또한 군자는 때를 얻으면 관리가 되고 때를 얻지 못하면 이리저리 흔들리는 다북쑥이오. 내가 들으니 뛰어난 상인은 물건을 깊숙이 숨겨 없는 듯하고, 군자가 덕이 가득하면 용모는 어리석은 것 같다고 하였소. 그대는 교만과 많은 욕심, 위선적인 표정과 정도에 지나친 마음을 버리시오. 이는 모두 그대 몸에 무익하니 내가 그대에게 말해 줄 것은 이와 같은 것뿐이오."

공자가 가서 제자들에게 말했다.

"새가 잘 난다는 것을 나는 알고, 물고기가 헤엄을 잘 치는 것을 나는 알며, 짐승이 잘 달린다는 것을 나는 안다. 달리는 것은 그물로 잡을 수 있고, 헤엄치는 것은 낚시로 잡을 수 있으며 날아가는 것은 화살로 잡을 수 있다. 용에 이르러서는 그 용이 바람과 구름을 타고 하늘로 올라가는 것을 나는 알 수가 없다. 내가 오늘 노자를 만났는데 마치 용과 같았다."

노자는 도덕을 수련하였고 그의 학문은 스스로 은거하여 이름이 드러나지 않도록 힘썼다. 주나라에서 오래도록 살았는데 주나라가 쇠해지는 것을 보고 비로소 떠났다.

관[1]에 이르자 관령 윤희가 말했다.

"선생께서 은거하려 하시니 저를 위해 힘드시더라도 책을 지어 주십시오."

---

1. 함곡관. 지금의 하남성(河南省) 신안현(新安縣) 동쪽에 있는 관문. 뤄양(낙양) 시 서북쪽 관문. 중국 역사에서 함곡관은 현대의 중일전쟁에 이르기까지 중요 요새로 이용됐다. 노자가 이곳에서 도덕경을 완성하였다. 도교의 성지로 물소를 탄 노자의 동상이 있다. 맹상군의 계명구도 고사성어가 만들어진 관문이다.

이에 노자는 마침내 저서 상하 편을 지어 도덕의 의미를 5천여 자로 말하고 떠나갔는데 그 후로 마친 바를 알지 못하였다.

어떤 이는 노래자 또한 초나라 사람으로 저서 15편을 지어 도가의 쓰임을 말하였는데 공자와 동시대 사람이었다고 하였다. 아마도 노자가 160여 세, 혹은 200여 세였다고 말하는데 그것은 도를 닦고 양생하였기 때문이다.

공자의 사후 129년 사서의 기록에 주나라 태사 담이 진헌공을 보고 말했다.

"처음 진나라는 주나라와 합하였다가 합해진 지 500년 후에 분리되었고 분리된 지 70년이면 패왕이 출연할 것입니다."

어떤 이는 담이 즉 노자라고 말하고 혹자는 아니라고 말하는데 세상에선 그런지 아닌지를 알 수가 없다. 노자는 은둔한 군자였다.

노자(老子) 아들의 이름은 종(宗)인데 종은 위나라 장수로 단간(段干)에 봉해졌다. 종의 아들은 주(注)이고 주의 아들은 궁(宮)이고 궁의 현손은 가(假)인데 가는 한(漢) 효문제 때 벼슬했다. 가(假)의 아들 해(解)는 교서왕 앙(卬)의 태부가 되어 제를 다스렸다. 세상에서 노자의 학문을 배우는 자는 유학을 배척하고, 유학은 또 노자를 배척했다. '도가 같지 않으면 서로 도모하지 않는다' 했는데 어찌 이것이 아니겠는가? 이이(李耳)는 무위로서 저절로 교화되게 하고 청정하여 자연히 바르게 되도록 하였다.

장자(莊子)는 몽지방 사람으로, 이름은 주(周)이다. 주는 일찍이 몽 칠원의 관리였다. 양혜왕, 제선왕과 같은 시대 사람이다. 그 학문은 통하지 않은 것이 없었는데, 그 요점은 본래 노자의 학문으로 돌아간다. 그러므로 그의 저서 십여만의 말은 거의 우언(寓言)에 따른다. 「어부(漁夫)」, 「도척(盜跖)」, 「거협(胠篋)」을 지어 공자의 도를 비판하고 노자의 학술을 밝혔다.

「외루허(畏累虛)」, 「항상자(亢桑子)」 등은 모두 허구이며 사실이 아니다. 그러나 글의 분석과 정황에 대한 비유를 잘하여 유가와 묵가를 공격하였다. 비록 당대 위대한 학자라 하더라도 자연히 장주의 비난을 면할 방도가 없었다. 그의 말은 광대하고 심원하여 자기 마음대로였기에 왕공 대인으로부터 그릇[2]이 될 수 없었다.

초나라 위왕이 장주가 현명하다는 소리를 듣고 사신을 보내 후한 예물을 주어 재상으로 맞아들이려 하였다.

장주가 웃으며 초나라 사신에게 말했다.

"천금은 막대한 이익이고 재상은 존귀한 자리지요. 그대는 다만 교제(郊祭) 지낼 때 희생물로 바쳐지는 소를 보지 못하였소? 몇 년 동안 음식으로 길러져 수놓은 옷을 입혀 태묘로 끌려가는데 이때는 비록 새끼돼지가 되려 하여도 어찌 그렇게 될 수 있겠소? 그대는 급히 돌아가 나를 더럽히지 마시오. 나는 차라리 더러운 도랑에서 스스로 즐겁게 놀지언정 나라를 소유한 자에게 얽매이지는 않겠소. 종신토록 벼슬하지 않고 나의 뜻을 즐겁게 할 것이오." (중략)

신불해의 학문은 황제와 노자(황로학)에 뿌리를 두고 형명(刑名)을 주장하였다. 저서 2편이 있는데 이를 신자(申子)라고 한다.

한비라는 사람은 한나라의 여러 공자 가운데 하나이다. 형명(刑名)과 법술(法術)의 학문을 좋아하였으나, 황로 사상에 바탕을 두었다. 한비는 말을 더듬어 유세를 잘하지 못했으나 저서는 뛰어났다. 이사와 더불어 순경을 섬겼는데 이사는 스스로 한비에 미치지 못한다고 하였다. (중략)

---

2. 등용. 벼슬.

신불해와 한비는 모두 책을 지어 후세에 전한다. 이들을 배우는 이가 많다. 나는 다만 한비가 세난(說難)이라는 글을 짓고도 스스로 (위험을) 벗어나지 못함이 슬플 뿐이다.

태사공은 말한다.

"노자가 귀하게 여긴 도는 허무(虛無)이고, 무위(無爲)에서 변화에 호응하는 것이다. 그러므로 그의 저서는 미묘하여 알기 어렵다. 장자는 도와 덕을 풀어서 자유롭게 논했는데 그 요지는 또한 자연으로 돌아가는 것이다. 신불해는 힘써 이름과 실질에 적용하였다. 한비자는 먹줄을 친 것처럼 세상의 일을 끊어 베어버리고 옳고 그름을 분명히 하였지만 너무 가혹하여 은혜로움(사랑)이 부족했다. 이들은 모두 도와 덕의 뜻에 근원을 두고 있으며, 노자가 깊고 심오하다."

사마천의 『사기세가』, 『사기열전』 속 공자

-사마천이 존경한 상갓집 개-

정치를 맡기면 짧은 기간에 잘할 수 있다던 공자,
고향 노나라에서 벼슬을 버린 후로는
기웃거릴 뿐 어느 나라에서도 벼슬을 얻지 못한다.
네 번이나 곤경에 처하여
할 수 없이 다시 노나라로 돌아와
책을 편찬하고
제자를 가르치며
아들과 제자들에게 시와 예를 강조하던 공자,

평생 배우려 한 자가 할 수 있는 것은 교육과 저술이다.
여기저기 벼슬을 기웃거린, 주인 잃어 초라한 상갓집 개, 공자!
오늘도 공자의 후예들은 벼슬을 위해 고개를 숙인다.

칠십이 제자가 있어 높아진 공자,
한나라에 와서 치세의 도가 되고
사마천이 공자를 왕들의 족보 세가에 넣으니
중국의 힘으로 공자는 세계 여기저기 공자학당으로 일어서니
죽어서 더 바쁘다.

사마천은 『사기』의 「공자세가」에 공자의 일생을 상세히 기록한다. 그는 『사기열전』 「중니제자 열전」에 35명의 공자 제자 이야기를 전하고 있으며 72제자 중에 42명의 제자는 특별한 기록이 없다며 이름만 수록하고 있다. 그러면서 자기 기록이 문헌을 바탕으로 하여 틀림없다는 말을 덧붙인다.

「공자 세가」는 본기, 세가, 열전 등으로 이루어진 사마천의 『사기』 속에 들어 있다. 세가는 춘추전국시대부터 한나라까지 제후들의 역사를 기록한 책으로 제후들이 제후국을 세운 것을 말한다. 총 30편으로 이루어져 있는데 특이한 점은 공자 세가이다. 공자는 제후로 봉해진 적이 없으나 사마천은 그를 제후의 반열에 올려 세가에 기록하였다. 진섭 세가도 눈여겨볼 만한데 왕후장상이 씨가 따로 있느냐며 분연히 떨쳐 일어나 나라를 세우고 진나라를 무너뜨린 영웅이라는 점 때문에 세가에 넣었다.

※ 참고: 공자, 석가모니, 소크라테스, 예수는 인류의 4대 성인(聖人)이다. 이들 4대 성인의 공통점은 모두가 제자가 많았다는 점이다. 이들은 모두 혼란스러운 시대를 살았다. 석가모니는 현재 네팔 지역의 샤

카 공화국 왕자로 태어나 궁궐 밖의 세계가 생로병사의 고뇌에서 벗어나지 못함을 보고 출가하여 깨달음을 얻고 설법하였다. 공자가 살던 시기는 춘추시대(BC 770~BC 403)의 혼란한 시기였다. 중국에서는 BC 500년 전후에 혼란스러운 시대를 어떻게 멈출 것인가에 대해 수많은 사상가들이 등장하게 되는데 이를 제자백가라 하며 중국 사상의 중심을 이룬다. 소크라테스는 아테네와 스파르테가 싸우는 펠로폰네소스 전쟁의 혼란기에 진리를 부르짖다가 죽는다. 예수는 로마의 빌라도 총독이 다스리던 유대인이었다. 종교의 핍박이 심하던 시기였다. 셋은 BC 5세기 전후의 사람이며 예수는 서기 4년에 태어났다. 이들은 또한 고향을 떠나거나 고향에서 핍박을 받았다. 석가는 고향을 떠났으며, 소크라테스는 그의 도시 아테네에서 사형선고를 받았다. 예수는 같은 민족에게 핍박받고, 공자는 고국 노나라를 떠나 많은 나라를 돌아다녔다. 이들 사상은 석가모니는 자비(慈悲), 공자는 인(仁), 소크라테스는 진리(眞理), 예수는 사랑을 내세웠다. 죽을 때의 나이가 예수는 33세, 소크라테스 71세, 공자 73세, 석가모니는 80세를 살았다. 출생 연도를 기준으로 정리하면 석가모니(BC 560), 공자(BC 551), 소크라테스(BC 470), 예수(BC 4)의 순서이다. 석가모니, 소크라테스, 예수는 책을 저술하지 않았고, 공자는 육경을 편찬했다. 육경(六經)은 역(易), 시(詩), 서(書), 예(禮), 악(樂), 춘추(春秋)를 말한다. 소크라테스와 공자는 인물로 보면 추남이다.

「공자 세가」 발췌 정리

공자 1세, 노양공 22년(BC 551) 11월, 노나라 추읍(지금의 산동성 곡부시 동남)에서 태어났다. 그의 선조는 송나라 사람 공방숙(송나라 귀족이었던 방숙의 증조부가 내란을 일으켜 방숙이 노나라에 망명함)이다. 숙량흘은 안씨와 야합하여 공자를 낳았는데 정수리가 움푹 파여 있어서 이름을 구(丘)라 지었다. 자는 중니(仲尼), 성은 공(孔)이다.

공자 3세(BC 549), 아버지가 사망하였다. 공자는 어려서 항상 나무로 만든 제기를 놓고 제례 놀이를 했다.

공자가 17세 때 노나라 대부 맹희자(삼환씨의 하나로 노나라를 삼등분하여 군역과 전세를 거두어 일부만 공실에 바치는 등 군주를 허수아비로 만들었다. 초나라 공식석상에서 예를 제대로 행하지 못해 아들에게 예를 배우라 당부한다.)가 임종 시에 아들 의자에게 말했다. "공구는 성인(聖人)의 후예로 송나라 화독에게 멸망했다. 그 조상 불보하가 원래 송나라 군주의 적자였으나 그의 동생인 여공에게 군주의 자리를 양보했다. 그 선조의 공손함이 이를 데 없었다. 공구가 예법을 좋아하니 내가 죽게 되거든 너는 그를 스승으로 모셔라." 맹희자가 죽자 의자와 남궁경숙(의자의 동생)이 공자를 찾아가 예를 배웠다. 이해에 계무자가 죽자 계평자가 자리에 올랐다.

공자 19세(BC 533), 송나라 딸과 결혼하여 이듬해 아들 리(鯉)를 낳았다. 노소공이 잉어를 하사하자 이름을 리라 하고 자를 백어(伯魚)라 지었다.

공자 21세(BC 531), 사직(史職) 벼슬을 하였다. 그의 거울은 공정하여 가축이 번성하자 사공이 되었다. 얼마 후 노나라를 떠나 제나라, 송나라, 위나라를 갔지만 모두 쫓겨났다. 진나라와 채나라 사이에서 곤궁하게 되자, 노나라로 돌아왔다. 그는 키가 9자 6치(대척은 한 자가 22.5cm, 소척은 18cm로 소척으로 계산하면 175.5cm, 대척으로 계산하면 216cm)나 되어 키다리라 불렀다.

공자 24세(BC 528), 모친 안씨가 별세하였다.

공자 27세(BC 525), 노나라에 온 담자에게 고대 관제를 배우고, 공자 30

세(BC 522), 12월 노자에게 예를 배웠는데 33세 또는 46세 때 등 여러 설이 있다. 『장자』에 따르면 공자는 노자를 세 차례 찾아간다.

노자가 말했다. "총명하고 주도면밀한 사람들은 죽음의 위험이 따라다니는데 다른 사람의 자식이 된 자는 다른 사람 앞에서 자신의 존재를 내세우지 말고, 남의 신하된 자는 자기를 드러내지 말아야 한다." 공자가 주나라에서 노나라로 돌아와 그의 제자가 조금씩 늘어났다.

공자 35세(BC 517), 공자는 노나라의 혼란을 피해 제나라로 갔다가 37세 때 제나라에서 노나라로 돌아왔다. 제경공이 정치에 대해 묻자 공자가 대답했다. "군주는 군주다워야 하고, 신하는 신하다워야 하며, 아버지는 아버지다워야 하고, 자식은 자식다워야 합니다." 경공이 기뻐하여 이계(尼谿) 땅에 공자를 봉하려고 했다. 안영이 말렸다. "무릇 유학자는 말재간이 좋아 법으로 규제할 수 없고, 거만하고 오만하여 제멋대로 하려 하니 밑에다 두고 쓰기 어렵습니다. 상례를 중시하여 오래도록 슬픔을 멈추지 않고, 재산을 축내 장례를 후하게 치르니 백성들의 풍습으로 삼을 수 없습니다. 유세 다니며 관직이나 녹봉을 얻으려 하니 그에게 나라를 다스리게 할 수 없습니다. 지금 공자는 용모와 복식을 성대히 하고 상세한 절차를 따르니 몇 세대를 지나도 그 예를 배울 수 없습니다. 그를 임용하여 제나라 풍습을 바꾸는 것은 좋지 않습니다." 제나라 대부들이 공자를 해치려 한다는 소식을 듣고 공자는 노나라로 돌아왔다.

공자 47세(BC 505), 양호가 벼슬을 권하지만 거절하고, 예악을 닦아 제자가 더욱 많아졌다. 오나라 사신이 방풍씨에 대해 묻자 공자가 그 집안을 설명한다. 사신이 공자를 성인이라 칭송한다.

계환자가 총애하는 신하 중양회를 양호가 쫓아내려 하자 공산불뉴가 못하게 했다. 중양회가 더욱 교만해지자 양호가 그를 가두었다. 계환자가 노여위해 그마저 가두고 맹약한 후에 석방했다. 양호는 이후 계씨를 더욱 경시하게 되고, 계씨들 역시 지나치게 굴었다. 이에 공자는 벼슬에서 물러나 『시(詩)』, 『서(書)』, 『예(禮)』, 『악(樂)』을 편찬했다. 공자의 제자들이 더욱 늘어났다.

공자 50세 노정공 8년(BC 502), 공산불뉴가 계환자로부터 뜻을 얻지 못하자 양호에게 기대어 난을 일으켰다. 삼환의 적자들을 죽이고 양호와 사이가 좋은 서자들을 세우기 위해 계환자를 붙잡았으나 계환자가 양호를 속이고 탈출하였다. 노정공 9년(BC 501), 양호가 싸움에서 이기지 못해 제나라로 달아났다. 그 후 노정공은 공자를 중도재(中都宰)로 임명했다. 일년이 지나자 사방의 제후들이 공자의 방법을 따랐다. 공자는 사공을 거쳐 대사구(大司寇, 조선시대 형조판서, 지금의 법무장관)가 되었다.

노정공 10년(BC 500), 제나라와 평화조약을 맺었다. 제나라 대부 여서가 제경공에게 노나라가 공자에게 국정을 맡기면 제나라가 위태로울 것이라 말했다. 제나라가 사자를 보내 회맹을 하자고 해서 협곡에서 만나기로 했다. 공자의 말을 따라 좌우사마를 대동하고 제경공을 만났다. 제나라에서 이족의 춤과 음악을 연주하자 공자가 그만둘 것을 경공에게 요청하였다. 이번에는 광대와 난쟁이가 재주를 겨루자 공자는 필부의 몸으로 제후들을 미혹하는 자는 목을 베어야 한다고 말했고 경공이 그들을 처형했다. 이에 제경공은 돌아와 옛날 노나라에서 빼앗은 운, 문양, 귀음 등의 땅을 돌려주고 사과했다.

공자 55세 노정공 13년(BC 497), 공자가 정공에게 말했다. "신하는 무기를 갖고 있으면 안 되며, 대부는 그 성이 100치(雉)를 넘으면 안 됩니다." 이에 공자는 삼가(계손, 맹손, 숙손)의 봉읍을 허물었다. 먼저 후읍을 무너뜨리고 비읍을 무너뜨렸다. 맹손씨의 성읍은 허물지 못했다.

공자 56세 노정공 14년(BC 496), 노나라 대사구가 되어 재상 일을 겸하게 되자 얼굴에 기뻐하는 기색이 있었다. 문하생이 군자는 화가 닥쳐도 두려워하지 않고 복이 찾아와도 기뻐하지 않는다고 하였다고 하자 공자는 즐거움이라는 것은 귀한 사람이 아랫사람에게 대하는 것에도 있다고 답한다.

공자는 대부로서 노나라의 정사를 문란하게 한 소정묘를 죽였다. 공자가 국정을 맡은 지 3개월이 지나자 양과 돼지고기 장사들이 값을 속이지 않게 되고, 남녀가 떨어져 길을 걸으며 길거리에 떨어진 물건을 주워가지 않았다. 읍에 오려는 사람들이 관리에게 오지 않아도 되고, 모두 그들이 잘 돌아가게 했다. 제나라 사람들이 이를 듣고 두려워하며 공자가 정치를 하여 노나라가 패자가 되면 우리를 병합할 것이다. 어찌 땅을 내주지 않는 것인가? 여서가 제후에게 먼저 노나라를 시험해 보자고 제안하여 미녀 80명을 뽑아 말 120필이 끄는 30대의 수레에 태워 노나라에 보냈다. 계환자가 미복 차림으로 몰래 세 번이나 가서 보며 정무를 게을리했다. 자로가 공자에게 노나라를 떠날 때가 된 것 같다고 말하자 공자는 이번 교제(郊祭) 때 노후가 제사 지낸 고기를 대부들에게 나누어준다면 노나라를 떠나지 않을 것이라고 말하였다. 계환자가 노후와 함께 춤을 구경하느라 삼 일 동안 정사를 돌보지 않고 교제를 지내고도 제사 음식을 대부들에게 나누어주지 않자 공자는 노나라를 떠나 위나라로 가다가 둔이라는 곳에서 묵었다. 공자는 노래를 불렀다. "저 부인의 입은 무리를 떠나게 할 수 있고, 저 부인의 알현은 죽을 수 있게 하네. 한가하게 유유자적하며 일생을 마치리라." 악사 기가 노나라로 돌아가자 계환자가 공자가 뭐라 말했는지 물었다. 계환자는 한탄하며 말했다. "공자는 무희들을 받아들인 것에 대해 나를 꾸짖고 있구나." 공자가 위나라에서 조 6만 두를 받으며 머물다가 어떤

자가 참소하자 열 달 만에 위나라를 떠났다.

위나라를 떠나 진나라를 가다가 광(匡)이란 곳을 지나게 되었다. 안각이 "옛날에 제가 이곳으로 들어올 때 저 무너진 틈으로 들어왔습니다."라는 말을 하자 이를 듣고 광 땅의 사람들이 사납고 악독하게 대한 양호가 다시 쳐들어온 것으로 알고 공자를 멈추게 했다. 공자의 모습이 양호와 비슷하여 공자는 5일이나 포위되어 있었다. 안연이 오고, 광성 사람들이 더 급박하게 포위하자 제자들이 두려워했다. 공자는 하늘이 주나라의 예악 제도를 없애려 하지 않는데 광 땅의 사람들이 우리를 어찌하지 못할 것이라며 제자 하나를 영무자의 가신으로 만든 후에 광 사람들의 포위를 벗어났다.

공자 57세(BC 495), 조나라를 떠나 송나라로 가서 제자들과 큰 나무 아래에서 예에 대해 가르쳤다. 송나라 사마 환퇴가 공자를 죽이려고 나무를 뽑았다. 공자는 달아났다. 제자가 빨리 떠나야 한다고 말하자 공자는 하늘이 나에게 덕을 퍼뜨릴 수 있도록 했는데 환퇴 그자가 나를 어찌하겠는가라고 말했다. 공자가 정나라에 가는데 제자와 길이 어긋나 홀로 성곽 동문에 서 있었다. 정나라 사람이 자공에게 말했다. "동문에 어떤 사람이 서 있는데 그 이마는 요임금과 같고, 그 목은 고요(皐陶)와 같으며, 그 어깨는 자산과 비슷합니다. 그런데 허리 아래는 우 임금보다 세 치가 모자라고 풀이 죽은 모습은 상갓집 개와 같았습니다." 자공이 공자를 만나 그 말을 전하자 공자가 웃으며 말했다. "형상은 아니다. 상갓집 개 같다는 말은 맞구나! 맞아!"

공자 59세(BC 493), 공자가 진(陳)나라를 떠나 노나라로 가던 중 포(蒲) 땅을 지나게 되었다. 그때 공숙씨가 포 땅에서 반란을 일으키자 포 사람들이 공자의 길을 막았다. 제자 공량유가 포 사람들과 격렬하게 싸우자 포 사람들이 위나라로 들어가지 않겠다면 지나가게 해주겠다는 말에 맹세를 하고 포성의 동문을 빠져나와 위나라로 들어갔다. 자공이 공자에게 묻자 공자가 말했다. "강요된 맹약은 신도 들어주지 않는다."

위영공이 공자가 온다는 소식에 교외까지 나와 포읍의 반란을 진압할 수 있는가 묻자 공자는 토벌할 자가 4~5명밖에 안 된다며 가능하다고 답한다. 그러나 위영공은 포읍을 정벌하지 않았으며 위영공이 늙어 공자를 쓰지 않았다. 공자는 탄식하며 위나라를 떠났다.

불힐이 중모의 재(宰)가 되었다. 당진의 조간자가 범씨와 중행씨를 공격했다. 불힐이 조간자에게 반기를 들고 사람을 시켜 공자를 초빙했다. 자로가 불힐이 반기를 들었는데 가려하시니 어찌된 일이냐고 묻자, 공자는 진정 하얀 것은 물들여도 검어지지 않는다 하지 않았느냐며 내가 어찌 쓸모없는 박이 되어야 한단 말인가라고 되묻는다. 공자가 경을 연주하자 망태기를 메고 가던 사람이 말했다. "깊은 생각에 빠져 있구나! 자기를 알아주는 사람이 없으면 그것으로 그만인 것을!"

공자가 위나라에서 발탁되지 못하자 조간자를 만나려 했다. 황하의 나루에 이르렀을 때 두명독과 순화의 죽음을 들었다. 공자는 조간자가 두 사람의 말을 쫓아 정치를 하여 뜻을 이루자 이들을 죽였다며 탄식하고 추조라는 노래를 지어 애도했다. 이후 공자는 위나라 도성으로 들어가 거백옥의 집에 묵었다. 어느 날 위영공이 공자를 불러 용병에 대해 묻자 공자는 제례의 일은 일찍이 들었지만 군사에 대한 일을 아직 배우지 못했다고 대답한다. 공자는 위나라를 떠나 진나라로 갔다.

공자 60세 노애공 3년(BC 492) 가을, 계환자가 병이 나자 후계자인 계강자에게 당부의 말을 했다. "네가 노후를 보좌하게 되면 너는 반드시 공자를 불러 써야 한다." 계환자가 죽자 계강자가 공자를 부르려 했다. 대부 공지어가 반대하며 염구를 추천했다. 공자는 고향의 젊은이들이 뜻은 크지만 일을 함에는 소홀함이 많으나 문장은 화려하고 아름다우니 그들을 다

듣어야 한다며 돌아가려 했다.

공자 61세(BC 491), 공자가 채나라에서 초나라의 섭읍으로 갔다. 섭공이 정치에 대해 묻자 공자가 대답했다. "정치란 먼 곳에 있는 사람을 찾아오게 하고 가까이 있는 사람들의 마음을 얻는 데 있습니다." 공자는 섭 땅을 떠나 채나라로 갔다. 장저와 걸익이라는 사람이 쟁기로 밭을 갈고 있었다. 공자는 그들의 말에 대해 천하가 태평하다면 이를 바꾸기 위해 여러 나라를 열심히 돌아다니지 않을 것이라 말한다. 얼마 후 자로가 길을 가는 삼태기를 멘 노인에게 우리 선생님을 보지 못했느냐고 묻자 노인이 답한다. "사지를 부지런히 놀려 일하지 않고, 오곡도 분명하게 구분하지 못하는 당신네와 당신 선생을 내가 어찌 알겠소?"

공자 63세(BC 489), 공자가 채나라로 옮겨와 지낸 지 3년이 되는 해에 오나라가 진나라를 공격했다. 초나라가 진나라를 구원하기 위해 군사들이 성보에 주둔했다. 초나라 장수가 공자를 초빙했다. 공자가 가서 예를 행하려 했으나 진, 채 두 나라 대부들이 알고 현자를 쓰면 국정을 맡고 있는 대부들이 위험해진다는 생각에 들판에서 공자를 포위하고 초나라 군영으로 가는 길을 막았다. 포위를 당해 식량이 떨어지나 제자들 중에 병이 든 자도 있었다. 공자는 강론하며 낭송하다가 거문고를 타고 노래도 불렀다. 자공과 자로가 나가고 안회가 들어와 도란 받아들이지 않은 다음에야 군자의 본색이 더욱 드러나게 되는 법이라 말하자 공자는 안회가 만일 큰 부자가 된다면 안회의 가재(家宰)가 되겠다고 말한다. 얼마 후 공자는 자공을 초나라에 보냈고, 거기 갈 수 있었다.

초소왕이 공자를 7백 리에 달하는 땅을 봉하려고 하자 초나라 영윤이 반대하였다. 초나라에 미치광이 접여가 지난날의 잘못은 돌이킬 수 있지만 앞날의 잘못은 피할 수 없다며 정치에 관여하면 위태롭다고 노래를 부르며 공자 곁을 지나갔다. 공자가 마차에서 내려 이야기를 나누려 했으나 그가 급히 피했다.

공자 63세 노애공 6년(C 486), 공자는 초나라를 떠나 위나라로 갔다. 공자의 제자 중 여럿이 위나라 조정에서 벼슬을 하고 있었다. 위나라 군주가 공자에게 정사를 맡기려 하자 자로가 제일 먼저 무슨 일부터 하시겠느냐고 묻자 공자는 반드시 명분을 바르게 하겠다고 말한다.

공자 65세 노애공 8년(BC 484), 염구가 계씨의 장수가 되어 제나라와 낭읍에서 싸워 이겼다. 계강자가 군대의 일에 대해 배운 적이 있느냐는 질문에 염구는 공자에게 배웠다고 대답한다. 위나라 공문자가 태숙을 공격하려 공자에게 계책을 묻자 공자는 아는 바 없다며 사양하였다. 계강자가 공자를 초빙하러 와서 공자는 유랑 생활 14년 만에 고향 노나라에 돌아왔다. 노애공과 계강자가 정치에 대해 공자와 문답한 후 공자를 등용하지 않았다.

공자 67세(BC 485), 부인 견관씨가 사망하였다. 공자 68세(BC 484), 아들 리가 죽었다

공자의 시대에는 예와 악이 사라지고 시와 서가 훼손되었다. 공자는 삼대(하, 상, 주)의 예를 추적하여 서(書)를 전하여 위로는 당요(唐堯)와 우순(虞舜)에서 시작하여 아래로는 진(秦)과 목공(穆公)에 이르기까지 일들을 순서에 따라 편찬하였다.

또 공자는 은과 하 왕조의 손익(損益)에 대해 말했다. "이후로 세월이 흘러도 예의 변화를 알 수 있다. 하나는 하나라의 화려함을 중시하고, 하나는 은나라의 소박함을 중시했기 때문이다. 주나라의 예의 제도는 하와 은 왕조의 제도를 따랐기 때문에 그 문화는 참으로 풍부하고 아름답다. 나는 주나라 예악 제도를 따르겠다." 그래서 『서전(書傳)』과 『예기(禮記)』를 공자

가 처음 편찬했다.

옛날『시(詩)』가 삼천여 수가 있었으나 공자 때에 이르자 그 가운데 중복된 것을 빼고 예의(禮義)에 부합하는 것만 취했다. 305편을 공자가 모두 거문고를 뜯으며 불러 소(韶), 무(武), 아(雅), 송(頌)의 음악에 맞추려 하였다. 예악은 이로부터 회복되어 서술할 수 있고, 이로써 왕도가 갖추어지고 육예가 완성되었다.

공자는 말년에『주역』을 좋아하여 단(彖), 계(繫), 상(象), 설괘(說卦), 문언(文言)을 서술했다. 공자가『주역』을 읽다가 가죽끈이 세 번이나 끊어졌는데, 그는 시간이 주어진다면『주역』에 통달할 수 있을 것이라 말했다.

공자가 시(詩), 서(書), 예(禮), 악(樂)에 대해 가르쳤는데 제자가 삼천 명이넘었고, 육예(六藝)에 통달한 사람이 72명이었다.

공자는 문(文), 행(行), 충(忠), 신(信) 등 네 가지를 가르쳤다. 억측하지 말고, 독단이 없고, 고집하지 말고, 스스로 옳다고 여기지 말 것 등 네 가지를 못하게 했다. 신중히 할 것은 재계(齋戒), 전쟁(戰爭), 질병(疾病)이었다. 분발하지 않으면 깨우쳐 주지 않고, 한 가지를 가르쳐 세 가지 도리를 돌이켜 보지 않으면 반복하지 않았다.

공자 69세 노애공 14년(BC 478), 안연이 죽자 공자는 하늘이 나를 망쳤다고 탄식한다.

자공이 어째서 사람들이 선생님의 도를 몰라주냐고 묻자 공자가 답한다. "나는 하늘을 원망하지 않았고, 사람을 탓하지 않았으며, 다만 아래에서 배워 위로 통달하려 했을 뿐이다. 나를 알아주는 이는 하늘이 아니냐?"

공자 71세(BC 481),『춘추』를 완성하였다.『춘추』에는 노은공(BC 472)에시작되어 노애공 14년(BC 481)까지 노나라 12군주의 역사를 기록하였다. 노나라를 중심으로 주나라 왕실을 받들고 은나라 제도를 참고하여 하, 상,

주 삼대의 도를 논했다. 공자가 말했다. "후세에 공구를 아는 사람이 있다면 춘추 때문이며, 공구를 벌하려 하는 사람이 있다면 춘추 때문이다"

공자 72세(BC 480), 위나라에서 정변이 일어나 자로가 죽자 공자가 병이 났다. 자공이 뵙기를 청했다. 공자가 지팡이를 짚고 문 앞을 거닐다가 자공에게 말했다. "사(賜)야, 너 왜 이리 늦게 오느냐? 태산이 무너지는구나! 기둥이 부서지는구나! 철인(哲人)이 죽는구나!"

공자 73세, BC 479년 4월 기축일에 공자는 7일 만에 죽었다. 공자는 노나라 곡부성 북쪽 사수 강변에 묻혔다. 제자들은 3년 상을 입었다. 어떤 제자는 더 머물렀으며 자공은 6년을 더 여막을 짓고 머물렀다. 이곳에 사람들이 집을 짓고 살기 시작하여 공자 마을이라 불렀다. 무덤 크기는 1경(頃)이다. 공자의 의관, 거문고, 수레, 서적은 한나라가 세워지고도 200여 년간 보존되었다.

백어가 아들 급(伋)을 낳았다. 자(字)는 자사(子思)이다. 그는 62세까지 살았다. 자사는 일찍이 송나라에서 곤란을 겪고, 『중용(中庸)』을 지었다.

태사공이 말한다. "내가 비록 공자의 경지에 이를 수는 없지만 마음 속으로 공자를 향하고 있었다. (중략) 공자는 포의(布衣, 베옷, 벼슬 없는 선비)로 십여 세(世)가 지나도록 학자들이 그를 종주로 받든다. 천자, 왕후로부터 나라 안의 육예를 말하는 자들이 공부자를 중심으로 삼으니 가히 성인(聖人)에 이르렀다 할 만하다."

「중니제자 열전」

| 본문 | 공자는 "내 문하에서 학업에 힘써 육예에 통달한 사람이 72명이다."라고 말했다. 그들은 모두 재능이 뛰어났다. 덕행으로 안연, 민자건, 염백우, 중궁이 있고, 정치는 염유와 계로, 언변은 재아와 자공, 문학은 자유

와 자하가 뛰어났다. 전손사는 치우쳤고, 증삼은 어리석었으며, 고시는 우직하고, 중유는 거칠었다. 안회는 끼니를 자주 거를 만큼 가난하고, 단목사는 가르침을 따르지 않고 재물을 모으며 세상의 흐름을 잘 파악했다.

공자가 존경한 인물은 주나라 노자, 위나라 거백옥, 제나라 안평중, 초나라 노래자, 정나라 자산, 노나라 맹공작이다. 공자는 특히 장문중, 유하혜, 동제백화, 개산자연 등을 자주 칭찬했다. 뒤의 네 명은 공자보다 앞 시대 사람들이다. (이하 제자들에 대한 내용은 생략)

『한비자』 속의 노자

-수수께끼도 제 방식대로 풀 뿐이니-

보따리를 풀어야 내용물을 안다.
신발 끈을 풀어야 신발을 신든 벗든 한다.
비밀문서와 암호를 해독해야 그 뜻을 알고
외계 비행체가 와도 그들 언어를 해독해야 외계인과 소통한다.
꿈은 해몽에 달려 있다지만
한 치 앞도 모르는 인간이다.
해석할 수 없다면
신들의 언어, 수수께끼 암호이다.

기대어야 풀고 해석하니
한비자가 먼저 노자에 다가가 그의 생각을 풀어낸다.
도가의 무위를 법가의 통치설로 슬금슬금 다가가
한비자는 해로 편과 유로 편을 짓고

사마천은 이들을 하나의 열전 보따리에 묶어둔다.

노자는 풀어헤친다고 아무렇게나 풀리는 것이 아니고

해석한다고 그 글의 바닥을 두 눈으로 뚜렷이 보기 어렵다.

한비자가 노자를 풀어헤치고 빗대어서 표현한 것도

스승 순자의 성악설을 이어받음이니

그 해석 또한 해석일 뿐이다.

그 가는 곳을 확연히 잡기 어려운 까닭에

노자를 번역하고 해석한 책이 중국의 장강, 황하처럼 이어진다.

「노·장·신·한 열전」은 도가와 법가의 원류를 하나로 본다. 『한비자』속에 특별히 해로(解老, 노자를 풀이하다) 편과 유로(喩老, 노자를 비유한다) 편이 있다는 점이 이를 뒷받침한다. 한비자는 성악설을 주장했던 순자의 수제자이다. 순자가 인간의 본성이 악하기 때문에 사회의 안정을 위해 교육과 강력한 공권력이 효과적이라는 사상을 한비자가 이어받는다. 춘추전국시대 사상가들이 백성을 보호하려 했듯이 한비자도 마찬가지였다. 그러나 한비자가 주장하는 상벌 체계의 법치국가는 국가가 결국 절대적인 목적이 된다는 점에서 한계를 갖는다. 곧, 양주의 시각으로 볼 때 인간의 삶이 목적이 아니라 수단으로 전락하며 위태롭게 된다.

도가는 인간의 본성을 긍정적으로 보면서 인간의 절대적인 자유를 옹호한다. 그러나 법가는 순자의 성악설을 바탕으로 법에 의한 통치를 주장한다. 한비자가 유가와 묵가를 비판하며 실질을 주장하지만 도가의 무위를 통치 사상으로 끌어들인 점은 이채롭다. 『한비자』 제5편 「주도(主道)」는 '도'는 만물의 시작이고, 시비를 판단하는 실마리라고 시작한다. 이 편은 군주의 도를 도가의 '허정(虛靜)'과 '무위(無爲)'를 바탕으로 설명한다. 신불해와 신도 역시 허정과 무위로써 군주의 도와 술(術)을 설명하고 있다. 한비자의 허정과 무위는 군주가 지혜롭고 능력이 탁월하더라도 허정, 곧 비우고 고요함으로 무위, 곧 군주가 드러내지 않으면 신하들이 군주의 마음을 알 수 없어 신하를 부릴 수 있다는 것이다. 군주가 신하들에게 속내를 드러내지 않아야 신하를 다스릴 수 있다는 측면에서 한비자는 『도덕경』을 해석하고 이용한다. 『한비자』는 백성을 다스리는 법(法), 신하를 다스리는 술(術), 군주의 힘인 세(勢)를 강조하였다. 제29편 「대체(大體)」에서는 옛날에 나라를 다스리는 큰 중심이 정해진 원리를 지키고 자연을 따랐다고 서술한다. 그는 화와 복이 도와 법에서 생겨난다며 도가사상을 법가사상과 연결 짓는다. 그는 법을 도에 따르는 것, 인위적인 아닌 무위로 설명한다. 도로 집을 삼으면 덕의 감화가 지속되어 다스림이 최상이 된다. 한비자의 법가사상은 노자의 『도덕경』에 크게 기대고 있다. 법과 신하의 다스림, 군주의 권세를 『도덕경』에 추가한 것이다. 제20편 「해로(노자를 풀이하다)」와 제21편 「유로(노자를 비유하다)」는 최초의 『도덕경』 해석이다.

해로 편과 유로 편에 나오는 내용 중 일부를 읽어 보자.

해로(解老) 편(篇)

최상의 덕은 행함이 없고 행하지 않음이 없다

최상의 용서를 구하는 말은 덕이 부족하다는 말이다.
마음이 맑지 않으니 무엇을 탓하랴.
마음이 텅 비어야 마음이 맑으니
자기 내면만을 향함으로써 행함이 있고
자기 내면을 텅 비웠으니 행함이 없다.
공으로 채우면 과가 먼저 자리를 잡고

복록은 재화가 호시탐탐 이빨을 드러내며 응시한다.
음식은 먹는 만큼 독소를 배출하니
내면이건 육신이건 비워야 맑아진다.
가을하늘처럼 깊은 호수처럼 맑아야 깊어진다.

| 본문 | 덕(德)은 내면이고, 득은 외적이다. '최상의 덕은 덕이 아니다'라는 그 정신이 외적인 것에 더럽혀지지 않는 것을 말한다. 정신이 외적인 것에 어지럽혀지지 않으면 몸을 완전하게 한다. 몸을 완전하게 하는 것을 득(得)이라 한다. 득이란 자신을 얻는 것이다.

무릇 덕(德)이란 행하지 않음으로써 모이고, 욕망하지 않음으로 이루어지며, 생각하지 않음으로써 평안해지고, 사용하지 않음으로써 견고해진다. 그것을 행하거나 욕망하면 덕은 집이 없고, 덕이 집이 없으면 완전하지 않다. 그것을 사용하거나 생각하면 견고하지 않고, 견고하지 않으면 공이 없다. 공이 없으면 덕이 있는 것이 생겨난다. 덕을 구하면 덕이 없고, 덕을 구하지 않으면 덕이 있다. 그러므로 말하기를 최상의 덕은 덕이 아니니 이로써 덕이 있게 된다. 하지 않고 생각하지 않아 텅 비게 하는 것을 귀하게 하는 까닭은 그 뜻이 제약하는 바가 없기 때문이다. 무릇 방법이 없는 사람은 그러므로 행하지 않고, 생각하지 않음으로써 텅 비게 한다. 행하지 않고, 생각하지 않음으로써 텅 비게 하는 사람은 그 뜻이 항상 빈 것을 잊지 않는다. 이는 텅 빈 것에서 제약받는 셈이다. 빈 것이란 그 뜻이 제약되지 않은 바를 말한다. 지금 빈 것이 되는 것에 제약이 있다. 이는 빈 것이 아니다. 빈 것이란 행함이 없는 것이다. 행함이 없는 것[무위(無爲)]으로서 일정함이 없는 것이 아니다. 무위로 일정함이 있으면 곧 텅 비게 되고, 텅 비면 덕이 흥성한다. 덕이 흥성한 것을 상덕(上德)이라 한다.

그러므로 (노자는) 이렇게 말한다.

"최상의 덕은 행함이 없고 행하지 않음이 없다(『도덕경』제38장)."

예는 혼란의 시초이다

양두구육(羊頭狗肉), 표리부동(表裏不同)
지나친 친절은 덫이 된다.
겉과 속이 같으면 화려하게 포장할 일 없고
부모와 자식은 꾸밈없이 다정하다.
지나친 예절은 믿음 없는 치장이다.
화려한 꾸밈에는 진정 화려함이 없다.
사기꾼은 절대 사기꾼으로 보이지 않는다.

│본문│ 예(禮, 예절, 인사)는 감정[3]을 겉으로 표현한 것이며, 문(文)[4]은 본바탕을 꾸민 것이다. 군자는 마음을 취하고 겉모양을 버리며 본바탕을 좋아하고 꾸밈을 싫어한다. 겉모양에 의지하고 마음을 논하는 것은 그 마음이 나쁘기 때문이며, 꾸며서 본바탕을 논하면 그 본질이 약하기 때문이다. 어떻게 이를 논할 수 있는가?

화씨의 구슬은 다섯 가지 색으로 꾸미지 않았고, 수후의 (야광) 구슬은 은이나 황금으로 꾸미지 않았다. 그 본바탕이 매우 아름다워 다른 사물로 이를 장식할 필요가 없다. 사물을 꾸밈을 갖춘 뒤에 쓰는 것은 그 본질이 아름답지 않기 때문이다. 이는 아버지와 아들 사이로서 그 예절이 질박하고

---

3. 본질, 마음.

4. 무늬, 문신, 채색.

밝지 않다.

그러므로 (노자는) 말한다.

"예절이 소박하다."

모든 사물은 나란히 왕성할 수 없는데 음과 양이 이러하다. 이치가 서로
빼앗고 주는 것인데 위세와 덕이 이러하다. 실질이 두터운 것은 겉모양이
소박한데 아버지와 아들의 예절이 이러하다. 이것으로 본다면 예를 번거
롭게 하는 것은 실제는 마음이 약하기 때문이다. 그런즉 예를 행한다는 것
은 사람들의 소박한 마음에 미치게 하는 것이다. 일반 사람들이 예를 행하
면서 다른 사람이 응하면 기뻐하고, 응하지 않으면 원망한다. 지금 예를
행하는 것은 사람들의 소박한 마음과 소통하려 하는 것인데 이것에 따라
서로 책망하는 나눔이 있으면 싸움이 없겠는가? 싸우면 혼란이 일어난다.

그러므로 (노자는) 말한다.

"예는 충성과 믿음이 얇은 것으로 혼란의 시초이다(『도덕경』제38장)."

생선을 구울 때 자주 뒤집지 말라

생선을 구울 때 자주 뒤집으면
빼어난 자기 몸매 일그러진다고 생선이 짜증낸다.
근육 살 떨어져 나간다고 울먹인다.
삼겹살도 기름방울 튀기며 항거하는데
직업이건 법령이건 자주 뒤집으면 화상 입는 것은 사람이다.

|본문| 기술자가 자주 직업을 바꾸면 그 공을 잃고, 일꾼이 자주 옮겨 다
니면 그 공을 잃는다. 한 사람의 일에서 하루 중 반나절을 잃으면 열흘이면

다섯 사람이 일한 공을 잃고, 1만 명이 일할 때 반나절을 잃으면 열흘이면 오만 명의 공을 잃는다. 그러한즉 하는 일을 자주 바꾸는 사람이 많을수록 그 손해는 더욱 커진다.

무릇 법령이 바뀌면 이익과 손해가 바뀌며, 이익과 손해가 바뀌면 백성이 힘쓰는 것도 바뀐다. 백성이 힘쓰는 것이 바뀌는 것을 직업이 바뀌는 것이라고 한다. 그러므로 이런 이치로 보면 많은 사람을 쓰면서 자주 일을 바꾸면 공을 이루는 것이 적어진다. 큰 그릇을 간직하고 있으면서 이를 자주 옮기면 깨지고 상처가 많아진다.

작은 생선을 구울 때 자주 뒤집으면 그 모습이 보기 흉하고, 큰 나라를 다스리면서 자주 법을 바꾸면 백성이 고통스럽다. 이 때문에 도를 터득한 군주는 텅 비고 고요한 것을 귀하게 여기고 법을 바꾸기를 무겁게 한다.

그러므로 (노자는) 말한다.

"큰 나라를 다스리는 것은 작은 생선을 굽는 것과 같다(『도덕경』 제60장)"

도는 형상 없는 형상, 도를 도라 할 수 있으면 도가 아니다

도는 보이지 않아서 언어가 도달하지 못하고
도는 언어로 표현할 수 없어서 깨달은 자만 알 수 있다.
영원함은 변하지 않음이 아니고
또한 영원함은 변하지 않음이니
오늘 흘러간 물은 영원함이 아니나
그 자리에 다른 물이 오늘도 흐르니 영원함이다.
소동파가 적벽부에서 말하길
변함으로 보면 천지도 한순간이고
영원함으로 보면 나와 사물이 다함이 없다 하였으니

그는 언어로 미끄러짐을 붙잡으려 붓을 휘두른다.

늘 미끄러지는 언어로는 도에 도달할 수 없다 하지 않는가!

|본문| 무릇 도의 본성은 제약이 없고 형체가 없으며, 부드럽고 약하며 때를 따라 이치에 맞게 서로 응한다. 만물은 이를 얻어 죽고, 이를 얻어서 산다. 만물은 이를 얻어 실패하고, 이를 얻어서 성공한다. 도에 비유하면 마치 물과 같다. 물에 빠진 사람은 물을 많이 마셔 죽는다. 목이 마른 사람은 물을 적당히 마셔야 산다.

이를 비유하면 검과 칼과 창 같다. 우매한 사람이 분노하여 휘두르면 화가 생기지만 성인(聖人)이 포악한 자를 벌하면 복이 된다. 그러므로 이를 얻어 죽고, 이를 얻어 산다. 사람들은 살아있는 코끼리를 드물게 보기 때문에 죽은 코끼리의 뼈를 보고 그 그림을 생각해내고 살아 있는 모습을 상상한다. 그러므로 사람들은 상상으로 생각한 것을 모두 코끼리라 한다. 지금 도는 비록 보거나 들을 수 없지만 성인은 그 보이는 공을 잡아 그 형체를 본다.

그러므로 (노자는) 말한다.

"도는 형상 없는 형상이요, 물체 없는 형상이다(『도덕경』제14장)."

무릇 이치란 네모지고 둥글며, 짧고 길며, 거칠고 가늘며, 단단하고 연한 구분이 있다. 그러므로 이치가 정해진 뒤에 사물은 도를 얻을 수 있다. 정해진 이치에 존재와 패망이 있고, 죽음과 삶이 있으며, 융성과 쇠퇴가 있다. 무릇 사물이 한 번 존재했다가 한번 없어지며, 잠깐 죽었다 잠깐 살고, 처음에 융성했다가 후에 쇠퇴하는 것은 영원함이라 할 수 없다. 오직 천지가 반으로 갈라져 함께 생겨나고 천지가 소멸해서 흩어짐에 이르러서도 죽지 않고 쇠퇴하지 않는 것을 영원함이라 한다. 영원함은 태연하게 바뀌지 않고 정해진 이치가 없다. 영원함에 있지 않으니 이를 도라 할 수 없다. 성인은 그 아득하고 텅 빈 것을 보고 두루 운행하는 것을 들어서 굳이 이를 도라 한다. 그런즉 (도를) 논할 수 있다.

그러므로 (노자는) 말한다.

"도를 도라고 할 수 있으면 영원한 도가 아니다(『도덕경』 제1장)."

유로(喩老) 편(篇)

유로 편을 대략 나누면 15편가량의 짧은 글로 이루어져 있다. 노자의 학설을 뒷받침하는 글로 『열자』나 『장자』를 연상하게 한다. 현대에 읽어 볼 가치가 높다고 생각하는 몇 편의 글을 보자.

욕심보다 더 큰 화근이 없다

욕심으로 얻으나 욕심이 재앙이다.
몇 번 베어 먹다가
통째로 입에 넣으면 낚싯바늘에 꿰인다.
지백은 남의 땅을 베어 먹으려다가
자기 해골이 남의 땅 임금의 요강이 되고
손숙오는 비옥한 땅을 마다하고 모래와 자갈땅을 받아
대대로 후손이 비옥하다.
낚시꾼이 던지는 이빨 숨긴 밑밥은 화려하다.

| 본문 | 천하에 도가 있고, 위급한 우환이 없으면 고요하다고 말하며, 역마를 사용할 필요가 없다.

그러므로 (노자는) 말한다.

"(전쟁터를) 달리던 말을 쉬고 논밭을 경작한다(『도덕경』제46장)."

천하에 도가 없으면 공격이 그치지 않아 서로 수비하기를 몇 년씩 멈추지 않는다. 갑옷과 투구에는 서캐와 이가 자라고 막사에는 제비와 참새가 둥지를 틀어 병사가 돌아가지 못한다.

그러므로 (노자는) 말한다.

"군마가 성 밖에서 새끼를 낳는다(『도덕경』제46장)."

적(翟)나라 사람이 여우 털과 검은 호랑이 가죽을 진문공에게 바쳤다. 문공이 손님에게 가죽을 받고 탄식하여 말했다.

"이는 가죽이 아름다워서 스스로 화근이 되었다."

무릇 나라를 다스리는 자는 명예로 화근이 되었는데 서(徐)나라 언(偃)왕이 그러하다. 성과 토지로 화근이 되었으니 우(虞)나라와 괵(虢)나라가 그러하다.

그래서 (노자는) 말한다.

"욕심을 내는 것보다 더 큰 화근이 없다(『도덕경』제46장)."

지백(智伯)은 범(范)과 중행(中行)을 병합하고 조(趙)나라를 공격하기를 그치지 않다가 한(韓)나라와 위(魏)나라가 배반하자 군대가 진양(晉陽)에서 패하였다. 자신은 고량(高粱)의 동쪽에서 죽고, 마침내 그 영토는 갈라졌다. 그 머리는 옻칠하여 요강이 되었다.

그러므로 (노자는) 말한다.

"화근은 만족할 줄 모르는 것보다 큰 것이 없다(『도덕경』제46장)."

우(虞)나라 군주는 굴산(屈産)의 명마와 수극(垂棘)의 구슬을 욕심내어 궁지기(宮之奇)의 말을 듣지 않아 나라가 망하고 자신은 죽었다.

그래서 (노자는) 말한다.

"재앙 중에 얻으려 욕심내는 것보다 비통한 것이 없다(『도덕경』제46장)."

나라가 존재하여 영원하게 되면 패왕(覇王)이 될 수 있다. 사람이 존재하여 영원하면 부귀가 가능해진다. 욕심으로 자신을 스스로 해치지 않는다면 나라는 망하지 않고, 자신은 죽지 않는다.

그래서 (노자는) 말한다.

"만족함을 알면 만족하게 된다(『도덕경』제46장)."

초나라 장왕이 황하와 형웅에서 승리하고 돌아와 손숙오에게 상을 주자, 손숙오가 한수(漢水) 부근의 모래와 자갈이 있는 곳을 청하였다. 초나라 법에는 신하에게 두 세대에 봉록을 주고 땅을 회수하는데 오로지 손숙오 만이 홀로 그대로 가지고 있었다. 나라가 회수하지 않은 것은 척박하기 때문이었다. 그래서 아홉 세대까지 제사가 끊이지 않았다.

그러므로 (노자는) 말한다.

"잘 세운 것은 뽑히지 않고, 잘 안은 것은 떨어져 나가지 않아, 자손이 대대로 제사가 끊이지 않는다(『도덕경』제46장)." 이는 손숙오를 이르는 말이다.

작은 질병에서 죽음이 온다

더 작을 수 없는 양귀비 씨앗이 아편 전쟁을 일으키고
작은 것의 대명사 겨자씨가 코를 후끈 달아오르게 한다.
몇 억 개 중에 현미경으로나 볼 수 있는 정자 하나가
이목구비가 갖추어지며 시나브로 생명이 된다.
싸움도 말 한마디에서 출발하고
물 스며드는 틈으로 제방이 무너진다.
편작의 의술로도 고집 센 어른의 상처를 다룰 수 없다.
의술이 아니라도 처음을 다독이면 큰 것의 뿌리,

작은 씨앗은 그나마 다루기 쉽다.

| **본문** | 형체가 있는 것 중에 큰 것은 반드시 작은 것에서 일어나고, 오랫동안 지나온 사물이 무리를 이룬 것은 반드시 적은 데서 일어난다.

그러므로 (노자는) 말한다.

"천하의 어려운 일은 반드시 쉬운 데서 시작하고, 천하의 큰일은 반드시 작은 일에서 시작한다(『도덕경』 제63장)." 이 때문에 미세할 때 사물을 제어해야 한다.

그러므로 (노자는) 말한다.

"어려운 일을 도모하려면 쉬운 데서 시작하고, 큰일을 하려면 작은 데서 시작한다. (『도덕경』 제63장)." 천 길이나 되는 제방도 땅강아지와 개미구멍으로 무너진다.

그래서 (노자는) 말한다.

"백규(白圭)가 제방을 순시할 때 그 구멍을 막았으며 나이 든 사람이 불을 조심할 때는 틈새를 진흙으로 막았다." 백규는 수해가 없으며, 나이 든 사람은 화재가 없다. 이는 모두 쉬운 일을 조심하여 어려운 일을 피하고, 작은 것을 공경하여 큰 것을 멀리한 것이다.

편작이 채나라 환공을 보고 잠시 서 있다가 말했다.

"군주께서는 피부에 질병이 있습니다. 치료하지 않으면 장차 크게 깊어질 것입니다."

환공이 말했다.

"과인은 병이 없다."

편작이 물러나자 환공이 말했다.

"의사는 병이 아닌 것을 치료하기 좋아하여 공을 세우려 한다."

열흘이 지나 편작이 다시 보고 말했다.

"군주의 병은 살 속에 있으니 치료하지 않으면 장차 더욱 심해질 것입니다."

환후(桓侯)는 또 응하지 않았다. 편작이 나가고 환후는 또 기쁘지 않았다.

열흘이 지나 편작이 다시 보고 말했다.

"군주께서는 위장에 병이 있습니다. 치료하지 않으면 장차 더욱 심해질 것입니다."

환후는 응하지 않았다. 편작이 나가고 환후는 또 기쁘지 않았다.

열흘이 지나 편작이 환후를 보고는 발길을 돌려 달아났다. 환후가 사람을 시켜 그 까닭을 물었다.

편작이 말했다.

"질병이 피부에 있을 때는 뜨거운 물로 찜질하면 치료가 되고, 살 속에 있을 때는 침으로 치료가 되며, 위장에 있을 때는 탕약으로 치료할 수 있습니다. 병이 골수에 있을 때는 운명을 관장하는 신에 속한 것이라 어찌할 수 없습니다. 지금 병이 골수에 있으니 신이 드릴 말씀이 없습니다."

닷새가 지나 환후가 몸에 통증이 있어 편작을 찾게 했으나 이미 진나라로 달아났다. 환후는 마침내 죽었다. 그러므로 훌륭한 의사가 병을 치료할 때는 피부에 있을 때 고친다. 이는 모두 작은 것에서 처리한다. 무릇 일의 화복은 또한 피부의 처지에 있다.

그러므로 (노자는) 말한다.

"성인은 일찍 일을 따라 처리한다."

책을 불사르고 춤을 춘다

서자서(書自書) 아자아(我自我),
너는 너대로 나는 나대로는
연애가 되지 않는다.
책은 책대로 나는 나대로는
책이 짐이 되고 나는 책의 짐이다.
읽은 책을 불사르고 배우지 않은 것을 배워야 책이다.
책을 불살라 녹이어
그 힘으로 밖의 새로움을 얻어야 춤이 된다.

|본문| 왕수(王壽)가 책을 짊어지고 가다가 주(周)나라로 가는 길에서 서풍(徐馮)을 만났다.

풍(馮)이 말했다.

"일이란 행하는 것이고, 행한 것은 때에 따라 나타난다. 아는 자는 일에 고집을 세우지 않는다. 책이란 것은 언어이고 언어는 앎에서 나온다. 아는 사람은 책을 소장하지 않는다. 지금 유독 그대는 왜 책을 짊어지고 다니는 가?"

이에 왕수는 책을 불사르고 춤을 추었다. 그러므로 아는 사람은 말로 가르치지 않고, 지혜로운 사람은 책을 상자에 간직하지 않는다. 이를 세상 사람의 잘못이라고 한다. 왕수는 돌아와 배우지 않은 것을 배웠다.

그래서 (노자는) 말한다.

"배우지 않은 것을 배우면 많은 사람이 지나간 것으로 다시 돌아간다(『도덕경』제64장)."

경주에서 뒤처진 까닭

곁눈질하지 마라
그 눈길로 같은 방향을 보라.
승마선수는 말과 하나 되어야 바람처럼 난다.
남을 보느라 말과 호흡하지 못하면
바람이 곁눈질을 붙잡아 뒤처진다.
바람과 같은 방향을 바라보아야
바람이 되어 바람처럼 날아간다.
앞을 보면 앞으로 당겨 나가고
뒤를 보면 뒤로 끌려간다.

| **본문** | 조(趙)나라 양왕이 왕어기에게 수레 모는 법을 배웠다. 오래되지 않아 어기와 경주를 하여 세 번이나 말을 바꾸었는데 세 번 뒤졌다.

양왕이 말했다.

"그대는 나에게 수레 모는 법을 가르치면서 기술을 모두 가르쳐주지 않았소."

대답하여 말하기를,

"기술을 모두 가르쳐드렸는데 그것을 잘못 사용하였습니다. 무릇 수레를 몰 때 중요한 것은 말의 몸이 수레에 편안해야 하고, 사람의 마음이 말과 조화를 이루어야 그 이후에 먼 곳에 빠르게 나아갑니다. 지금 군주께서 뒤지면 신을 뒤따라 붙잡으려 하시고, 앞서면 신에게 붙잡힐까 두려워하십니다. 무릇 길에서 먼 거리를 경쟁하다 보면 앞서지 않으면 뒤처지는데 앞서건 뒤처지건 마음이 모두 신에게 가 있습니다. 상께서 어찌 말과 조화를 이루겠습니까? 이것이 임금께서 뒤처진 까닭입니다."

대기만성(大器晩成)

바삐 만들어 부서지면 다시 만들어야 한다.
작은 그릇은 적게 담고
여러 번 담아야 한다.
늦은 만큼 많이 담고
한 번에 쓸어 담는다.
크게 만들려면 그만큼 늦다.
소는 태어나자마자 걷지만
더 오래 사는 사람은 걷기까지 일 년을 넘긴다.
로마는 하루아침에 이루어지지 않는다.

| **본문** | 초나라 장왕이 왕위에 오른 지 삼 년이 되었는데 명령을 내리지도 않고, 정치도 하지 않았다. 우(右) 사마(司馬)가 왕을 모시고 있다가 왕에게 수수께끼를 냈다.

"새가 남쪽 언덕에 앉아서 삼 년 동안 날개를 펴지도 않고, 날거나 울지도 않으며 입을 다물고 아무 소리도 없습니다. 이 새의 이름이 무엇입니까?"

왕이 말했다.

"삼 년 동안 날개를 펴지 않은 것은 장차 날개를 기르기 위해서다. 날지도 않고 울지도 않은 것은 장차 백성을 살피기 위해서인즉 비록 날지 않지만 날면 반드시 하늘을 찌를 것이고, 비록 울지 않지만 울면 반드시 사람을 놀라게 할 것이다. 그대는 모르는 것처럼 잠자코 있어라."

반년이 지나 스스로 정치를 돌보아 폐지한 일이 열 가지이고, 일으킨 일이 아홉이다. 대신(大臣) 다섯을 처형하고, 처사(處士) 여섯을 천거하여 나라를 크게 다스렸다. 병사를 일으켜 제(齊)나라를 공격하고 서주(徐州)를 패망하게 했다. 황하와 형옹 사이에서 진(晉)나라를 이기고 제후를 송나라에 합쳐 천하의 패자가 되었다. 장왕은 작은 선을 행하지 않았기 때문에 크게 이름을 얻고, 서둘러 보여주지 않아서 크게 공을 이루었다.

　그러므로 (노자는) 말한다.

　"큰 그릇은 늦게 이루어지고, 큰 소리는 거의 들리지 않는다(『도덕경』제41장)."

노장사상과『논어』의 시대적 배경

　-삶은 시대의 반영-

　삶은 시대의 반영이니
　사상을 보려면 배경으로 시간과 공간을 보아야 한다.
　노자는 주나라가 멸망하니 떠나고
　열자는 구름을 타고 다니며 있는 듯 없는 듯 살고
　장자는 송나라가 혼란스러우니 관직이 무섭다.
　제자백가이건 패자이건 각기 제 방식을 내세워
　춘추시대, 전국시대의 혼란을 처방할 때
　노자와 열자와 장자는 억지가 없어야 생명을 유지한단다.
　공자는 과거를 부여잡고
　죽어가는 주왕실의 예법을 복원하려
　담자에게 배우고 노자에게 묻는다.
　그 물음으로 인간다운 세상을 꿈꾼다.
　현재에 충실하고 미래를 밝히려면

과거를 잘라내야 하는가, 과거 속에서 답을 찾아야 하는가!

노장사상과 시대적 배경

노자와 장자는 한때 벼슬에 올랐다. 그들은 벼슬을 버리고 자연으로 돌아간다.

노자가 살았던 춘추시대 말기는 생산력이 발전하고 경제 기반이 변화한다. 이 시기에 봉건 지주 경제가 이루어지면서 각 제후국들 간에 권력 투쟁이 일어난다. 상제(上帝)의 권위가 약해지면서 새로운 사상이 형성되기 시작한다. 춘추시대 말기에서 전국시대 초기에 도가, 유가, 묵가 3대 학파가 형성되고 명가와 법가 등의 학파가 등장한다. 노자의 사상도 이러한 시대적 배경 속에서 전통 예악의 문화에 반대하는 이론을 전개한다. 그러나 공자는 서주 이래 주공단이 제정한 전통적인 예악제도를 충실히 이어나간다. 노자는 예가 절약이나 검소한 것보다 못하다고 주장한다. 노자는 공자와 다르게 배움을 끊어야 근심이 없다고 한다. 인을 끊고 예를 버려야 백성이 효도하고 자애롭게 된다고 말한다.

장자가 살았던 시기는 전국시대(BC 403~BC 221) 중기이다. 당시 중국은 역사적 변혁기였다. 철제 기구의 사용으로 농업이 발전하고 수공업과 상업이 발달했다.

200년이 못 되는 전국시대 동안 200여 차례 크고 작은 전투가 치열하게 벌어졌다. 제나라가 20만의 군사로 초나라를 함락시키는 데 5년이 걸리고, 조나라가 20만의 군사로 5년 동안 중산(中山)을 공격했다. 전국시대 말기 장평 전투 때는 진나라가 3년을 준비하며 황하 안쪽의 15세 이상 장정들을 전쟁에 동원하였다. 백성들은 수확하지 못하고 굶어 죽는 자들이 셀수 없었다. 이런 상황에서 장자는 통치자들의 수탈과 압제에 반대하여 그들이 제안하는 높은 관직을 거절하였다.

장자는 송나라 사람이다. BC 328년 척성과 그 아우 언(偃, 재위 BC 329~BC 286)이 다스리던 송나라는 언이 공격하여 척성이 패하여 제나라로 도망갔다. 언은 전쟁을 일삼고 폭정을 하며 송강왕으로 즉위하고 패주(霸主)가 되려고 제나라를 공격하여 세 곳의 성을 함락했다. 초나라를 공격하고 위나라를 쳤다. 그때 송나라에서 쇠박새 알에서 매가 부화하는 일이 일어나자 천하를 통일한다고 점쟁이가 풀이했다. 송강왕은 등과 설을 치고 회수 북쪽 땅을 정벌하였다. 그는 주색에 빠져 대신의 간언을 듣지 않고 죽였다. 그의 포악한 행동은 상나라 주왕(紂王)을 닮았다 하여 송나라의 걸왕, 걸송(桀宋)이라 불렀다. BC 286년에 제나라, 초나라, 위나라 연합군이 언을 죽이고 송나라를 셋으로 나누어 가졌다. 송강왕은 44년 동안 재위했지만 송나라는 그로 인해 멸망한다.

장자가 살았던 시기는 전쟁이 끊임없이 이어지고 지식인이 간언하다 살해되는 등 혼란이 극에 달하였다. 장자는 이를 우언으로 표현하고 있다. 한때 칠원리라는 관리로서 당시 상황을 보고 관직을 멀리한다. 지식인들이 올바른 일을 하려면 생명을 지키기 어렵다는 것을 알고 그는 쓸모없음의 쓸모를 다양한 방식으로 설파한다. 성인의 지혜로 만든 법도로 백성들을 억압하고 착취함을 비판하며 정신의 자유를 추구하는 것이다. 『장자』속 장자의 우주론은 칼 세이건의 『코스모스』를 떠올리게 한다. 칼 세이건은 광활한 우주를 설명하면서 『장자』의 「제물론」에 등장하는 팽조 이야기를 인용한다. 2300년의 시간적, 공간적 거리에서 광활한 공간, 우주 비행 등에서 같은 우주관을 볼 수 있다. 장자의 자연관은 칼 세이건이 말하는 별의 탄생과 소멸, 인간의 탄생과 죽음을 보는 방식과 같다. 특권 의식을 버리고 여성과 장애인을 대하는 태도는 장자가 인류 역사상 가장 진보한 인물이었음을 보여준다. 모든 것은 변한다는 사실, 인위는 억지이며 자연을 거스른다는 인식, 마음을 깨끗이 닦는 좌망(坐忘), 산문의 새로운 창작 등은 장자를 빛나게 하는 핵심이다.

『논어』의 시대적 배경

공자(BC 551~BC 479)는 춘추시대 후기 사람으로 한때 노나라 재상을 하고, 벼슬에서 물러난 이후 죽기 전까지도 벼슬을 하려고 이 나라 저 나라를 돌아다녔다. 노자와 장자가 벼슬을 버린 것과 대조된다. 그는 노자보다 20살 아래이다.

주나라의 무왕은 공로가 가장 큰 태공망에게 제나라를, 주공 단에게는 노나라를 분봉해주었다. 주공은 무왕의 친형제로 주 왕조의 기본 토대를 만든 사람이다. 주공이 주 왕조 초기에 장기간 집정했기 때문에 노나라를 다스리던 그 아들 백금이 천자 전용의 예악, 기물, 책 등을 가져왔다. 노나라는 천자의 예악으로 천지 조상에게 제사를 지낼 수 있었다. 노나라는 천자의 문화 전통을 확립하고 이어나갔다. 공자는 이러한 노나라의 문화 전통 속에서 자랐다. 공자가 어렸을 때 제사 놀이를 한 것이나 담자가 노나라에 왔을 때 그에게 가르침을 받은 것, 노자에게 예에 대해 물어본 것 등은 노나라의 전통을 잇는 일이다.

공자 출생 전후 10여 년간은 주례를 대표하는 문화 전통이 빠르게 몰락하고 있던 시기이다. 공자가 탄생하기 전 BC 562년에 노나라 환공(재위 BC 711~BC 694)의 세 아들, 맹손씨, 숙손씨, 계손씨가 노나라 군대를 삼군으로 나누어 하나씩 차지하면서 군주의 권력이 크게 약해졌다. 삼 형제는 노나라의 주례를 무시하며 노소공, 노애공을 국외로 쫓아내기도 하고, 노도공 시기에는 삼환보다 노나라 제후가 낮은 지위가 되었다.

공자가 찾으려 했던 것은 노나라의 전통적인 예와 악이다. 음악이 많이 등장하는 이유이기도 하다. 20대에 승전(乘田)이라는 가축 관리하는 벼슬을 하고, 이후 창고 물품 관리 벼슬인 위리(委吏)를 맡았다. 높은 지위로 올라갈 수 없음을 알고 공자는 학업에 몰두하여 명성이 높아갔다. 수많은 사람이 제자가 되었다. 중도라는 도읍의 재상이 되고 건설부 장관에 해당하는 사공으로 승진한다. 얼마 후 법무부 장관인 사구로 승진 하지만 자신의 정치적 이상을 실현할 수 없음을 알고 노나라를 떠난다. 그 이후 공자는 벼슬을 하지 못한다. 이후 공자는 세 번이나 곤경에 빠진다. 공자는 도망가다가 상갓집 개라는 말을 듣기도 한다. 자신을 벼슬을 구하지 못해 주인 없는 개, 기운 없이 풀이 죽은 초라한 사람으로 빈정대는 말을 공자는 웃으며 '맞다'고 받아들인다.

도가사상과 공자가 후대에 끼친 영향

-싸우지 않고 공존하니 인문학이다-

도가사상과 유가사상은
때론 다른 길을 걷지만 같은 몸통이다.
어느 때는 노장이 어느 때는 공자가
내 삶을 이룬다.
그 중심에 사람이 있으니
공자는 인위로
노장은 무위의 방식으로
다만, 처방이 다를 뿐이다.

도가사상의 영향

춘추전국시대에 노장사상은 큰 흐름을 이루었다. 후한 이후에 와서 도가사상은 정치적 필요에 따라 왜곡되고 영향력은 축소된다.

공자가 노자에게 예를 물었다는 기록, 음양오행설 등으로 보아 도가는 유가에 영향을 끼쳤다. 『도덕경』은 생명 존중, 평화 사상, 처세술, 정치, 양생술, 여성학 등에 이르기까지 광범위하게 영향을 끼쳐왔다. 당나라 때에는 경전이라는 의미로 노자를 '도덕진경(道德眞經)', 장자를 '남화진경(南華眞經)'이라 높여 불렀다. 위진남북조 시대 중국 철학자들은 『도덕경』『장자』『주역』을 삼현(三玄), 곧 세 가지 신비한 책으로 숭상했다.

공자, 손자, 장자, 순자, 한비자 등은 모두 도가사상의 영향을 받았다. 공자의 무위이치(無爲而治), 무명(無名), 무쟁(無爭) 사상 등은 노자의 영향이다. 싸우지 않고 적을 굴복시키는 방법, 약한 것으로 강한 것을 이긴다는 내용, 대립하는 개념으로 하는 진술, 물에 비유한 표현 등은 노자가 손자에게 끼친 영향이다. 이는 노자의 『도덕경』이 통치자가 지향해야 할 바를 논하고 있음을 보여준다. 장자는 노자의 사상을 발전시키고 상대주의 철학으로 확장함으로써 만물과 생사와 시비를 가지런히 한다고 하였다. 황로학은 노자 사상에서 나왔다. 순자는 노자의 무위사상을 비판적으로 받아들여 '허일이정(虛一而靜), 즉 텅 비고 한결같아서 고요함'을 제시하였다. 한비자는 자신의 책에서 노자에 대해 자세히 설명한다. 그는 노자의 무위이치를 통치술로 체계화한다. 이후 노자 사상은 도교의 신선학과 불교 사상에도 영향을 끼친다. 가장 영향력이 있는 주석본으로 알려진 하상공의 『노자주』와 위나라 왕필의 『노자주』는 중국의 문화에 지속적으로 영향을 끼쳐왔다. 송명시대의 정주(程朱) 이학(理學)은 도가사상과 연관이 깊다.

도가사상은 중국 불교에도 영향을 끼쳤다. 초기 중국에서는 열반(涅槃)

을 무위(無爲)로 이해하는 등 부처를 신선으로 이해하였다. 서역의 승려 구마라집 이전에는 중국 불교도들이 도가사상을 인용하여 교리를 해석하는 격의(格義)의 방법을 사용할 만큼 도가사상의 영향이 컸다. 수나라와 당나라 시대는 불교의 전성기로 이때 등장한 중국의 대표적인 불교 종파로 인정받는 선종은 인도의 불교, 중국의 도가사상, 유가 사상을 결합한다. 선종의 대표 인물은 좌선(坐禪), 선정(禪定)을 새롭게 해석한 혜능이다. 혜능의 무념(無念)은 노자의 주정(主靜)과 장자의 좌망(坐忘)을 기본으로 발전한다. 불교가 쇠락한 이후에 선종만이 후대에까지 영향을 끼친다.

도가사상은 춘추전국시대의 어려운 상황에서 민중들의 생존 방식을 비유의 방식으로 표현한다. 노자는 역설, 열자와 장자는 역설과 우의적인 글들 때문에 문학 작품으로 향유되고 문학 방식에도 영향을 끼쳤다. 역설은 표면상 모순의 형식을 띠는 것으로 불교와 도교의 경전이나 그 밖에 인류의 경구에 나타난다. 우언의 방식은 알레고리 형식으로 빗대어 표현하는 방식이다. 이솝 우화나 불교 우화, 라퐁텐 우화 등이 여기에 해당한다. 나아가 조지 오웰의『동물농장』이나 채만식의『탁류』등은 알레고리 형식을 띤 현대의 문학 작품이다. 이러한 방식에 단테의『신곡』, 번연의『천로역정』, 스위프트의『걸리버 여행기』, 괴테의『파우스트』등이 있으며 우리 문학으로는 임춘의『국순전』, 이규보의『국선생전』, 안국선의『금수회의록』이나『별주부전』,『장끼전』등을 들 수 있다.

도가사상의 무위자연은 문명에 대한 거부로 읽힌다. 전쟁을 거부하고 명예를 멀리하여 불로장생의 신선을 꿈꾼다. 도가사상은 현대인들의 경쟁적 삶이 빼앗은 인간 본성을 그대로 유지하면서 인간이 인간답게 살아가는 방법을 보여준다.

노자, 열자, 장자는 온전히 자유를 누린 사람들이다. 호라티우스는 "세월은 흘러갔다. 내일은 믿지 마라. 오늘을 즐겨라."라며 카르페디엠을 노래했다. 우리 조상들은 "노세 노세, 젊어서 노세"라고 노래했다. 그리스의 위대한 소설가 니코스 카잔차키스는 『희랍인 조르바』에서 절대 자유를 추구한다.

특히 죽음을 천상병의 시인처럼 맞으려면 노자, 열자, 장자를 읽어야 한다. '나 하늘로 돌아가리라. / 아름다운 이 세상 소풍 끝내는 날, / 가서, 아름다웠다고 말하리라'.

오래 사는 것만이 행복은 아니다. 자연에 순응하는 삶은 BC 8세기 호메로스의 『일리아스』나 『오딧세이아』의 바탕을 이루고 있다. 로마의 5현제 중 하나인 마르쿠스 아우렐리우스의 『명상록』 또한 마찬가지이다. 『조화로운 삶』의 스콧 니어링은 "단식하다 죽고 싶다"라던 희망대로 100세가 되던 해에 음식을 끊고 죽음을 느끼며 죽는다.

세네카의 『인생이 왜 짧은가』도 곰곰이 생각해보아야 한다. 그는 '우리는 수명이 짧은 것이 아니라 많은 시간을 낭비하고 있는 것'이라 말한다. 그에게 인생은 결코 짧지 않으며, 결코 불행한 것만은 아니다.

노장사상은 헤겔이나 하이데거, 톨스토이 등 서양에도 많은 영향을 끼쳤다. 노자는 여성의 중요성을 강조하고, 장자는 장애인들을 등장시켜 삶을 이야기한다. 환경, 여성, 장애 등 현대에 관심이 높은 이야기를 오래전에 하고 있다.

노자와 열자와 장자는 현대가 가져온 수많은 정신의 질병 치유제이다. 삶의 목적도 모른 채 자본주의 사회에서 자신의 삶을 내팽개치는 것이 현실이다. 더 좋은 직장을 위해 혹독하게 공부한다. 남들과 비교하면서 인간은 기계가 되고, 기계가 되면서 인간이길 바라는 사람들은 우울증에 시달린다. 사람들은 몸과 마음의 안식처로써 주택에 사는 것이 아니라 가격이 절대 영향력을 행사하는 아파트 브랜드로 산다. 비싼 자동차를 사 놓고 상전으로 모시면서 남들이 눈길조차 주면 폭력을 행사한다. 이러한 현대에 노자와 열자와 장자는 병원에서도 고치지 못하는 우리 삶의 치유제이다.

노자의 『도덕경』의 주석서는 350권이나 되어 많기로 유명하다. 또한 서양에서 노자의 『도덕경』을 가장 많이 번역하였다고 한다. 어려운 만큼 주석서와 번역서가 많고 그만큼 왜곡 가능성도 높다. 왜곡하지 않고 읽으려면 원문을 읽어야 하고, 그렇지 못하면 원문 직역본을 읽어야 한다. 그리고 자신이 의미를 살펴야 한다. 수많은 해설이나 주석은 각각의 하나의 관점일 뿐이다.

공자의 영향

공자는 살아있을 때부터 이름을 날렸다. 그러나 자신의 뜻을 이루지 못해 벼슬을 구걸하듯 여러 나라를 돌아다녔다. 그가 죽은 후에는 성인(聖人)이라는 명예를 얻는다.

공자는 유학을 창시했다. 유학은 중국 주변의 여러 나라에 막대한 영향을 끼쳤으며 그 영향은 지금까지 이어진다. 17세기 이후 공자는 서양에서도 관심의 대상이 되었다.

청나라 말기 홍수천은 상제(上帝)를 믿어 태평천국 농민 봉기를 일으킨다. 그는 공자의 패위를 부수었다. 봉기에 참가한 농민들은 봉건 전통문화를 대표하는 공자가 삼강오륜 등으로 자신들을 억압한다며 반발했다. 홍수천은 하느님 앞에 모든 사람은 평등하다고 주장했다. 이는 유가의 윤리 도덕을 비판하는 수준으로 나아갔다. 하지만 13년이 지나 지도부의 타락과 권력 다툼으로 패망한다.

전통문화를 대표하는 공자학은 중국 근대 신문화가 싹트면서 공자를 반대하고 유학을 비판하는 사조가 나타나더니 5·4 신문화 운동 때에 최고조에 달했다. 5·4 운동은 '타도 공자'를 외친다. 봉건 전제 제도를 해체하면서 공자도 해체의 대상이 되어 '공자를 배척하자! 성인은 없다.'라며 유학이 봉건 전제에 기여했다고 인식한다. 신문화 운동은 공자의 도가 현대 생활에 맞지 않는다고 강조한다. 중국의 마르크스주의자들은 공자 사상에서 민주성과 과학성을 발굴하고자 하였다. 중국 정부는 2004년 이후 세계 각지에 공자학원, 공자학당, 공자아카데미란 이름의 학원을 운영하고 있다. 공자학원은 중국 정부의 도구라는 면에서 서방세계와 충돌을 빚고 있다.

유학은 한국, 일본, 베트남 등으로 퍼져나갔다. 17, 18세기 종교 포교자들에 의해 공자와 유학이 유럽으로 전해졌다. 볼테르는 공자를 예찬하였다. 몽테스키외와 루소는 유학을 비판했다. 라이프니츠는 공자와 유학을 숭배한 사상가이다. 헤겔은 공자의 도덕을 상식적인 수준으로 전혀 뛰어난 것이 아니라고 비판했다.

평가

-경전은 제자들이 만드는 것-

인간이 하는 어떤 일이든
장점이 있으면 단점이 있고
추앙을 하는가 하면 어떤 이는 비난한다.
노자라고
공자라고

완전할 수는 없는 일,

그래도 좋은 면을 먼저 보면

그 위대함을 본다.

위대함은 떠난 후 아는 법,

소크라테스의 말은 플라톤의 기억이고

예수의 행적은 훗날 제자들의 기록이며

붓다의 깨달음은 잊어버릴 만한 때 잊지 않으려는 새김이다.

공자의 언행도 또한 제자들의 붓으로 남고

나이 더 많은 노자의 말은 여기저기 많은 이들 심장에 스며들었다.

열자는 흔적도 없어 학문으로 증명하기 어렵다 하나

장자의 말과 함께 하얀 천에 물감 스미듯 퍼져나갔다.

제자들이 하나씩 덧붙여도

그것이 성경이고,

소크라테스, 붓다, 공자, 노자, 열자, 장자이다.

성인과 경전은 제자들이 만든다.

그 자리에 우리도 있다.

노장의 평가

노자의『도덕경』은 중국 최초의 철학서이며 문명비평서이다.『도덕경』을 잠언집으로 분류하기도 하고, 구도(求道) 또는 종교의 성격을 띠는 것으로 평가하기도 한다. 통치자가 지향할 바를 논하고 있는 정치적 성격도 중요한 자리를 차지한다.

어떤 이들은 장자를 유물론자, 주관적 관념론자라고 한다. 혹은 진보주의자로 평가하기도 하고, 소극적이라고 부정적으로 평가하기도 한다.

장자는 진보적이다. 백성의 고통을 바라보며 부패상을 폭로한다. 장애인, 여성에 대한 인식은 특히 진보적이다. 우주의 무한성은 현대 과학이 인식하고 있는 천체관과 비슷하다. 개성과 재능을 자유롭게 발전시키고 자연으로 돌아갈 것을 주장한 것은 루소의 '자연으로 돌아가라'와 같다. 좌망 등의 마음 수련은 종교의 모습을 보여준다. 장자의 산문은 현재까지 큰 영향을 끼치고 있다.

장자의 한계는 통치자 등 그가 비판하고자 하는 한 측면만을 언급한다는 점이다. 사회의 부조리에 적극적으로 대응하지 않고 쓸모없음의 쓸모로 현실에서 도피하고자 한다. 그의 한계는 시대적인 배경으로 인한 것이다.

공자의 평가

공자는 백가쟁명(百家爭鳴)의 중심인물이다. 『묵자』「비유(非儒)」에서 공자와 제자들이 진나라와 채나라 사이에서 굶주리고 있을 때 자로가 길에서 주육(酒肉)을 빼앗아 오자 공자는 그것을 어디서 가져온 것인지 가리지 않고 먹었다고 비판한다. 『장자』「도척」에서 도척이 공자를 남을 속이기를 잘하는 공구라고 비판한다. 『한비자』「오두」에는 공자에게 인의를 논한다면 노애공의 신하가 되지 말았어야 한다고 말한다.

공자의 영향력은 현재까지 동아시아에서 매우 크다. 공자는 일시적으로 비판의 대상이 되었지만 여전히 현재의 중국 정부조차 공자를 내세워 세계에서 영향력을 과시하고자 한다. 서양에서 공자에 대한 평가는 숭배와 비판이 함께 존재한다. 도가사상과 유가사상에 대해 조화와 균형을 갖춘 주체적인 수용이 필요하다.

제 2 장

노자
『도덕경』 읽기

노자와 『도덕경』

신화와 역사 초기 인물들의 시대 위치

길가메시: B.C. 28세기경 수메르 왕. 가장 오래된 책 『길가메시 서사시』

(B.C. 18세기 기록으로 추정).

하나라 우(禹)왕: B.C. 2070년~B.C. 1600년경.

트로이 전쟁: B.C. 13C~B.C. 12C경.

호메로스: B.C. 8C경 또는 B.C. 12C경(트로이 전쟁 시기)으로 추정.

『일리아스』『오딧세이아』(B.C. 8세기 기록으로 추정).

춘추시대: B.C. 770년~B.C. 403년.

노자: B.C. 571년~B.C. 471년 추정. 생존 100세 또는 160세, 200세 설

(說)이 있음. 『도덕경』

석가모니: B.C. 565년~B.C. 486년. 생존 79세. 『불경』

공자: B.C. 551년~B.C. 479년. 생존 73세. 『논어』

헤로도토스: B.C. 484년~B.C. 425년. 생존 59세.『역사』.

전국시대: B.C. 403년~B.C. 221년.

춘추전국시대=동주(東周) 시대, B.C. 221년 진시황의 통일.

묵자: B.C. 480년~B.C. 390년. 생존 90세.『묵자』.

소크라테스: B.C. 470년경~B.C. 399년 5월 7일. 생존 71세.

플라톤: B.C. 427년~B.C. 347년. 생존 80세.

『소크라테스의 변론』,『국가』.

열자: B.C. 4C년경.『열자』.

장자: B.C. 369년~B.C. 289년경. 생존 80세.『장자』.

한비자: ?~B.C. 233년. 이사의 모함 투옥, 독약 자살.『한비자』.

사마천: B.C. 145년경~B.C. 85년경. 생존 87세.『사기』.

예수: B.C. 4년~A.D. 30년경. 생존 33세.『성경』.

무함마드: A.D. 570년~632년 6월 8일. 생존 62세.『꾸란』.

책의 분량

책의 분량은『도덕경』5,000자,『논어』15,000여 자,『장자』65,000여 자,『맹자』35,000여 자,『성경』표준 번역본 1,697,000여 자이다.

동양의 유불선 문화

동양의 문화는 중국에서 발흥한 유교와 도교, 인도에서 전래한 불교가 상호 융합, 대립의 관계를 유지해 왔다. 유교, 불교, 도교를 유불선이라 하는데, 대체로 이들 세 종교를 한 집안에서 숭배해 온 것을 반영한 용어이다. 세 종교가 모두 인간을 중심에 놓고, 인간 수련에 초점을 두고 있기 때문인 듯하다. 우리나라 초기에 불교가 전파되고, 이전부터 있던 신선 사상이 결합하여 현재의 사찰에 신선당이 남아 있다. 조선시대 유교 문화가 중심을 이루면서 가정에서 여자들은 불교를, 벼슬에 나가는 선비들은 유교를 떠받들다가 노년이 되면 신선 사상에 몸을 맡겼다. 우리나라 고전 문학 작품은 이들 유불선 세 종교가 혼용되어 인본주의 사상이 드러난다.

노씨[老氏]라서 노자[老子]인가

노자의 성이 이 씨이고 어머니의 성이 이 씨라고 전한다. 사마천의 『사기』 「노장 신한 열전」, 갈현의 『신선전』, 『열선전』 등의 기록이 그렇다. 어머니 성을 따른 것은 노자가 부드러움과 여성을 숭상했던 점으로 보아 가능한 일이다.

이씨 성을 가졌으므로 이자(李子)라 해야 맞다. 성에 자(子)를 붙여서 공자, 묵자, 열자 등을 보면 그렇다. 그런데 노자(老子)라 한 이유는 무엇일까?

첫째, 성이 노씨라서 노자라고 했다는 주장이다. 춘추시대에 노(老)라는 성은 있었으나 이(李)라는 성은 없었고, 후에 노씨 성이 이씨 성으로 변했다는 주장이다.

둘째, 노자는 나면서부터 흰 머리여서 노자라 했다는 주장이다. 갈현의 『도덕경』의 주장이다.

셋째, 노자는 장수한 사람의 호라는 주장이다. 노(老)는 수명이 긴 사람을 가리키며, 노자는 160세 또는 200세까지 살았으며, 언제 죽었는지 알지 못한다는 기록에 근거한다.

넷째, 노자는 모든 이치를 밝히고 낳은 사람이라는 주장이다.

분명한 것은 많은 문헌에 이씨 성이라고 하나 노자라고 부른다는 점이다.

담(聃)은 귓바퀴가 없다는 뜻으로 귀가 길다는 의미를 지닌다.

노자와 공자의 만남, 무엇을 가르쳤나?

노자는 공자와 관련하여 높이 평가받는다. 공자가 20년 정도의 연상인 노자를 만난 것을 세 차례 정도로 본다. 『장자』에는 공자가 자주 등장하며, 공자와 장자가 만난 일을 다양하게 소개하고 있다. 모두 노담이 공자를 가르치는 내용이다.

첫 번째, 공자의 나이 30세쯤에 남궁경숙과 함께 주나라에 가서 노자에게 예를 물었다.

두 번째, 노자가 공직을 그만두고 고향으로 돌아갔을 때이다. 공자는 주나라 왕실에 자신의 저서들을 소장하게 하고 싶어서 도서관 일을 맡았던 노자를 찾아간다.

세 번째, 공자의 나이 51세쯤 남쪽의 패 땅에서 노자를 만났다.

『장자』에는 공자를 등장시켜 공자의 인의예지를 비판한다. 이러한 비판은 장자를 따르던 무리가 덧붙인 글이라는 주장이 일반적이다.

노자 도덕경에 언제부터 경을 붙였나?

『도덕경』는 주석과 번역이 가장 많은 책이다. 『도덕경』을 가장 먼저 풀이한 사람은 한비자이다. 『한비자』에는 제20편 「해로(解老, 노자를 풀이하다)」, 제21편 「유로(喻老, 노자를 비유하다)」가 있다. 사마천이 노자와 장자를 한비자와 함께 묶어 열전을 실은 것은 한비자의 뿌리를 노자로 보았기 때문이다.

『도덕경』은 원래 『노자』라 했다. 후에 『도덕 양편』, 『도덕 상, 하편』으로 불렸다. 사마천의 『사기』 제3권 「노장 신한 열전」에는 "노자가 책 상, 하편을 지어 도덕의 뜻을 5천여 글자로 말하고 떠났다"라고 기록하고 있다. 한나라(BC 206~263) 초기에 황로학이 성행하여 『도덕경』을 학습하는 사람들이 많아졌다. 이때까지는『도덕경』이라 하지 않았다. 한 경제(BC 188~BC 141) 때부터 '경(經)'으로 격상된다.

도(道)는 우주의 근본 원리, 덕은 삶 속의 작용, 경은 경전을 뜻한다. 곧, 우주의 원리와 삶에 대한 경전이다.

노자의 판본 문제

한나라 하상공(한문제 漢文帝 BC 180~BC 157 때 하상에 살았던 은둔 선비)의 『노자장구(또는 노자주)』, 위나라 왕필(서기 226~249. 24세로 요절)의『노자도덕경 주』, 당나라 부혁(傅奕, 서기 555-639)의 판본 등이 대표 판본이다. 왕필본은 주석(註釋)이 가장 오래되었고 뛰어나며, 역사상『도덕경』의 통행본으로 인정해 왔다. 1973년 출토된 백서『노자』는 현존하는 가장 오래된 판본이다. 상편 끝에「덕(德)」3,041글자, 하편 끝에「도(道)」2,426글자라고 적혀 있다. 문헌 가치가 높은 것으로 평가한다.

이 책의 번역은 통용본인「왕필본」을 텍스트로 삼았다. 그러나 왕필의 주석은 참고만 하고 가능한 문맥의 흐름에 따라 풀이하려 했다.

고유명사 없이 '나'라는 인칭 대명사로 쓰인 책

『노자』또는『도덕경』은 구체적인 지명이나 인명이 없다. 이는 시간과 공간을 초월한 영원한 진리, 보편적인 진리를 드러내는 책이라는 것을 보여주는 서술이다. 그 특징은 지명, 인명 대신 '아(我)' 또는 '오(吾)'로 나라는 1인칭 대명사가 나온다는 점이다.

춘추전국시대 문명 비평서, 평화주의자의 저작

춘추전국시대는 법가사상으로 진시황이 통일한다. 법가 사상은 왕권 강화와 부국강병으로 난세를 평정하는 역할을 했지만 부국강병을 이끄는 사상이 되지는 못했다. 묵가 역시 혼란기에 힘이 되었던 평등사상이 사회적 기반을 상실한다. 피지배층을 유화적인 방식으로 이끄는 사상이 유가 사상이다. 이처럼 제자백가의 사상은 대체로 사회에 대해 적극적으로 개입하고자 한다. 그러나 노자는 이들과 달리 인위적인 제도나 규제가 혼란을 가중시킬 뿐이라며 자연을 최고의 질서로 인식한다.

『도덕경』은 당시에 찬미하던 문명이나 문화를 재앙이라며 근본적으로 비판하고 부정한다. 춘추전국시대는 조나라와 진나라의 싸움인 장평전에서 조나라 사상자가 45만 명이나 되는 등 끊임없이 전쟁이 일어난 시기였다. 이러한 문제를 해결하기 위해 도가, 유가, 묵가, 법가, 병가, 명가 등 중국의 중심 사상이 이 시기에 모두 등장한다. 이 중 노자는 평화주의자로서 자연이라는 근본 질서 회복을 주창한다. 이『도덕경』은 노자 개인의 저작이 아니라는 연구가 많다.

반복적으로 등장하는 글자

무(無) 107회, 천(天) 93회, 도(道) 76회, 지(知) 57회, 선(善) 52회, 덕(德) 43회, 성인(聖人) 32회, 상(常) 30회로 빈도수가 높다. 노자의 사상과 깊은 관련이 있는 글자로는 유(柔) 11회, 현(玄) 11회, 약(弱) 10회, 박(樸) 8회, 빈(牝) 5회, 허(虛) 5회, 영아(嬰兒) 2회 등이다.

상편(上篇), 도경(道經)

노자가 말하는 도(道)는 우주의 철학적 원리를 뜻한다. 노자는 영원히 변함없는 절대적 진리, 모든 시대에 항상 적용되는 진리를 상도(常道)라 했다.

제1장 영원한 도, 언어로 표현할 수 없는 현묘한 경지

'도가도비상도 명가명비상명'보다 유명한 문장을 찾아보라
성경의 '태초에 하나님이 천지를 창조하시니라'는 어떤가!
공자의 '학이시습지 불역열호'는 또한 어떤가!
불경의 '무주상보시'는 그 뜻처럼 나서지 않을지도 모르지!
테베 신전의 말을 소크라테스가 띄운 말 '너 자신을 알라'일까!
그중 제일 나이 든 노자가 먼저 아닐까?

노자의 방식으로 수수께끼를 만들어보자.
사랑을 사랑이라 할 수 있으면 사랑이 아니다.
말로 할 수 있는 말은 말이 아니다.

| 본문 |

道可道非常道(도가도비상도)요 　　도(道)를 도(道)라 할 수 있으면 영원한 도(道)가 아니다.

名可名非常名(명가명비상명)이라. 　이름을 이름이라 할 수 있으면 영원한 이름이 아니다.

無名天地之始(무명천지지시)요 　　무는 천지의 시작을 이름하며,
有名萬物之母(유명만물지모)라. 　　유는 만물의 어머니를 이른다.
故常無欲以觀其妙(고상무욕이관기묘)하고 　그러므로 언제나 무는 그 오묘함을 보려 하고

常有欲以觀其徼(상유욕이관기요)라.	언제나 유는 그 변방을 보려한다.
此兩者(차량자)는	이 두 가지는
同出而異名(동출이이명)하니	함께 나왔으나 이름을 달리하니
同謂之玄(동위지현)이라.	함께 일컬어 현묘[5]하다고 한다.
玄之又玄(현지우현)이니	현묘하고 또 현묘하니
衆妙之門(중묘지문)이니라.	모든 현묘의 문이다.

| 해석과 감상 |

도는 말로 표현할 수 없다. 이런 까닭에 도를 깨친 사람은 말이 없다. 도는 무엇으로도 전할 수 없는 큰 것이어서 도를 깨친 이가 도를 전하고자 할 때는 다양한 방법을 모색하기 마련이다. 소크라테스, 붓다, 공자, 예수가 성인인 이유는 도를 깨친 이들일 뿐 아니라 전할 수 없는 도를 전하려고 힘썼다는 사실이다. 그들은 도를 언어로 기록하지 않았다. 수많은 제자가 그들이 깨친 도를 전하려고 글을 남겼을 뿐이다. 언어로는 도의 실체나 본질을 표현할 수 없다. 상(常)은 불변의 도(道)를 말한다. 불변의 도는 이름을 붙일 수 없다. 도란 궁극적으로 정의할 수도 없고, 유한한 언어로 표현할 수도 없어 이름 붙일 수 없다. 이름 붙일 수 없는 것이 근본의 세계이고, 이름 붙일 수 있는 것은 현상의 세계로 이 둘은 근원이 같다. 이 장은 한나라 때 「하상공 본」에서 '체도장(體道章)'이라 이름 붙였다. 노자 철학의 근본인 도의 본질을 말해 주는 장으로 동아시아의 형이상학, 언어철학, 존재론 등 철학과 종교, 예술에 많은 영향을 끼쳤다.

---

5. 현(玄)은 노자가 도(道)를 표현하는 글자다. 현(玄)은 깊고 어두운 곳이니 고요히 아무것도 없는 무위(無爲)의 상태를 말한다.

도를 말하는 순간 도라는 말에 얽매인다. 그 얽매임은 우상을 만든다. 노자는 모든 시대에 누구에게나 적용되는 도를 상도(常道)라 한다. 도는 형체도 없고 말로 설명할 수 없으며 이름 붙일 수 없다. 이를 마지못해 붙인 이름이 도이다. 이런 까닭에 상도를 말할 수 없고, 상도를 알려줄 수 없다. 오감으로 알 수 없다. 그 이상이다. 사람의 이름이 사람이 아니다. 도는 언어로는 표현의 한계가 있다.

첫 두 문장은 『도덕경』에서 가장 유명하다. 이 표현은 표면상 모순이지만 그 속에 깊은 진리를 담고 있는 역설적 표현이다. 역설적 표현은 경전에 자주 등장한다. 언어로 표현할 수 없는 한계를 언어로 표현하는 방식의 하나이다. 반드시 죽어야 산다는 '필사즉생(必死則生)'이나 '아아, 님은 갔습니다. 그러나 나는 님을 보내지 아니 하였습니다'가 그 예이다. '침묵의 소리'나 '찬란한 슬픔의 봄' 등은 모순 형용으로 이도 역설(paradox)이다. 인도의 서사시 『바가바드기타』에도 역설이 반복해서 등장한다. '존재들 밖에 있으나 안에 있으며, 움직이지 않으나 움직인다.' 역설은 경전에서 자주 사용된다. 13세기 이란의 시인 루미는 그의 작품 『마스나비』에서 '어떤 달변가의 설명보다도 더 정확하게 사랑을 설명할 수 있는 것은 침묵입니다.'라고 노래하며 '사랑을 설명할 수 있는 것은 오직 사랑 그 자체입니다.'라고 표현한다. 도가도비상도와 같은 맥락의 글이다.

이름을 부른다고 이름이 일컫는 본질에 다가갈 수 없다. 이름은 단지 표상에 불과하다. 이름은 사람이 아니라는 인식은 에크하르트 톨레의 『삶으로 다시 떠오르기』(류시화 번역, 연금술사)에도 나타난다.

[참고] 데리다의 차연과 완결된 의미의 불가능성

데리다에 따르면 차연은 특정한 지시 대상이 없으므로 어떤 실체가 없다. 있다고도 할 수 없고, 없다고도 할 수 없다. 노자는 단번에 도의 경지에 도달한다. 자크 데리다가 과학적인 언어로 논증하려는 시도와는 차이가 있지만 노자의 도를 이해하려 할 때 데리다의 차연을 생각해 볼 수 있다. 데리다의 차연은 차이와 지연을 합친 말이다. 이는 텍스트의 의미가 궁극적으로 결정되어 있거나 확정할 수 있는 것이 아니라 의미의 연쇄 속에서 다른 해석으로 지연된다는 것이다. 데리다는 차연을 '단어도 개념도 아니고'라고 표현한다. 그에 따르면 텍스트의 의미는 궁극적으로 결정되어 있거나 확정할 수 있는 것이 아니라 오히려 언어 의미작용의 연쇄 속에서 차연의 '놀이'에 항상 따르게 되어 있다. 예를 들어 단어는 단어 간의 차이에 따라 정의되고, 그러한 정의는 의미의 가능성에 한계를 정해주며 그 의미의 가능성은 언제나 지연된다. 왜냐하면 단어는 다른 언어로 이루어진 정의가 있어야 하고, 다른 단어는 또 다른 단어에 의해 정의되는데 이런 식으로 끝이 없기 때문이다(조셉 필더스, 게리 헨치 엮음/황종연 옮김『현대 문학·문화 비평 용어사전』참고). 차연은 문자와 의미를 시간화, 공간화, 그리고 끊임없이 이동시키면서 그 어떤 기원적 독창성에도 뿌리를 두지 않는다(자크 데리다/김성도 옮김,『그라마톨로지』201~202쪽). 차이는 과거형이 아니라 동사의 기본형 내지 현재 진행형이다. 이 말은 차이란 이미 결정된 게 아니라는 뜻이다(박영욱,『의미와 무의미의 경계에서』61쪽). 데리다의 차이란 이미 결정된 어떤 것이 아니라 항상 진행 중이므로 완전한 의미는 영원히 연기될 수밖에 없다고 본다. 따라서 차이를 통해 어떤 것의 의미를 결정한다는 것은 항상 진행 중이므로 완결된 의미는 영원히 불가능하다고 생각한다.

● 道可道非常道(도가도비상도)요 名可名非常名(명가명비상명)
이라.

* 道(길 도), 可(옳을 가, 가능 가), 非(아닐 비), 常(항상 상), 名(이름 명)

【도를 도라 할 수 있으면 영원한 도가 아니며, 이름을 이름이라 할 수 있
으면 영원한 이름이 아니다.】

■ 『논어』 「이인」 子曰(자왈), 朝聞道(조문도)면 夕死可矣(석사가
의)니라

* 朝(아침 조), 聞(들을 문), 道(길 도), 夕(저녁 석), 死(죽을 사), 可(옳을 가, 좋다)

【아침에 도[6]를 들으면 저녁에 죽어도 좋다.】

『도덕경』과 『논어』로 우리 삶의 균형 찾기

노자와 공자 모두 도가 무엇인지 언어로 표현하지 못한다. 단지 노자와
공자 모두 도(道)를 최상의 개념으로 여겼다. 노자는 도를 언어로 정의할
수 없는 것으로 보고, 공자는 도를 도달하기 어려운 것으로 보고 있다. 노
자는 『도덕경』을 도(道)에 대한 언급으로 시작하고, 공자는 『논어』를 "자왈,
학이시습지, 불역열호?"[7]의 '학습'으로 시작하고 있다. 통계로 보면 노자의
『도덕경』에는 도(道)라는 글자가 76회 등장하고, 『논어』에는 89회에 걸쳐

---

6. 도(道)를 다양하게 해석할 수 있다. 깨달음, 사람다운 삶, 자신의 전문가다운 삶의 경지
   등등 각자 자신의 상황에 맞게 창의적으로 해석할 수 있다. 도의 경지는 쉽지 않아서 공
   자도 도를 깨우치면 죽어도 좋다고 말한다. 도에 대한 가장 유명한 문장은 노자의 위의
   첫 구절과 공자의 이 구절이다.

7. 子曰, 學而時習之, 不亦說乎. 공자 말씀하시길 배우고 때때로 이를 익히면 또한 즐겁지
   아니한가?

등장한다. '학(學)'이라는 글자는 『도덕경』에 4회 등장하고 『논어』에 65회 등장한다. 노자의 『도덕경』은 도(道)를 중시하고, 공자의 『논어』는 도와 배움을 중시하고 있다. 노자는 도(道)를 계곡, 암컷 등 다양한 비유의 방법으로 표현한다. 『논어』에는 도(道)에 대해 다양한 인물과 상황으로 언급하고 있을 뿐 분명하게 정의하고 있는 것을 찾기 어렵다. 공자는 도를 내세우며 우리에게 바르게 살라 하고 노자는 거짓된 삶, 꾸민 삶을 살지 말라 한다.

　노자는 유(有), 있음이 변방을 본다고 한다. 그러나 삶은 욕심이 없으면 이루지 못한다. 비우자니 가난으로 풍족하지 못하고, 채우자니 돈과 권력의 노예가 된다. 공자처럼 열심히 노력하되 노자처럼 마음을 비우고 온전한 나로 살아야 할 것이다.

제2장 가치의 상대성, 꾸민 아름다움은 추하다

화장하지 않은 맨얼굴이 피부의 본래 모습이다.
형용사와 부사어는 군더더기이다.
말 없는 가르침이 본바탕에 가깝고
꾸밈없는 꾸밈이 고유의 모습을 드러낸다.
채색 없는 수수로 본바탕을 드러낼 때가 아름다움이다.
한지에 붓으로 그린 몇 개의 선이 여백의 아름다움을 드러낸다.
외진 곳에서 드러내지 않고 피는 이름 모를 꽃이 또한 아름답다.

| 본문 |

天下皆知美之爲美(천하개지미지위미)　　천하 모두 아는 아름다움이 꾸민
斯惡已(사악이)요　　　　　　　　　　아름다움이니 이는 추할 뿐이고,
皆知善之爲善(개지선지위선)이　　　　모두가 알고 있는 선(善)이 꾸민

不善已(사불선이)라.

선이니 이는 선이 아니다.[8]

故(고)로, 有無相生(유무상생)하고

그런 까닭에 있음과 없음이 상생하고

難易相成(난이상성)하며

어려움과 쉬움이 서로 이루며

長短相較(장단상교)[9]하고

긺과 짧음이 서로를 드러내고

高下相傾(고하상경)하며

높음과 낮음이 서로 감탄하며

音聲相和(음성상화)하고

음과 성이 서로 화합하고

前後相隨(전후상수)니라.

앞과 뒤가 서로 따른다.

是以聖人(시이성인)은

이로써 성인은

處無爲之事(처무위지사)하고

무위의 일에 몸을 두고

行不言之敎(행불언지교)니라.

말이 없는 가르침을 행한다.

萬物作焉而不辭(만물작언이불사)하고

만물을 지어도 말[10]하지 않고

生而不有(생이불유)하며

낳되 소유하지 않으며

爲而不恃(위이부시)하고

꾸며도 의존하지 않고

功成而不居(공성이불거)니라

공을 이루어도 머물지 않는다.

夫唯不居(부유불거)하니

오로지 (공에) 머무르지 않으니

是以不去(시이불거)니라.

이것(그 공)이 떠나가지 않는다.

---

8. 미와 선을 위해 인위로 꾸민다.

9. 相較를 문맥적 상황에서 해석해야 한다. 앞에서 모두 아는 아름다움이 추하다고 말하고 있다. 그 구체적인 내용으로 난이, 장단, 음성, 전후를 예로 들고 있다. 곧 어느 하나가 우월하지 않다는 의미이다. 서로 보완 관계임을 말한다. 교(較)를 견주다, 비교하다, 겨루다, 드러내다 등 어느 것으로 해석하더라도 서로 상대적이어서 서로 같은 역할을 한다는 의미로 보아야 한다. 이 부분은 번역에서 어휘 선택에 어려움이 있다.

10. 자랑.

| 해석과 감상 |

공을 자랑하면 공이 떠나간다. 진실에 다가서면 진실하지 않아서 위태로운 사람들에게 목숨이 위태롭다. 그러므로 공은 이루되 자랑하지 말며, 내세우지 말아야 한다. 있는 그대로가 아름다움이다. 미와 선을 꾸밈은 어느 하나의 우월함을 전제한 판단이므로 꾸민 것은 아름답지 않다. 공을 이루어도 그 공이 아름답다거나 선하다는 평가를 하지 않으면 그 공에 머무르지 않는다. 각각 그 자체는 그 자체의 가치로 존재할 뿐이다. 하상공은 몸을 기른다는 뜻으로 〈양신장(養身章)〉이라 하였다.

노자의 사상에서 핵심 어휘는 무위(無爲)이다. 여기서 위(爲)는 꾸며낸다, 지어낸다는 의미다. 꾸며내지 않고 억지로 지어내지 않아서 가식적이지 않은 것이 무위(無爲)이며 그 반대가 유위(有爲), 인위(人爲)이다. 아름다움과 선함을 꾸미면 이는 아름다움이 아니며 선함이 아니다. 꾸밈은 본바탕을 감추는 일이다. 꾸밈은 본바탕의 수식에 불과하다. 뼈대를 추릴 때 벗겨내야 할 껍질이다. 그러므로 말로 꾸미지 않고 행동으로 하며, 자랑하지 않고 드러내지 않을 때가 본바탕이며 이때 공은 그 자리에 머문다. 자랑은 이분법이며 상대적이고 차등화의 결과이다. 첫 부분은 가치의 상대성으로 유명한 문장이다. 무위(無爲), 불언지교(不言之敎, 말 없는 가르침), 공(功)을 이룸 등에 대해 말하고 있다.

| 필사하기 |

● 天下皆知美之爲美(천하개지미지위미)이 斯惡已(사악이)요
　皆知善之爲善(개지선지위선)이 不善已(불선이)라

　* 皆(모두 개), 美(아름다울 미), 斯(이 사), 惡(악할 악), 已(뿐 이), 善(착할 선)

【천하 모두 아는 미가 꾸민 아름다움이니 이는 추할 뿐이고, 모두 알고 있는 선(善)이 꾸민 선이니 이는 선이 아니다.】

● 處無爲之事(처무위지사)하고 行不言之敎(행불언지교)니라.

*處(곳 처), 無(없을 무), 爲(할 위), 事(일 사), 行(갈 행), 敎(가르칠 교)

【인위가 아닌 일에 머무르며 말이 없는 가르침을 행한다.】

■ 『논어』「옹야」子曰(자왈), 質勝文則野(질승문즉야)요 文勝質則史(문승질즉사)니 文質彬彬(문질빈빈)이라야 然後君子(연후군자)니라.

*質(바탕 질), 勝(이길 승), 文(무늬 문), 野(들 야), 史(화려할 사), 彬(빛날 빈)

【공자 가로되, 바탕이 무늬를 이기면 거칠고, 무늬가 바탕을 이기면 화려하다. 무늬와 바탕이 빛나면 그러한 후에 군자이다.】

■ 『논어』「자장」子夏曰(자하왈), 小人之過也必文(소인지과야필문)이니라.

*夏(여름 하), 過(지날 과), 必(반드시 필), 文(글월 문, 채색 문, 무늬 문)

【자하 가로되 소인의 과실은 반드시 꾸밈이 있다.】

■ 『논어』「학이」「양화」子曰(자왈), 巧言令色(교언영색)이 鮮矣仁(선의인)[11]이라.

*巧(아름다울 교), 令(명령 령, 아름다울 령), 色(빛 색), 鮮(고울 선, 드물 선)

【공자 가로되, 교묘한 말과 아름다운 얼굴색은 인에는 드물다.】

---

11. 『논어』「학이」「양화」편에 동일하게 등장한다.

『도덕경』과 『논어』로 우리 삶의 균형 찾기

노자는 우리가 아는 아름다움은 꾸밈이며 그 꾸밈은 추하다고 말한다. 공자는 바탕과 그 바탕을 꾸미는 무늬가 조화와 균형을 이룰 때 군자라고 말한다. 노자는 모든 꾸밈을 부정하는데 공자는 소인이 과실을 하면 그 과실을 덮기 위해 꾸민다며 그때의 꾸밈을 부정적으로 본다. 노자는 꾸밈을 유위(有爲)로 보면서 그 꾸밈이 상대적 비교를 가능하게 한다며 부정적으로 본다. 공자에게 꾸밈은 본색을 덮는 행위이다. 교언영색(巧言令色), 교묘한 말과 아름다운 빛에서 '교묘함'과 '아름다움'이 곧 꾸밈이다. 노자와 공자 모두 꾸밈을 부정적으로 본다. 음식 재료가 맛이 넘치고 신선하면 양념이 없어도 맛이 훌륭하다.

제3장 배를 채우고 무지 무욕하게 하라

현명하다는 것은
앎을 내세워 얻으려는 욕심의 다른 표현이며
지혜롭다는 자의 꾸밈이다.
재물과 욕심은 현자와 지자라 불리는 자들의 종착지이며
다툼과 도둑의 씨앗으로
삶의 포장지이다.
그 포장지가 화려할수록
내용물이 초라해진다.

| 본문 |

不尙賢(불상현)하여   현명한 이를 숭상하지 않아

使民不爭(사민부쟁)이요,   백성이 다투지 않게 하고

不貴難得之貨(불귀난득지화)하여 얻기 어려운 재물을 귀히 여기지 않아

使民不爲盜(사민불위도)요, 백성이 도둑이 되지 않게 하고

不見可欲(불견가욕)하여 욕심 부릴 것을 보이지 않아

使民心不亂(사민심불란)이라. 백성을 어지럽히지 않는다.

是以 聖人之治(시이 성인지치)는 이런 까닭에 성인의 다스림은

虛其心(허기심)하고 그[12] 마음을 비워주고[13]

實其腹(실기복)하며 그 배를 채워주며

弱其志(약기지)하고 그 뜻을 약하게 하고

强其骨(강기골)하여 그 뼈를 강하게 하여

常使民無知無欲(상사민무지무욕)하고 백성을 항상 무지무욕[14]하게 하고

使夫智者不敢爲也(사부지자불감위야) 무릇 지자(智者)가 감히 꾸미지

못하게 하니

---

12. 虛其心(허기심), 實其腹(실기복), 弱其志(약기지), 强其骨(강기골)의 기(其)가 지칭하는 것은 무엇인가? 기(其)는 바로 앞의 '성인(聖人)'으로 볼 수 있다. 그러나 문맥에서 성인 의 가르침이 비워주고 채워주며 약하게 하고 강하게 하여 백성을 무지 무욕하게 하고 지자가 꾸미지 못하게 한다고 했으므로 '기(其)'는 '是以 聖人之治(시이 성인지치)' 앞의 '使民心不亂(사민심불란)'에 나오는 '민(民)'이 되어야 할 것이다. 성인은 백성들을 성인 처럼 가르쳐서 무위에 이르게 하는 일이다. 성인의 가르침은 현자를 숭상하지 않고 재 물을 귀하게 여기지 않는 것이다. 그 결과 虛其心(허기심), 實其腹(실기복), 弱其志(약기 지), 强其骨(강기골)하여 백성은 무지 무욕하고 궁극에는 무위의 다스림이 가능해진다. 이 글의 전체 주어가 '성인(聖人)'이다.

13. 虛其心(허기심)은 욕심으로 가득한 마음을 비우고, 實其腹(실기복)은 굶주린 배를 채운 다는 뜻으로 풀이할 수 있다. 弱其志(약기지)는 다투고 귀하게 여기는 뜻을 약하게 하 고, 强其骨(강기골)은 다투지 않고 귀하게 여기지 않도록 흔들리지 않게 뼈대를 강하게 한다.

14. 무지무욕(無知無欲)은 꾀가 없고 욕심이 없다는 말로 인간의 본성을 의미한다. 지자(智 者)는 무위가 아닌 인위로 자연을 거스르는 사람이다.

爲無爲(위무위)면	무위를 하면
則無不治(즉무불치)니라.	곧 다스릴 것이 없다.

| 해석과 감상 |

성인의 가르침은 현자를 숭상하지 않고 재물을 귀하게 여기지 않게 함으로써 욕심을 버리는 것이다. 배를 채워주되 무지무욕하며 지자가 꾸미지 못하게 하면 무위가 되어 다스릴 것이 없다. 현자가 역사상 혼란을 일으켜 왔다. 서양의 예수와 마호메트 숭배가 전쟁을 일으켰다. 신자유주의 학자를 신봉하는 이들의 정치 때문에 전 세계는 혼란을 겪었다. 공자 때문에 공자와 같지 않은 생각을 하는 사람들은 차별받았다. 현명하다는 것은 앎을 내세워 얻으려는 욕심의 다른 표현이며, 지혜롭다는 자의 꾸밈이다. 하상공본에서는 이 장을 〈안민장(安民章)〉이라 하였다.

노자 정치사상의 핵심을 드러낸 장이다. 무위(無爲)를 말한다. 노자의 정치철학은 백성들이 서로 다투지 않게 하는 일이다. 다툼은 욕심에서 나온다.

| 필사하기 |

● 爲無爲(위무위)면 則無不治(즉무불치)니라.

*爲(할 위), 無(없을 무), 則(곧 즉), 治(다스릴 치)

【무위로 하면 곧 다스릴 것이 없다.】

■ 『논어』 「요왈」 子曰(자왈), 君子(군자)는 惠而不費(군자혜이불비)하며 勞而不怨(노이불원)하며 欲而不貪(욕이불탐)하며 泰而不驕(태이불교)하며 威而不猛(위이불맹)이니라.

*惠(은혜 혜), 費(쓸 비), 勞(일할 로), 怨(원망할 원), 欲(하고자 할 욕), 貪(탐할

탐), 泰(클 태, 넉넉할 태), 驕(교만할 교), 威(위엄 위), 猛(사나울 맹)

【군자는 은혜를 베풀되 낭비하지 않고, 수고롭되 원망하지 않으며, 욕망하되 탐스럽지 않고, 넉넉하되 교만하지 않으며, 위엄이 있되 사납지 않다.】

■『논어』「선진」子曰(자왈), 過猶不及(과유불급)이니라.

*過(지날 과), 猶(오히려 유), 及(미칠 급)

【공자 가로되, 지나침은 오히려 미치지 못한다.】

『도덕경』과 『논어』로 우리 삶의 균형 찾기

노자는 배를 채워주는 무위의 다스림을 말한다. 공자는 욕망하는 바를 얻되 지나치지 않아야 한다고 말한다. 노자는 욕심이 없어야 한다고 하는 반면 공자는 욕심이 지나쳐서는 안 된다고 경계하는 정도이다. 노자는 말한다. 무리하지 말라. 저절로 이루어진다. 잘잘못을 따지면 다툼이 일어난다. 백성들을 욕심이 없게 하고 배운 자들이 꾸미지 못하게 하면 다스릴 것이 없다. 그러나 공자는 열심히 노력하여 얻되 지나치지 말라고 한다. 뒷날 공자의 손자 자사는 『중용』이라는 책을 쓴다.

제4장 비움의 철학, 도는 그릇처럼 비어 있다

태초에 우주는 텅 빈 공간,
그 공간의 창조주가 도이다
비워야 다시 담을 수 있으니
더 좋은 것을 더 많이 담으려면
지금을 비워야 한다.

티끌 묻은 나를 비워야 한다.

여백이 세상을 담는다.

비어 있어서 하늘은 모든 것을 담고 있다.

| 본문 |

道(도)는 沖而用之(충이용지)로되

或不盈(혹불영)하니

淵兮似萬物之宗(연혜사만물지종)이로다

挫其銳(좌기예)하고

解其紛(해기분)하며,

和其光(화기광)하고

同其塵(동기진)하니

湛兮 似17或存(잠혜 사혹존)이로다.

吾不知誰之子(오부지수지자)로되

象帝之先(상제지선)이니라.

도는 비어 있으면서 이를 쓰되

괴이하게[15] 채워지지 않으니

깊구나, 만물의 으뜸 같아라.

그[16] 날카로운 것을 다듬어 주고

그 얽힌 것을 풀어주고

그 빛을 온화하게 하고

그 티끌과 같아지니

맑고 깊음이여, 혹 있는 것 같구나.

나는 누구의 아들인지 모르지만

상제보다 앞선 것 같다.

---

15. '혹(或)'을 '괴이적다'로 해석하여 '괴이하게 채워지지 않으니', '괴이하게 있는 것 같아라'
로 풀이할 수 있다. 도는 비어 있는데 이를 써도 괴이하게 채워지지 않고, 도는 맑아서
없는 듯하지만 괴이하게 있는 것 같다. 도는 날카로운 것, 얽힌 것, 빛 등을 티끌처럼 없
는 듯 만들어 맑아 보인다. '아마', '혹은' 등으로 해석할 수 있다.

16. '그'는 앞의 '만물'이며, '다듬어 주고'의 주어는 '도(道)'이다.

17. 사(似)와 마지막 행의 상(象)은 '~인 것 같다'의 뜻으로 풀이한다.

| 해석과 감상 |

도의 본체를 말한다. 그 원천은 '빈', '없는' 것이다. 제(帝)는 천제(天帝), 상제(上帝)이다. 도는 비어 있어서 없는 듯하지만, 채우려 해도 채워지지 않는다. 이는 뒤의 맑고 깊어, 없지만 있는 듯하다와 호응을 이룬다. 노자의 철학은 비움의 철학이다. 대나무는 속이 비어 있어서 바람에 쓰러지지 않고 또한 빨리 자란다. 대나무는 텅 비어 있어서 맑은 소리가 난다. 혈관이 텅 비어 있지 않고 막히면 모야모야병이나 뇌졸중에 걸린다. 잠을 자야 뇌 속의 노폐물을 비우고 알츠하이머 등 퇴행성 뇌 질환에 걸리지 않는다. 호흡도 텅 비어 있어야 들숨 날숨이 자유롭다. 학이나 거북은 속을 비워서 장수한다. 개도 속이 거북하면 속을 비운다. 먹고 먹어서 속을 가득 채우면 육신은 질병으로 가득 차게 된다. 한국화는 여백이 있어 아름답다. 짐은 비워야 가볍다. 겨울을 맞이하는 식물은 겨울을 나기 위해 잎을 떨어뜨려 몸을 가볍게 한다. 아궁이도 비워야 불이 잘 든다. 샘물은 퍼내어 비워줘야 맑은 샘물이 솟아난다. 미니멀라이프(minimal life)도 비움의 철학이다. 비움은 무소유이다. 소유하지 않으니 지킬 것이 없어 편안하다. 어떤 이들은 비움의 철학을 뺄셈의 철학이라고 한다. 빼내면 시원하고 그 여백이 삶을 생기 넘치게 한다.

| 필사하기 |

● 道沖而用之(도충이용지)로되 或不盈(혹불영)이니라.

*도(길 도), 沖(빌 충), 用(쓸 용), 或(혹 혹), 盈(찰 영)

【도는 비어 있어서 이를 쓰되 괴이하게 (도가) 채워지지 않는다.】

■ 『논어』「술이」 子曰(자왈), 亡而爲有(망이위유)하며 虛而爲盈(허이위영)하며 約而爲泰(약이위태)면 難乎有恆矣(난호유항

의)**니라.**

* 虛(빌 허), 盈(찰 영), 約(묶을 약), 泰(클 태), 難(어려울 난), 恒(恒, 항상 항)

【공자 가로되, 없으면서 있음으로 삼고, 비었으면서 가득 찬 것으로 삼고, 곤궁하면서 넉넉함으로 삼으니 어렵구나! 한결같음이.】

『도덕경』과 『논어』로 우리 삶의 균형 찾기

노자는 비어 있음의 유용함을 말하고 공자는 비움을 거짓 채움으로 덮는 허세를 비판한다. 노자는 비움이 만물의 으뜸이라고 하는 반면, 공자는 「술이」편에서 사람들이 없으면서 있는 체하고, 비었으면서 가득 찬 것처럼 행동하고, 가난하면서 부자인 것처럼 행동하여 한결같지 못함이 어렵다고 한탄한다. 공자는 성인을 만나볼 수 없으면 군자라도 만나볼 수 있기를 바라고, 선한 사람을 만나볼 수 없으면 한결같은 사람을 만나볼 수 있기를 바란다. 노자는 '비움의 철학', '뺄셈의 철학'을 말하고, 공자는 한결같은 '상덕(常德)[18]의 철학'을 추구한다. 할 일 없음에 괴로워하지 말고 삶의 여백이 주는 편안함에 자신을 놓으면 노자에 가깝다. 하염없이 타오르는 불을 보는 일도 여백이며, 음악 속에 빠져 게으르게 보내는 시간도 여백이다.

제5장 하늘은 어질지 않으니 가운데를 지키라

구별은 판단을 낳고
신념은 편견을 낳는다.

18.『논어주소』에는 '당시에 상덕을 지닌 사람이 없음을 밝힌 것이다'라고 하며 유항(有恒)을 '상덕(常德)'이라 표현한다.

말이 서로에게 오히려 걸림돌이니
하늘과 땅은 어질지 않아
말없이 모두를 한결같이 대한다.
아무것도 없는 가운데를 지키면
풀무나 피리처럼 쓰임이 있고
말이 많으면 제 스스로 숨이 막힌다.

| 본문 |

天地不仁(천지불인)하여	하늘과 땅은 어질지 않아[19]
以萬物爲芻狗(이만물위추구)하고	만물을 풀과 개[20]로 여기고
聖人不仁(성인불인)하여	성인은 어질지 않아
以百姓爲芻狗(이백성위추구)니라.	백성을 풀과 개로 여긴다.
天地之間(천지지간)은	하늘과 땅 사이는
其猶橐籥乎(기유탁약호)인가?	오히려 풀무와 피리가 아닌가?
虛而不屈(허이불굴)하고	비어 있으나 오그라들지 않고
動而愈出(동이유출)이라.	움직이면 더욱 나온다.
多言數窮(다언삭궁)하니	말이 많으면 자주 막히니
不如守中(불여수중)이니라.	가운데[21]를 지키는 것만 같지 못하다.

---

19. 불인(不仁)은 어질지 않다로 저절로 그러함에 맡긴다는 뜻이다. 여기서 말하는 어짊은
참됨을 잃게 한다. 이와 같음에도 번역을 어질지 않다고 직역해야 하는 이유는 노자가
어짊(仁)을 어떻게 인식했는가를 독자가 느껴야 하기 때문이다.

20. 또는 풀로 만든 개, 곧 추구.

21. 중심.

| 해석과 감상 |

인(仁)을 '어질다', '인위(人爲)'로 풀이할 수 있다. 천지와 성인은 어질지 않아서 만물과 백성을 추구로 여긴다. 이때 어질다는 '어짊'과 '어질지 않음'의 분리를 전제한다. 곧, 노자의 천지와 성인은 어짊과 어질지 않음을 구별하지 않아 모두를 풀과 개처럼 차별 없이 똑같이 여긴다. 천지불인, 성인불인에서 불인(不仁)은 무위자연이다. 천지는 자연의 순리에 맡겨 만물을 추구(볏짚 개)로 여기고, 백성을 추구로 여긴다. 공자는 인(仁)과 불인(不仁)을 구별하여 인(仁)을 더 대우하지만, 노자는 그러한 판단을 하지 않고 자연 그대로 모두를 똑같이 대한다. 만물과 세상 사람을 대할 때 판단하지 말고 있는 그대로 보는 것이 제대로 대하는 방법이다.

말은 판단을 전제한다. 판단은 남을 불편하게 한다. 그러므로 말 많은 사람이 불편하다. 말이 많은 것은 대부분 자기가 판단한 자기 자랑이다. 이 글에서 말하는 '어짊'과 '어질지 않음'에 대한 판단을 보류하면, 곧 그 가운데를 지키면 말이 줄어들고, 할 말이 없다. 판단이 개입한 말이 많으면 그 말이 소통을 막는다.

추구(芻狗)는 짚으로 만든 개란 뜻으로 예전에 중국에서 제사 지낼 때 사용하고 제사 후에 버렸다. 제사 전에는 숭배되지만 제사 후에는 버리고 땔감으로 사용된다. 이는 유교의 의례를 비판하기 위해 사용한 어휘로 볼 수 있다. 유교에서 제사 전후에 추구를 대하는 자세가 달라진다. 이를 유교적 관점에서 어짊이라 할 수 있다. 그런데 노자가 말하는 천지나 성인은 이를 구별하지 않아 어질지 않다. 천지와 성인은 만물과 백성을 제사에서 쓰던 추구처럼 대하지 않고 변함없이 풀과 개로 본다. 곧, 천지와 성인은 어질지 않아서 만물과 백성을 풀과 개처럼 똑같이 대한다는 의미로 풀이한다. 구별은 판단을 낳고 신념은 편견을 낳는다. 아무것도 없는 가운데를 지키면 풀무나 피리처럼 쓰임이 있고, 말이 많으면 제 스스로 숨이 막힌다.

| 필사하기 |

● 多言數窮(다언삭궁)하니 不如守中(불여수중)이니라.

*多(많을 다), 數(자주 삭), 窮(다할 궁), 如(같을 여), 守(지킬 수)

【말이 많으면 자주 막히니 중심을 지키는 것만 같지 못하다.】

■ 『논어』「학이」 子曰(자왈), 君子(군자) 敏於事而愼於言(민어
사이신어언)하니라.

*敏(재빠를 민), 於(어조사 어), 事(일 사), 愼(삼갈 신)

【공자 가로되, 군자는 일에 민첩하고, 말은 신중히 한다.】

■ 『논어』「자로」 子曰(자왈), 不得中行而與之(부득중행이여지)면
必也狂狷乎(필야광견호)로다! 狂者進取(광자진취)하고 狷者
有所不爲也(견자유소불위야)니라.

*得(얻을 득), 與(줄 여, 더불 여), 狂(미칠 광), 狷(성급할 견)

【공자 가로되, 중용을 행하는 사람을 얻어 같이 함께 할 수 없다면 반드시
광자나 견자이다.[22] 광자는 진취적이고, 견자는 하지 않는 바가 없다.】

『도덕경』과 『논어』로 우리 삶의 균형 찾기

노자와 공자 모두 말을 적게 하라, 신중히 하라고 말한다. 말을 적게 해
야 중심을 지킬 수 있다. 이 중심은 군자의 중용과 맞닿아 있다. 중용은 아

---

22. 해석이 분분하다. 광(狂)을 선한 도로 나아가는 사람, 뜻이 큰 사람으로 해석하기도 하
고, 견(狷)을 고집스런 사람으로 풀이하기도 한다. 뒤의 글을 고려하여 맥락을 살필 때
광이나 견은 중용을 선택한 사람보다 진취적이고 더 나아간 사람이다.

리스토텔레스도 강조한 개념으로 최상의 탁월함이다.

『논어』에는 말을 신중히 해야 한다는 말이 여러 번 등장한다. 제1편 「학이」에 '교묘한 말과 꾸민 얼굴빛은 어진 이에게는 드물다, 친구를 사귐에 말에 믿음이 있어야 한다, 말에는 신중함이 있어야 한다.' 등이 나온다. 제2편 「위정」에는 '말보다 먼저 행동할 것, 나머지를 신중히 말하면 과실이 적음,' 제4편 「이인」에는 '옛날 사람들이 말을 내지 않는 이유, 군자는 말에 어눌함,' 제12편 「안연」에는 '예가 아니면 말하지 말라, 어진 이는 말을 조심한다,' 제13편 「자로」에는 '말에는 반드시 믿음이 있어야 한다,' 제14편 「헌문」에는 '나라에 도가 있으면 말과 행동을 옳게 하고, 나라에 도가 없으면 행동을 옳게 하되 말을 공손하게 한다, 말에 부끄러움을 느끼지 않으면 실천도 어렵다, 군자는 말이 행동을 넘어서는 것을 부끄러워한다,' 제16편 「계씨」에는 '말할 때가 아닌데 말하는 것은 조급함이다, 성인의 말을 두려워해야 한다, 말은 진실한지 생각한다.' 제19편 「자장」에는 '말에 진심과 믿음이 있으면 오랑캐 땅에서도 통한다,' 등이 등장한다. 공자가 이렇게 말에 대해 말을 많이 한 것은 말의 폐해가 그만큼 크기 때문이다. 공통점은 '말을 많이 하지 말라, 행동보다 말이 앞서지 말라, 진심과 믿음을 담아 말하라' 등이다. 노자는 이를 한마디로 정리한다. 말이 많으면 막힌다. 판단하지 말고 중심, 곧 가운데를 지켜라.

제6장 여인은 천지의 근원이다

오오, 노자여!
남성들의 논리에 우리 왜곡된 여자들은
그대를 신선이라 부릅니다.

그대는 제사상을 요구하던 유학자가 아닙니다.
절대 자유의 유토피아 산소를 호흡하는 그대는
우리 여자들의 하늘입니다.
인간 춘향마저 정절의 여인으로 치장하는 남자들의 무한한 능력에
이제 그대의 혜안과 통찰이 태양으로 떠오르려 합니다.
노라는 종달새도 아니고 다람쥐도 아닙니다.
노라를 인형으로 만든 것은 남성들입니다.

노자, 그대는 생명의 뿌리를 보았습니다.
생명이 시작되는 곳이 여인입니다.
우라노스가 하늘이지만
그 어머니는 가우스,
하늘을 받든다지만
그 받듦은 주체가 만드는 이념,
대지가 그 근원입니다.
매년 돋아나는 잎사귀의 어머니,
여인이 다년초의 뿌리인 것을 애써 외면하던 시절은 갔습니다.
여인은 계곡으로 산등성이의 시작이며 모두가 돌아갈 고향입니다.

| 본문 |

谷神不死(곡신불사)하니 　　　계곡의 신은 죽지 않으니
是謂玄牝(시위현빈)이요 　　　이를 일러 신비한 여인이라 하고
玄牝之門(현빈지문)을 　　　신비한 여인의 문을
是謂天地根(시위천지근)이니 　천지의 근원이라 하니
綿綿若存(면면약존)하여 　　　면면히 이어져 있는 듯하여
用之不勤(용지불근)이니라. 　　이를 써도 근심(다함)이 없다.

| 해석과 감상 |

여인은 생명의 뿌리이다. 만물의 근원인 대지가 여인이며, 노자의 도이다. 어머니로서 여인은 우주 만물의 근원이다. 여인의 문은 모든 것의 밭으로써 대지이다. 대지의 신 가이아에서 하늘의 신 우라노스가 나온다. 하늘 신도 대지의 자식이다. '도'는 '계곡'과 '여인'이며 천지의 근원이다. 여인을 천지의 근원으로 보는 이는 노자와 열자와 장자이다. 열자는 늙어서 부인을 위해 밥을 지으며 살다 죽는다. 여성이 배제된 인류의 역사에서 이들은 시대를 앞서간 인물들이다. 입센의『인형의 집』(1879)은 최초의 페미니즘 희곡으로 전 세계적 논쟁을 불러 일으켰다.

계곡은 돌이건 흙이건 낙엽이 산등성이에서 굴러 모이는 곳이다. 또한 계곡은 산등성이를 오르는 출발점이다. 여름날 계곡은 시원함을 주고 겨울날 계곡은 칼바람을 막아 준다. 산길이 처음에는 계곡을 따라 이어진다. 물도 계곡을 따라 흐른다. 계곡은 하천으로 이어지고 하천은 강을 지나 바다로 나아간다. 계곡은 지상의 근원이며 고향이다.

| 필사하기 |

● 谷神不死(곡신불사)**하니 是謂玄牝**(시위현빈)**이요 玄牝之門**
(현빈지문)**을 是謂天地根**(시위천지근)**이니라.**

*谷(골 곡), 神(귀신 신), 謂(잃을 위), 玄(검을 현), 牝(암컷 빈), 根(뿌리 근)

【계곡의 신은 죽지 않으니 신비한 여인이라 한다. 신비한 여인의 문을 천지의 근원이라 한다.】

■『논어』「양화」子曰(자왈), 唯女子與小人爲難養也(유여자여 소인위난양야)**니 近之則不孫**(근지즉불손)**하고 遠之則怨**(원지즉

원)**이니라.**

*唯(오직 유), 難(어려울 난), 養(기를 양), 孫(따를 손), 遠(멀 원), 怨(원망할 원)

【공자 가로되, 오직 여자와 소인은 부양하기 어려운데, 가까이 하면 불손하고, 멀리하면 원망한다.】

『도덕경』과 『논어』로 우리 삶의 균형 찾기

노자는 여인을 천지의 근원으로 보고 있는데 반해 공자는 여자를 소인과 함께 부정적으로 표현하고 있다. 『도덕경』에는 여성, 암컷을 뜻하는 '빈(牝)'이 5회 등장하고, 『논어』에서 '여자(女子)'는 단 한 번 등장한다.

제7장 무사(無私), 사사로움이 없어야 사사로움을 이룬다

심산유곡에 숨어 자신을 위해 자라니
산삼은 약초가 되고
들에 숨어 자신을 위해 꽃을 피우니
야생초에 벌과 나비 날아든다.

| 본문 |

天長地久(천장지구)하니	천지는 장구하다.
天地所以能長且久者	천지가 능히 길고
(천지소이능장차구자)는	오랜 까닭은
以其不自生(이기불자생)이라	그것이 스스로(를 위해) 살지

	않아서이다. [23]
故能長生(고능장생)하니라.	그런 까닭에 오래살 수 있다.
是以聖人(시이성인)은	이로써 성인은
後其身而身先(후기신이신선)하고	그 몸을 뒤로 하나 몸이 앞서고
外其身而身存(외기신이신존)하니	그 몸을 밖에 두나 몸이 (안에) 있으니
非以其無私邪(비이기무사사)리오?	그 사심이 없기 때문이 아닌가?
故能成其私(고능성기사)니라.	그러므로 그 사사로움을 이룰 수 있다.

| 해석과 감상 |

사사로움이 없어 몸이 앞서고 보전되어 오히려 자신의 사사로움을 이룬다. 하늘과 땅은 사심 없이 서로 주고받는다. 인간도 같다. 세속적으로 사심 없이 열심히 했더니 다른 이들이 내 마음을 알아주고 나에게 보답하여 사사로운 결과가 따르게 된다. 後其身而身先(후기신이신선), 外其身而身存(외기신이신존)에서 각각 앞의 신(身)은 구체적인 육신이나 행동을 뜻하고, 뒤의 신(身)은 보이지 않는 것으로 정신을 뜻한다. 몸이 뒤에 있으나 몸이 지닌 정신은 앞에 있고, 몸이 바깥에 있으나 몸이 가진 정신은 안에 있다. 마치 몸은 여기에 있지만 마음은 고향에 가 있다거나 한용운의 시처럼 님은 갔지만 나는 님을 보내지 않았다는 표현과 같다.

인류의 성인은 자신보다 타인을 위해 살라고 말한다. 공자는 제자를 가르치며 백성을 편안히 하는 정치에 관심을 쏟았고, 부처는 다른 이들이 깨

---

23. 以其不自生(이기불자생)의 뜻은 스스로를 위해 살려고 하지 않기 때문이다. 스스로를 위해 살면 삶이 짧고 그렇지 않으면 오래 살 수 있다.

우침을 얻도록 제자들을 가르쳤다. 소크라테스는 무지를 깨닫게 하려고 힘썼으며, 예수는 복음을 전파하며 인류를 구원하고자 하였다.

| 필사하기 |

● 後其身而身先(후기신이신선)하고 外其身而身存(외기신이신존)이니라.

*後(뒤 후), 身(몸 신), 先(앞 선), 在(있을 재)

【몸을 뒤로 하나 몸이 앞서고 몸을 밖에 두나 몸이 (안에) 있다.】

■『논어』「안연」子曰(자왈), 克己復禮爲仁(극기복례위인)이니라.

*克(이길 극), 復(돌아올 복), 禮(예도 례), 爲(할 위), 仁(어질 인)

【공자 가로되, 자기를 이기고 예로 돌아가는 것이 인이다.】

■『논어』「옹야」子曰(자왈), 夫仁者(부인자)는 己欲立而立人(기욕립이립인)하며 己欲達而達人(기욕달이달인)이니라.

*欲(하고자 할 욕), 立(설 립), 人(사람 인, 타인), 達(통달할 달)

【공자 가로되, 무릇 어진 사람은 자기가 서고자 하면 남을 세우고, 자기가 통달하고자 하면 남을 통달하게 한다.】

『도덕경』과 『논어』로 우리 삶의 균형 찾기

노자는 사사로움이 없어서 사사로움을 이룰 수 있다고 말하고, 공자는 자신을 버려야 예로 돌아가고 어진 이가 될 수 있다고 말한다. 노자와 공자의 견해가 일치한다. 가장 큰 행복은 나눔, 봉사, 기부라고 한다. 무주상보시(無住相布施), 곧 집착 없이 베풀어준다는 불교의 가르침은 봉사의 극치이다. 베풀어서 자신이 행복하다. 애덤 스미스의 『도덕 감정론』의 핵심을

쉽게 전달하고 있는 책인『내 안에서 나를 만드는 것들』(러셀 로버츠)에는
이와 맥락이 유사한 내용이 들어 있다.

세상은 사사로움이 없는 사람들에 의해 한 걸음 한 걸음 발전해 왔으며
유지되어 왔다. 그들을 우리는 위인이라 한다.

제8장 상선약수(上善若水), 최상의 선은 물과 같다

물은 다투지 않아 길을 막으면 에둘러 가고
에두른 길조차 막으면 자기를 채워 넘어간다.
물은 높은 곳에 두어도 낮은 곳을 향하고
물은 아래를 채울 때는 자기 몸을 포말로 부수며
낮은 곳에서는 틈새부터 채운다.
물은 밟으면 방울을 튀며 부서지지만
어느새 신발을 감싸고 살갗을 적신다.
물은 낮은 곳만을 좋아하는 것은 아니어서
나무줄기를 타고 오르면 잎과 꽃을 피우고,
아지랑이처럼 몸을 흔들며
자신의 몸을 쪼개어 날면 세상이 호흡한다.
물이 없으면 세상은 불타서 빈터로 남고
물이 넘치면 세상은 물바다 되어 무가 된다.
물은 다툼 없이 지상을 순환하며 세상에 스며들고
들숨 날숨으로 우리 몸에 드나든다.

上善(상선)은 若水(약수)이니   최상의 선[24]은 물과 같다.

水善利萬物而不爭   물은 만물에 크게 이익이

(수선리만물이부쟁)하며   되면서도 다투지 않으며

處衆人之所惡(처중인지소오)라.   많은 사람이 싫어하는 곳에 머문다.

故(고)로 幾於道(기어도)니라.   그러므로 도에 가깝다.

居善地(거선지)하고   (물은) 거처로 땅을 좋아하고

心善淵(심선연)하며   (물은) 마음이 연못을 좋아하며

與善仁(여선인)하고   (물은) 사귐에 어짊을 좋아하고

言善信(언선신)하며   (물은) 말에 믿음을 좋아하며

正(政)善治(정선치)하고   (물은) 정치에 다스림을 좋아하고

事善能(사선능)하며   (물은) 일에 능숙함을 좋아하며

動善時(동선시)하여   (물은) 움직임에 때를 좋아하여

夫唯不爭(부유부쟁)이라   무릇 오로지 다투지 않으니

故(고)로 無尤(무우)니라.   그러므로 허물이 없다.

| 해석과 감상 |

성인의 자세는 물과 같다. 물은 창조의 원천이며 생명의 근원, 정화, 재생, 무상(無常), 부드러움, 풍요를 상징한다. 매일 우리는 물로 씻고, 물을 마신다. 지상의 깨끗한 물은 수증기로 증발하여 다시 생명수로 모이고, 더러움을 씻은 물은 가장 낮은 곳으로 나아간다. 물은 보이지 않게 대지에 스

---

24. 선(善)을 국어사전에는 다음과 같이 정의한다. 1. 올바르고 착하여 도덕적 기준에 맞음. 또는 그런 것 2. [철학] 도덕적 생활의 최고 이상.

며들어 생명수가 되며, 공기 중에 스며들어 생물체의 호흡에 생기를 불어넣는다. 모든 종교는 목욕재계, 세례, 침례 등 물로 씻는 의식을 행한다. 우리 조상들에게 물은 정화수의 종교적 개념이 있다. 물은 탄생이며 재탄생이고 생명이다.

물은 낮은 땅을 좋아하고, 물은 연못처럼 깊고 조용함을 좋아하며, 물은 사귐에 어짊을 좋아하고, 물은 말에 믿음이 있는 것을 좋아하며, 물은 정치가 잘 다스려짐을 좋아하고, 물은 일이 능숙함을 좋아하며, 물은 움직임에 때를 맞추는 일을 좋아한다. 모두가 물이 지닌 특성이다. 상선약수만큼 사람들이 좋아하는 말도 많지 않다.

헤세는 『싯다르타』에서 '물에서 배우라'고 부르짖는다. 그는 '물은 생명의 소리, 존재하는 것의 소리, 영원히 생성하는 것의 소리다.'라고 표현하였다. 윤선도는 「오우가(五友歌)」에서 물을 첫 번째로 노래하고 있다. "구름 빛이 좋다 하나 검기를 자주 한다 / 바람소리 맑다 하나 그칠 적이 하노매라 / 좋고도 그칠 뉘 없기는 물뿐인가 하노라."며 물의 깨끗함과 쉬지 않는 모습을 찬양한다.

바리공주의 물은 생명수로 부모를 살려내고, 천지신명에 바치는 정화수는 주술을 베풀며 세례나 영세, 목욕재계로 물은 신을 영접하는 자격을 준다. 배산임수, 뒤에는 산을 등지고 앞에는 물이 있어야 삶의 자리이다. 깨끗한 물은 신성하여 옥액(玉液)이거나 감로(甘露)라 하니 은하수, 폭포수, 청계수, 옥계수, 만경창해수로 이어지다가 춘향전의 음양수로 이어져 이도령의 가슴을 적시게 하니 이 또한 물은 여성이다.

여행객 손에 가장 많이 들려 있는 게 물병이다. 회의장 탁자에 놓인 게 물병이다. 등산하려면 물병을 반드시 챙긴다. 실로 사람들은 물속에서 물로 살아간다. 수영장에서 또는 계곡의 물속에서 물과 함께 산다. 물과 함께 사는 까닭에 가뭄이나 홍수는 질서를 파괴하여 대혼란을 일으킨다. 물을 소중히 여기고 관리해야 하는 이유이기도 하다.

| 필사하기 |

● 上善(상선)은 若水(약수)니라.

*上(위 상), 善(착할 선), 若(같을 약), 水(물 수)

【가장 좋은 것은 물과 같다.】

● 水善利萬物而不爭(수선리만물이부쟁)하며 處衆人之所惡(처중인지소오)라.

*萬(일만 만), 物(만물 물), 爭(다툴 쟁), 處(곳 처), 衆(무리 중), 惡(싫어할 오)

【물은 만물을 이롭게 하기를 좋아하고 다투지 않으며 모두가 싫어하는 곳에 머문다.】

■『논어』「옹야」 子曰(자왈) 知者樂水(지자요수)하고 仁者樂山(인자요산)이니 知者動(지자동)하고 仁者靜(인자정)하며 知者樂(지자락)하고 仁者壽(인자수)니라.

*樂(좋아할 요), 動(움직일 동), 靜(고요할 정), 樂(즐길 락), 壽(목숨 수)

【공자 가로되 지혜로운 사람은 물을 좋아하고, 인자한 사람은 산을 좋아한다. 지혜로운 사람은 움직이고, 인자한 사람은 고요하다. 지혜로운 사람은 즐겁게 살고, 인자한 사람은 오래 산다.】

■『논어』「자한」 子在川上曰(자재천상왈), 逝者如斯夫(서자여사부)이구나! 不舍晝夜(불사주야)니라.

*逝(갈 서), 斯(이 사), 舍(집 사, 쉴 사), 晝(낮 주), 夜(밤 야)

【공자가 물가에서 가로되, 가는 것이 이와 같구나! 밤낮으로 쉬지 않는다.】

　　노자는 물을 약하면서도 만물을 이롭게 하는 측면을 보고 있는데 반해 공자는 물이 주는 움직임을 보고 있다. 노자는 다투지 않음을 보지만 공자는 쉬지 않는 물을 본다. 노자는 자연을 보고 있는 반면 공자는 사람을 보고 있다. 노자는 물이 좋아하는 것을 말하고 있고, 공자는 물과 산을 좋아하는 사람을 이야기한다. 노자는 물처럼 허물이 없기를 바라고, 공자는 끊임없이 노력하라고 말한다.

제9장 하늘의 도, 공을 이루면 물러나라

박수칠 때 떠나라.
더 채우려다 자루 터진다.
배부를 때 수저를 놓아라.
욕심이 온갖 질병을 담는다.
정상에 올랐으면 내려가야 한다.
오를 때 숨 가빠서 보지 못한 꽃,
내려갈 때 눈 가득히 담는다.

| 본문 |

持而盈之(지이영지)는	가지고 있으면서 채우는 것은
不如其已(불여기이)요	그만두는 것만 같지 못하고
揣而銳之(췌이예지)는	다듬어서 날카로운 것은
不可長保(불가장보)라.	오래 보존할 수 없다.
金玉滿堂(금옥만당)이면	금과 옥이 집에 가득하면
莫之能守(막지능수)하고	이를 능히 지킬 수 없고

富貴而驕(부귀이교)면	부귀하고 교만하면
自遺其咎(자유기구)라.	스스로 그 허물을 남긴다.
功遂身退(공수신퇴)는	공을 이루면 몸이 물러나는 것이
天之道(천지도)니라.	하늘의 도이다.

| 해석과 감상 |

공을 이루면 물러나라. 더 채우려다 자루 부대가 찢어진다. 예리하게 갈아 둔 칼은 무딘 칼보다 쉬이 무뎌진다. 금괴가 집안에 가득하면 간수하기 어렵고 자기 목숨마저 위태롭다. 공을 이루면 물러서는 것이 세상 이치이다. 벼가 쌀알을 맺으면 벼 잎은 물러나 말라비틀어진다. 열매가 익으면 낙엽이 진다. 공을 이루면 공은 그대로 놓아두고 자연의 낙엽처럼 자신은 물러나야 한다. 정상에 오르면 산에서 내려와야 한다. 정상을 지킨다고 내려오지 않으면 배고파서 죽고 얼어서 죽는다. 감나무에 감이 너무 많이 열리면 감나무가 찢어진다. 배부르게 먹고 더 먹으면 부작용이 따른다. 욕심이 넘치면 욕심 속에 빠져 죽기 십상이다. 부귀하고서 교만하면 모두가 욕하고 심하면 망한다. 모두가 떠나간 자리에 부귀는 빈 영광일 뿐이다.

| 필사하기 |

● 持而盈之(지이영지)는 不如其已(부지기이)니라.

*持(가질 지), 盈(찰 영), 如(같을 여), 其(그 기), 已(이미 이, 그칠 이)

【가지고 있으면서 채우는 것은 그만두는 것만 같지 못하다.】

● 功遂身退(공수신퇴)는 天之道(천지도)니라.

*功(공 공), 遂(이를 수), 身(몸 신), 退(물러날 퇴), 天(하늘 천), 道(길 도)

【공을 이루면 몸이 물러나는 것이 하늘의 도이다.】

■『논어』「요왈」敏則有功(민즉유공)하고 公則說(공즉열)이라.

*敏(재빠를 민), 則(곧 즉), 公(공), 說(기쁠 열)

【민첩하면 공을 세우고, 공정하면 기뻐한다.】

「도덕경」과 「논어」로 우리 삶의 균형 찾기

노자는 공을 이루면 물러나라 말하고, 공자는 공을 세우는 것을 말한다. 노자는 이미 이룬 공을 보며, 공자는 이루기 전의 공을 본다. 노자는 이미 이루었음을 전제하고, 공자는 아직도 이루지 못했음을 전제한다. 노자는 공을 이룬 후를 걱정하고, 공자는 공을 이룬 후에 대해 말하지 않는다. 노자는 공을 이룬 사람들의 불행을 보고, 공자는 공을 이룬 사람들의 행복을 본다. 노자는 불행에 빠지지 않기를 염려하고, 공자는 공을 이루면 행복한 것처럼 말한다.

제10장 어린아이와 여인처럼 해야 현묘한 덕이다

부드러워야 끈을 묶을 수 있다.
부드러워야 나무가 꺾이지 않는다.

내 몸이 낳은 아이가 내 몸이니
어미의 덕은 아이 그대로의 덕이다.

낳고 소유하지 않을 때
어린아이는 어린아이가 되고
흠 없는 거울이 되어 무위로써 사방에 통달한다.

| 본문 |

載營魄抱一(재영백포일)하여   혼백이 머무는 곳에 살면서

하나[25]를 감싸 안고

能無離乎(능무리호)리오?   떠나지 않을 수 있는가?

專氣致柔(전기치유)하여   기를 맡겨두고 부드러움에 이르러

能孀兒乎(능영아호)리오?   어린아이가 될 수 있는가?

滌除玄覽(척제현람)하여   현묘[26]한 거울을 깨끗이 닦아

能無疵乎(능무자호)리오?   흠이 없게 할 수 있는가?

愛民治國(애민치국)에   백성을 사랑하고 나라를 다스림에

能無知乎(능무지호)리오?   앎[27]을 없게 할 수 있는가?

天門開闔(천문개합)에   하늘의 문을 열고 닫음에

能無(爲)雌乎(능(위)무자호)리오?   어미가 될 수 있는가?

明白四達(명백사달)에   명백히 사방에 통달함에

能無爲乎(능무위호)리오?   꾸밈없는 무위일 수 있는가?

生之(생지)하고 畜之(축지)하되   낳고 기르되

生而不有(생이불유)하며   낳으면서 소유하지 않으며

爲而不恃(위이불시)하고   하면서 의존하지 않고

長而不宰(장이부재)하니   어른이 되어서 주재하지 않으니

是謂玄德(시위현덕)이니라.   이를 현묘한 덕이라 한다.

---

25. 참된 본성.

26. 왕필의 주(註)에서 현(玄)은 만물의 궁극이라 하였다. 지(知)는 부정의 의미로 인위(人爲), 술책 또는 꼼수로서 지(知)이다. 무지(無知)는 무위(無爲)이다.

27. 술책.

　꾸밈이 없고 소유하지 않는다. 자신이 한 일은 자기 결과물이다. 이를 자랑할 것 없다. 자식을 낳았으되 자식을 소유하지 않는다. 자랑하지 않고 소유하지 않아도 내가 낳은 아이는 내 아이다. 굳이 내 자랑할 것 없다. 머무는 곳을 떠나지 않고, 어린아이가 되고, 흠이 없고, 꾸밈이 없고, 어미가 되고, 무위일 수 있으면 현묘한 덕에 도달한다. 어린이 이야기를 20장, 28장, 55장에서 반복한다. 신체 수련과 나라를 다스리는 연관성은 13장, 54장에 나온다. 천문과 여성성은 6장과 관련 있다.

　『효경』에 입신양명에 관한 문장이 나온다. 身體髮膚(신체발부)는 受之父母(수지부모)요 不敢毀傷(불감훼상)이니 孝之始也(효지시야)라. 立身行道(입신행도), 揚名於後世(양명어후세)하여 以顯父母(이현부모)가 孝之終也(효지종야)라. 사람의 신체와 터럭과 살갗은 부모에게서 받은 것이니, 이것을 감히 손상시키지 않는 것이 효의 시작이요, 몸을 세워 도를 행하여서 후세에 이름을 드날려 부모님을 드러내 드리는 것이 효도의 마침이다. 노자의 입장에서 보면 부모를 드러내기 위해 자식은 이름을 날려야 한다. 이는 자식을 길러서 소유하는 셈이다.

| 필사하기 |

● 生而不有(생이불유)**하며** 爲而不恃(위이불시)**하고** 長而不宰
　(장이부재)**하니라.**

*恃(가질 시, 의지할 시), 長(길 장, 어른 장), 宰(재상 재, 주관할 재)

【낳고 소유하지 않으며, 하면서 의존하지 않고, 어른이 되어서 주재하지 않는다.】

■『논어』「계씨」孔子曰(공자왈), 生而知之者上也(생이지지자상야), 學而知之者次也(학이지지자차야), 困而學之(곤이학지), 又其次也(우기차야), 困而不學(곤이불학), 民斯爲下矣(민사위하의)니라.

*困(괴로울 곤, 곤란할 곤), 斯(이 사, 모두 사, 잠시 사, 천할 사)

【공자 가로되, 나면서 아는 자는 으뜸이고, 배워서 아는 자는 그 다음이며, 곤란을 겪고 배우면 그 다음이며, 곤란을 겪고도 배우지 않으면 백성은 모두[28] 하급이 된다.】

『도덕경』과 『논어』로 우리 삶의 균형 찾기

노자는 낳음을 소유의 측면에서 보지만 공자는 낳음을 배움으로 본다. 노자는 소유함으로써 문제가 발생한다고 보고, 공자는 낳으면 배워야 한다고 강조한다. 노자는 어린아이 그 자체의 존재를 바라고 있고, 공자는 어린아이는 배워야 하는 존재로 본다. 노자는 어린아이의 부드러움을 본다. 공자는 자신이 태어나면서 알지 못하는 사람이라 옛것을 좋아하고 민첩하게 이를 구하는 사람(「술이」편)이라며 어린아이를 학생으로 본다.

제11장 수레바퀴통, 비어서 쓸모 있다

쓸모없다 하지 마라.
쓸모없어서 더 귀하게 쓰일 때 있다.
배움이 없다 하지 마라.

---

28. 斯(이 사, 모두 사, 잠시 사, 천할 사)를 여기에서는 부사로 해석한다.

배움이 없어서 더 새롭게 보일 때 있다.

이로움이 없다 하지 마라.

이로움이 없어서 오직 내 차지이다.

바퀴는 비어서 바퀴이다.

풍선도 비어서 풍선이다.

허파는 비어서 숨 쉰다.

지구도 비어서 우리가 누빈다.

| 본문 |

三十輻共一轂(삼십폭공일곡)이나	서른 개 바퀴살이 모여 하나의 바퀴통이 되나
當其無(당기무)라서	바로 그것이 없음으로(비어서)
有車之用(유차지용)이니라.	수레의 쓸모가 있다.
埏埴以爲器(연식이위기)나	흙을 빚어 그릇을 만드는데
當其無(당기무)라서	바로 그것이 없음으로(비어서)
有器之用(유기지용)이니라.	그릇의 쓸모가 있다.
鑿戶牖以爲室(착호유이위실)이나	문과 창을 뚫어 방이 되는데
當其無(당기무)라서	바로 그것이 없음으로(비어서)
有室之用(유실지용)이니라.	방의 쓰임이 있다.
故로 有之以爲利(고유지이위리)이고	그러므로 있음은 이로움이 되고,
無之以爲用(무지이위용)이니라.	없음은 쓸모가 된다.

| 해석과 감상 |

없어서 있다, 비어 있어서 채워 쓸 수 있다는 역설이다. 유명한 이 장은 도의 기능을 드러낸다. 30개의 바퀴살이 하나의 수레바퀴 통으로 모아져

바퀴가 움직인다. 수레의 축을 끼우는 빈 구멍이 있기 때문에 수레는 수레로서 쓸모가 있다. 그릇이 빈 공간이 있어서 쓸모가 있고, 방이 빈 공간이 있어서 방이라는 쓸모가 있다. 초기에 바퀴는 바큇살이 없이 채워져 있었다. 바큇살이 꼭 30개일 이유는 없다. 현재 대부분의 자전거는 28, 30, 32개 등의 바큇살을 가지고 있다. 어떤 자전거는 바큇살이 12개이다. 자동차 바퀴는 바큇살이 없다. 「하상공 본」에서 '무용장(無用章)'이라 이름하였다. 『장자』의 「지북유」 편에 비슷한 이야기가 있다.

한국화는 여백이 있어서 여유가 있고 아름답다. 음악은 중간에 휴식이 있어서 아름다움이 크다. 사람도 마찬가지로 빈구석이 있어야 하고, 여백이 있어야 한다. 공자가어(孔子家語)에 수지청즉무어(水至淸卽無魚), 인지찰즉무도(人至察則無徒)라 한다. 물이 지나치게 맑으면 물고기가 없고, 사람이 지나치게 살피면 따르는 사람이 없다. 여기서도 빈틈을 말한다. 꽉 찬 것은 꽉 찬 대로 가치가 있고, 빈 것은 빈 대로 가치가 있다. 바큇살과 바퀴통처럼 있음의 세계와 없음의 세계가 함께 공존한다.

| 필사하기 |

● 三十輻共一轂(삼십폭공일곡)이나 當其無(당기무)라서 有車之用(유거지용)이니라.

*輻(바퀴살 복, 폭), 轂(바퀴통 곡, 통), 當(당할 당), 車(수레 차, 수레 거)

【서른 개 바큇살이 모여 하나의 바퀴통이 되나 그것이 비어서 수레의 쓸모가 있다.】

● 有之以爲利(유지이위리)이고 無之以爲用(무이이위용)이니라.

*有(있을 유), 爲(할 위), 利(이로울 리), 用(쓸 용)

【있음은 이로움이 되고, 없음은 쓸모가 된다.】

■『논어』「위정」子曰(자왈), 君子(군자)는 不器(불기)니라.

*君(임금 군), 器(그릇 기)

【공자 가로되 군자는 그릇[29]이 아니다.】

■『논어』「옹야」子謂仲弓曰(자위중궁왈), "犂牛之子騂且角(리우지자성차각)이면 雖欲勿用(수욕물용)이나 山川其舍諸(산천기사저)리오?

*仲(버금 중), 弓(활 궁), 犂(얼룩소 리), 騂(붉은 말 성), 角(뿔 각), 雖(비록 수), 舍(집 사, 버릴 사), 諸(모든 제, 어조사 저, 여기서는 之+乎)

【공자가 중궁에게 말했다. 얼룩소 새끼가 털이 붉고 뿔이 있으면 비록 쓰고자 하지 않아도 산천[30]이 버리겠느냐?】

「도덕경」과 「논어」로 우리 삶의 균형 찾기

노자는 없음, 텅 빔이 쓰임이라고 말하고, 공자는 있음의 쓰임을 말한다. 노자는 채워지지 않음을 말하고, 공자는 채워짐을 말한다. 노자는 채워야 할 여백을 보고, 공자는 채워진 완성을 본다. 노자는 쓸모없음의 쓸모를 이야기하고 공자는 쓸모 있음의 쓸모를 말한다.

쓸모 있는 일만 하다가 여유가 없다. 노는 일이 쓸모없지만 자신의 삶에 쓸모 있다. 하루를 무의미하게 보냈다고 자책할 일이 아니다. 쓸모없다고 느낄 때가 가장 자유로운 때이다. 그 자유에서 진정한 쓸모가 나온다.

---

29. 여기에서 그릇은 고정된 그릇의 의미를 지닌다. 군자는 정해진 용도의 그릇이 아니다. 군자는 쓰이지 않는 곳이 없다.

30. 산천의 신(神). 좋은 소는 쓰고자 하지 않아도 산천의 신이 버리지 않는다.

제12장 감각의 제어, 배를 채워 삶에 충실하라

화려한 색에 빠지면 수수함의 맑음을 보지 못하고
아름다운 음악에 몰입하면 옆 사람 소리를 듣지 못한다.
좋은 음식 맛에 중독되면 다른 음식은 맛이 없다.
말달리기와 사냥하기는 사람을 사납게 만들고
분에 넘치는 재물은 삶을 해친다.
눈과 귀와 입에 집착하여 중독되면 그것들이 영육을 버리고
끝내 오감도 무뎌져 마약 같은 큰 자극만 남는다.
종국에 아무 자극도 남지 않는다.
끝내 나도 없다.

| 본문 |

五色令人目盲(오색령인목맹)하고　다섯 가지 색이 사람 눈을 멀게 하고

五音令人耳聾(오음령인이롱)하며　다섯 가지 소리가 사람 귀를 멀게 하며

五味令人口爽(오미령인구상)이라.　다섯 가지 맛이 사람의 입맛을 해친다.

馳騁畋獵令人心發狂　　　　　말달리기와 사냥하기는
(치빙전렵령인심발광)하고　　　사람의 마음을 광폭하게 만들고

難得之貨令人行妨　　　　　얻기 어려운 재물은 사람의
(난득지화령인행방)이라　　　행동을 잘못되게 한다.

是以聖人爲腹(시이성인위복)하고　이로써 성인은 배를 위하고

不爲目(불위목)이라　　　　　눈을 위하지 않는지라

故去彼取此(고거피취차)이니라.　저것을 버리고 이것을 취한다.

| 해석과 감상 |

　욕망과 감각에 관한 장이다. 탐닉이 향유 능력을 잃어버리게 하는 것에 대한 경계이다. 금욕주의와는 다르다. 오색(청황적백흑), 오음(궁상각치우), 오미(산酸시다, 함鹹짜다, 신辛맵다, 감甘달다, 고苦쓰다)는 감각과 외면을 의미한다. 위복의 배는 내면, 내실을 말한다. 노자는 배를 채우라고 반복해서 말한다. 오음에 탐닉하면 다른 소리는 듣지 못하고, 오색의 화려함에 집착하면 다른 색은 보지 못하며, 오미에 빠지면 수수한 맛을 모른다. 세상에는 오음이나 오색, 오미만이 있는 것이 아니다. 눈에 띄지 않는 음과 색과 맛도 있다. 오히려 담담함이 오래 간다. 초장 찍지 않고 먹는 회가 본연의 맛이다. 양념은 음식을 맛있게 섭취하게 하려는 것이지 양념이 음식의 본질은 아니다. 『한비자』「해로(解老)」편에도 나온다.

　음식은 눈으로도 먹고, 향으로도 먹고, 맛으로도 먹을 수 있다. 그러나 음식의 본질적 가치는 생명 유지 기능이다. 시각, 후각, 미각으로 음식을 먹으면서 영양을 고르게 섭취하여 건강을 유지하면 된다. 하지만 맛에 탐닉하고 집착하다 보면 편식 가능성이 커지고 과식하며 몸이 요구하는 영양을 골고루 충족하지 못해 몸을 해칠 수 있다. 오미의 감각적 즐거움에 빠지면 배가 편안하지 않다. 감각적 즐거움, 외면적 가치는 내면의 충실한 삶과 보조를 맞추어야 한다. 오색, 오음, 오미는 꾸민 외양이다. 양념이 지나치면 음식 본래의 맛을 덮는다. 양념은 음식을 맛있게 섭취하게 하려는 것이지 양념이 음식의 본질은 아니다. 오로지 보아서, 들어서, 먹어서 중독되어 우리 몸을 해치는 것들은 때로 범죄의 대상이 된다. 아편, 마약, 음란물 등이 그렇다.

　인도의 대서사시『마하바라타』속에 전해지는『바가바드기타』제3장 '행위의 요가'에 '감각기관이 상대하는 대상에 /욕정과 증오는 자리 잡고 있다.'며 욕정과 증오에 종속되지 말라며 절제를 강조한다. 제17장 '세 가지 믿음을 구별하는 요가'에서는 자극적이고 시고 짜고 너무 맵고 쏘고 거칠며 타는 듯한 음식은 고통과 슬픔과 질병을 가져다준다고 여덟 번째 아바타르(Avatar)인 크리슈나가 말한다.

| 필사하기 |

● 聖人爲腹(성인위복)하고 不爲目(불위목)이니라.

*聖(성스러울 성), 爲(할 위), 腹(배 복), 目(눈 목)

【성인은 배를 위하고 눈을 위하지 않는다.】

■ 『논어』「향당」 食不厭精(사불염정)하며 膾不厭細(회불염세)하니라. 食饐而餲(사의이애)하며 魚餒而肉敗(어뇌이육패)를 不食(불식)하며 色惡不食(색악불식)하며 臭惡不食(취악불식)하며 失飪不食(실임불식)하며 不時不食(불시불식)하니라. 割不正不食(할부정불식)하고 不得其醬不食(부득기장불식)하고 肉雖多(육수다)나 不使勝食氣(불사승식기)하며 唯酒無量(유주무량)하되 不及亂(불급란)하니라. 沽酒市脯不食(고주시포불식)하고 不撤薑食(불철강식)하되 不多食(부다식)하니라. 祭於公(제어공)하고 不宿肉(불숙육)하며 祭肉不出三日(제육불출삼일)하고 出三日(출삼일)이면 不食之矣(불식지의)니라. 食不語(식불어)하고 寢不言(침불언)이니라. 雖疏食菜羹瓜(수소사채갱과)라도 祭(제)하며 必齊如也(필제여야)니라.

*食(밥 사), 厭(싫을 염), 精(정미할 정), 膾(회 회), 細(가늘 세), 饐(쉴 의), 餲(쉴 애), 餒(썩을 뇌), 敗(패할 패, 썩을 패), 惡(악할 악), 臭(냄새 취), 飪(익힐 임), 割

(나눌 할), 醬(간장 장), 雖(비록 수), 勝(이길 승), 量(헤아릴 량), 亂(어지러울 란), 沽(팔 고, 살 고), 脯(포 포), 撤(거둘 철), 薑(생강 강), 祭(제사 제), 宿(묵을 숙), 寢(잠잘 침), 疏(거칠 소), 菜(나물 채), 羹(국 갱), 瓜(오이 과), 齊(가지런할 제)

【밥은 잘 지은 쌀을 싫어하지 않았고, 회는 가는 것을 싫어하지 않았다. 밥이 쉬고 생선이 상한 것은 먹지 않았다. 색이 나쁜 것은 먹지 않았고 냄새가 악한 것도 먹지 않았다. 잘못 익힌 것을 먹지 않았고, 때가 아니면 먹지 않았다. 바르게 자르지 않은 것을 먹지 않았고, 장이 없으면 먹지 않았다. 고기가 비록 많아도 밥의 기운을 이기지 않게 했다. 오직 술은 양이 없었는데[31] 어지러움에는 이르지 않았다. 사 온 술과 시장의 포는 먹지 않았다. 생강 먹는 것을 거두지 않았으나 많이 먹지 않았다. 나라에 지낸 제사는 고기를 잠재우지 않았다. 제사 고기는 삼 일을 넘기지 않았고, 삼 일이 지나면 먹지 않았다. 먹을 때는 말이 없었고[32], 잠잘 때도 말이 없었다. 비록 거친 밥과 채솟국이라도 고수레했으며 반드시 가지런한 태도였다.】

「도덕경」과 「논어」로 우리 삶의 균형 찾기

노자는 건강을 위해 배를 채우라고 말한다. 공자는 음식의 겉모습을 중

---

31. 소크라테스는 젊은이들과 술을 밤새워 마셔도 몸과 정신이 흐트러지지 않았다. 공자도 술은 양이 없었으나 취하게 마시지는 않았다. 소크라테스가 사약을 받고 죽을 때 나이가 70이며, 공자가 산 나이가 73세였다. 조선 시대 전체 평균 수명은 35세 정도로 추정하며, 양반들은 51~56세, 왕들은 47세였다는 통계가 있다. 이로 보면 소크라테스와 공자는 장수했다. 「공자세가」에 공자의 아들 백어가 50세, 손자 자사가 62세까지 살았다고 기록하고 있다. 그 이후 후손들은 47~57세까지 살았다.

32. 불어(不語)를 가르치지 않았다는 의미로 해석하는 학자도 있다.

시했다. 공자가 그 당시에 73세를 살았으니 공자의 식사법도 장수의 비결이다. 그러나 노자의 삶을 100세, 160세, 200세 등으로 다양하게 추정하고 있는 것으로 보아 노자의 생활 방식이 공자보다 더 나은 장수의 비결로 보인다. 현대는 이목구비를 유혹한다. 강한 자극은 더 강한 자극을 요구한다. 수수함이 오래간다. 집 밥이 질리지 않는다. 화려하고 자극적인 것이 쉽게 피로하고 지치게 한다. 자연 속의 초목처럼 주어진 자리에서 주어진 삶을 즐기는 지혜가 필요하다.

제13장 내 몸을 사랑하라, 그러면 천하를 맡길 만하다

내 몸을 천하보다 사랑해야 하는 것이니
그 몸으로 천하를 사랑하면 천하를 맡길 만하다.
사랑을 하려면
누구든 무엇이든
내 몸만큼 사랑하라.

| 본문 |

寵辱若驚(총욕약경)하며   총애나 치욕[33]을 놀란 듯이 받으며

貴大患若身(귀대환약신)하라   큰 환란을 몸처럼 귀하게 여겨라.

何謂寵辱若驚(하위총욕약경)이리오?   어찌 놀란 듯 총애와 치욕을 받는다 말하는가?

---

33. 다양하게 해석할 수 있는 장이다. 총욕(寵辱)을 총애와 욕됨, 욕됨(수모)을 총애함 등으로 해석한다. 이 글은 전자를 취한다.

寵爲下(총위하)니   총애는 아래가 되니[34]

得之若驚(득지약경)하고   이를 얻어도 놀란 듯하고

失之若驚(실지약경)하니   잃어도 놀란 듯하니

是謂寵辱若驚(시위총욕약경)이니라.   이것이 총애와 치욕을 놀란 듯이
받는다는 말이다.

何謂貴大患若身(하위귀대환약신)이리오?   어찌 큰 환란을 몸처럼 귀하다
말하는가?

吾所以有大患者(오소이유대환자)는   내가 큰 환란이 있다고 한 까닭은

爲吾有身(위오유신)이니   내가 몸이 있기 때문이니

及吾無身(급오무신)이면   만약 나에게 몸이 없다면

吾有何患(오유하환)이리오?   나는 어찌 환란이 있겠는가?

故貴以身爲天下(고귀이신위천하)하면   그러므로 몸을 천하로 삼아
귀하게 여기면[35]

若可寄天下(약가기천하)요   천하를 맡길 만하고

愛以身爲天下(애이신위천하)면   몸을 천하로 삼아 사랑하면

若可託天下(약가탁천하)이니라.   천하를 떠맡길 만하다.

---

34. 寵爲上(총위상) 辱爲下(욕위하)와 寵爲下(총위하)로 원문에 따라 기록이 다르다. 上(상)과 下(하)를 명사와 동사로 달리 해석한다. 여기에서는 명사를 취한다. 총애는 위가 되게 하고 욕됨은 아래가 된다.

35. 貴以身爲天下(귀이신위천하), 愛以身爲天下(애이신위천하)의 해석도 문제이다. 몸으로써 천하가 되게 귀히 여기고, 몸으로써 천하가 되게 사랑하다로 해석하여 몸이 가장 중요하다고 해석할 수 있고, 몸이 천하보다 귀하고 몸을 천하보다 사랑한다로 해석할 수 있다. 둘 다 몸을 귀하게 여기고 사랑한다는 점에서 같다.

| 해석과 감상 |

자기 몸을 사랑할 수 있어야 한다. 총애받으면 치욕을 당할 때가 있으니 이 둘은 같다. 총애와 치욕을 놀란 듯이 받아들이는 근원은 몸이 있기 때문이다. 자기 몸을 사랑해야 한다는 극단에 양주(楊朱)가 있다. 사람들은 총애(특별한 사랑)와 치욕(욕됨, 꾸지람, 불명예 등)을 몸만큼 중요하게 여긴다. 권력 높은 사람에게 총애받거나 욕된 꾸지람을 받게 되면 영광을 얻거나 추락하게 된다. 최고의 명예 또는 죽음이 걸린 문제이니 놀라지 않을 수 없다. 사랑하는 사람에게 특별히 사랑받으면 세상을 다 가진 듯하지만 크게 미움을 받는다면 죽고 싶은 심정일 것이다. 그러니 총애와 욕됨에 놀랄 수밖에 없다. 모든 근본에 몸이 있다. 총애와 치욕과 영화와 환란으로도 제 몸을 훼손하지 않는다면, 곧 몸을 소중히 여기는 사람이라면 그래서 그 몸으로 천하를 귀하게 하고, 그 몸으로 천하를 사랑한다면 천하를 맡길 만하다. 『열자』의 「양주」편과 연관 있다.

인도의 서사시 『바가바드기타』(길희성 역주, 서울대학교출판문화원, 2010. 이 책에서 이 서사시의 인용은 이 번역본을 따름)에서도 '오직 자아에서 기쁨을 얻고, 자아에 만족하며, 오직 자아로 흡족한 사람은 해야 할 일이 없도다.'라고 제3장 행위의 요가에서 반복해서 말한다. 외적 접촉에 집착하지 말고, 자아에서 행복을 발견하라고 말한다. 삶을 치유하려는 책들에서 가장 먼저 하는 말이 '나를 사랑하라'이다. 그것도 '있는 그대로' 나를 사랑하는 일이다. 니체는 『즐거운 지식』 제4부가 시작되는 잠언 「276 새해에」에서 "네 운명을 사랑하라."라고 말한다. 그는 사물을 아름답게 만드는 사람들 중 한 명이 되고자 한다며 사물의 필연적인 것을 아름답게 보는 법을 배우고자 한다고 선언한다. 이 선언은 자기 사랑이다. 자기 운명이 필연적인 불행을 안고 있을지라도 그 운명을 사랑하겠다는 의지의 표현이다. 이는 나를 사랑하라'의 다른 표현이다. 나를 사랑하지 않는 사람은 자존감이 낮고 불행하다.

| 필사하기 |

● 愛以身爲天下(애이신위천하)**면 若可託天下**(약가탁천하)**니라.**

*愛(사랑 애), 若(같을 약), 託(부탁할 탁)

【몸을 천하로 삼아 사랑하면 천하를 떠맡길 만하다.】

■ **『논어』「위령공」子曰**(자왈)**, 志士仁人**(지사인인)**은 無求生以害仁**(무구생이해인)**이요 有殺身以成仁**(유살신이성인)**이니라.**

*求(구할 구), 害(해칠 해), 殺(죽일 살), 身(몸 신)

【공자 가로되, 뜻있는 선비와 어진 사람은 인을 해쳐 삶을 구하지 않고, 몸을 죽여 인을 이룬다.】

『도덕경』과 『논어』로 우리 삶의 균형 찾기

노자는 내 몸을 사랑하라고 말한다. 공자는 자기 몸을 죽여 인을 이루라고 말한다. 노자는 생명 사상이고 공자는 인을 바탕으로 하는 충서(忠恕)[36] 사상이다. 노자는 자신의 생명이 우선이고, 공자는 타인을 위한 배려가 우선이다. 노자는 자기의 몸을 사랑한다면 세상을 맡길 만하다고 말하고, 공자는 자기를 죽여 세상을 이롭게 해야 한다고 말한다. 러셀의 『게으름에

---

36. 충(忠)은 마음(心)의 가운데(中)에서 우러나오는 감정이어서 진심, 진실, 정성을 다하다는 뜻이다. 서(恕)는 마음(心)이 서로 같다(如)로 용서하다, 사랑, 남의 처지에서 동정하는 마음 등의 뜻을 가진다. 충서는 진심을 다하고 타인을 사랑하는 것이다. 『논어』「이인」 편에서 증자가 말하기를 공자의 도는 충서일 따름이다(曾子曰, 夫子之道, 忠恕而已矣.)라고 말하고 있다.

대한 찬양』도 내 몸을 소중하게 여기라고 말한다. 몸을 망치며 일하는 것
은 일을 잘하는 것이 아니다.

제14장 도의 벼리, 보아도 보이지 않는다

보아도 보이지 않으니
그건 사랑의 전파,
보이지 않는 것을 본다면
그건 채색하여 드러낸 사랑이다.
들어도 들리지 않으니
그건 지구의 자전 소리,
잡히지 않는 것을 잡으려 한다면
그건 도를 담은 무지개 일곱 가지 색이다.

| 본문 |

視之不見(시지불견)을   보아도 보이지 않는 것을

名曰夷(명왈이)요   이름하여 '이'[37]라 하고

聽之不聞(청지불문)을   들어도 들리지 않는 것을

名曰希(명왈희)요   이름하여 '희'[38]라 하며

搏之不得(박지부득)을   잡아도 잡히지 않는 것을

名曰微(명왈미)이니   이름 하여 '미'[39]라 하니

---

37. 어슴푸레하다.

38. 어렴풋하다.

39. 작다.

此三者(차삼자)는	이 세 가지로는
不可致詰(불가치힐)이라	궁극을 밝혀낼 수 없다.
故로 混而爲一(고혼이위일)이라.	그러므로 섞여서 하나가 된다.
其上不曒(기상불교)하고	그 위라고 밝지 않고,
其下不昧(기하불매)하며	그 아래라고 어둡지 않으며,
繩繩不可名(승승불가명)이라.	실처럼 끊임없이 이어지니 이름 지을 수 없다.
復歸於無物(복귀어무물)하니	없음의 세계로 돌아가니,
是謂無狀之狀(시위무상지상)이라.	이를 일러 모양 없는 모양[40]이라 한다.
無物之象(무물지상)을	물체 없는 형상을
是謂惚恍(시위홀황)이니라.	이것을 황홀이라 한다.
迎之不見其首(영지불견기수)하고	이를 맞이해도 머리를 볼 수 없고
隨之不見其後(수지불견기후)니라.	이를 좇아도 뒤를 볼 수 없다.
執古之道(집고지도)하여	옛날의 도를 잡고서
以御今之有(이어금지유)면	오늘의 있음을 다스리면
能知古始(능지고시)니	태고의 시원을 알 수 있으니,
是謂道紀(시위도기)니라.	이를 일컬어 도의 벼리[41]라 한다.

| 해석과 감상 |

도(道)는 보이지도, 들리지도, 잡히지도 않아 그 근원을 밝힐 수 없다. 힌두교의 브라만처럼 '그렇지 않다, 그렇지 않다(neti neti)'의 방식으로 절대

---

40. '狀'은 가물가물한 모양, '象'은 뚜렷한 형상이 있는 상태를 말한다.

41. 기(紀, 벼리, 실마리).

적 차원을 말한다. '브라만은 거칠지도 않고, 미세하지도 않고, 짧지도 않고, 길지도 않고, 붉지도 않고, 달라붙지도 않으며, 어둠도 아니고, 공기도 아니고, 맛도 아니고, 소리도 아니고, 빛도 아니고, 숨도 아니고, 입도 아니고, 측량할 수 있는 것도 아니다. 안에 있는 것도 아니고 밖에 있는 것도 아니고, 아무것도 먹지 않으며 누구에게도 먹히지 않는다(브리하드아라냐카 우파니샤드).' 명징하게 말로 표현할 수 없기 때문에 부정을 통해 접근한다. 이 장은 불(不)이 아홉 번, 무(無)가 세 번씩 등장한다. 우리가 말로 표현할 수 없을 때 '아니고'를 연발하는 것과 같다. 진리의 영역은 언어로 도달할 수 없는 세계이다. 도덕경 제1장의 '도를 도라 할 수 있으면 영원한 도가 아니다'라는 문장 방식의 표현이다. 이 장은 道를 철학적으로 설명하는 문장으로 형이상학적 사유에 관해 이야기한다. 제1장, 제25장과 함께 특히 유명하다. 『열자』의 「천서」, 『장자』의 「지북유」 「천운」 「천지」, 『한비자』의 「해로」, 『회남자』의 「도응」 등의 문헌에 인용되어 있다.

| 필사하기 |

● 執古之道(집고지도)하여 以御今之有(이어금지유)니라.
*執(잡을 집), 古(옛 고), 道(길 도), 御(거느릴 어)
【옛날의 도를 잡고서 오늘의 있음을 다스린다.】

■ 『논어』「위정」子曰(자왈), 溫故而知新(온고이지신)이면 可以 爲師矣(가이위사의)니라.
*溫(따뜻한 온, 익힐 온), 故(예 고), 新 (새 신), 爲(할 위), 師(스승 사)
【옛 것을 익히고 새롭게 알면 스승이 될 수 있다.[42]】

---

42. 이와 같은 것으로 법고창신(法古創新)이 있다. 법고창신(法古創新)은 옛것을 법으로 하

『도덕경』과 『논어』로 우리 삶의 균형 찾기

과거의 창조적 계승을 노자와 공자가 각기 다르게 표현하고 있을 뿐이다. 노자가 하나라를 계승하고, 공자가 노나라를 계승한 차이다. 그 원천이 도가사상과 유가 사상이 된다. 『용비어천가』 2장은 이를 명문장으로 우리에게 전한다. '뿌리가 깊은 나무는 바람에 아니 흔들리므로 꽃이 좋고 열매가 많으니라. 샘이 깊은 물은 가뭄에 아니 그치므로 내를 이루어 바다에 가느니라.'[43] 노자와 공자 모두 옛것을 전범으로 삼는다.

제15장 보존하고자 하는 자는 채우지 않는다

머털 도사는 더벅머리로 도사임을 숨기고
연금술사는 수은으로 금을 만들지는 못하나 연금술사이며
산속에 숨은, 머리 하얀 노인이 신선이다.
겉으로 보기에
도사와 연금술사와 신선은 그냥 사람이나
그 깊이와 넓이를 볼 수도 알 수도 없다.
도의 경지에 도달한 이들은
머뭇거리고 망설이며 텅 비고 혼탁한 듯하여
그 깊이와 넓이를 채우고도 겉은 어수룩하다.

여 새로움을 창조한다는 뜻으로 동양 문학 창작의 중요한 방법론이다. 고전의 단순한 모방을 넘어서는 글쓰기로써 연암 박지원이 중요하게 활용하였다. 그는 조선시대에 가장 창조적인 글을 쓴 사람이다.

43. 불·휘기·픈남·ᄀᆞᆫ·ᄇᆞᄅ·매아·니·뮐·씨·곶·됴·코·여·름·하ᄂᆞ·니, :ᄉᆡ·미기·픈·므·른·ᄀᆞᄆ·래아니그츨·씨:내·히이·러·바ᄅᆞ·래·가ᄂᆞ·니.

| 본문 |

古之善爲士者(고지선위사자)는 　옛날 도를 잘 닦은 사람(선비)은

微妙玄通(미묘현통)하여 　　　　미묘하고 현묘하게 통달하여

深不可識(심불가식)이니라. 　　　깊이를 알 수 없다.

夫唯不可識(부유불가식)이니 　　대체로 보아 다만 알 수 없으니

故(고)로 强爲之容(강위지용)이라. 그러므로 무리하게 형용한다[44].

豫兮若冬涉川(예혜약동섭천)하고 머뭇거림이여, 겨울에 내를
　　　　　　　　　　　　　　　건너는 것 같구나.

猶兮若畏四隣(유혜약외사린)하며 망설임이여, 사방 주위를 두려워
　　　　　　　　　　　　　　　하는 것 같도다.

儼兮其若客(엄혜기약객)하고 　　근엄함이여, 마치 손님 같아라.

渙兮若氷之將釋 　　　　　　　흩어짐이여, 마치 얼음이

(환혜약빙지장석)하며 　　　　녹으려 하는 것 같구나.

敦兮其若樸(돈혜기약박)하고 　　도타움이여, 생긴 그대로 통나무
　　　　　　　　　　　　　　　같도다.

曠兮其若谷(광혜기약곡)하며 　　텅 빔이여, 마치 골짜기 같도다.

混兮其若濁(혼혜기약탁)하니라. 　혼탁함이여, 마치 흙탕물 같아라.

孰能濁以靜之徐淸 　　　　　　누가 흐린 것을 고요하게

(숙능탁이정지서청) 하며 　　　하여 서서히 맑게 하겠으며

孰能安以動之徐生 　　　　　　누가 안정시켜 움직여

(숙능안이동지서생)하리오? 　　서서히 일어나게 할 것인가?

---

44. 무리하게라도 형용하면 다음과 같다는 뜻이다.

保此道者(보차도자)는	이 도를 보존하고자 하는 자는
不欲盈(불욕영)이니	채우고자 하지 않는다.
夫唯不盈(부유불영)이라	대저 오로지 채우지 않기 때문에
故能蔽而不新成	덮어두고 새롭게 이루지
(고능폐이신성)하니라.	않을 수 있다.[45]

| 해석과 감상 |

이 장은 군주의 모습을 다양하게 묘사하고 있다. 사(士)는 노자가 말하는 개념으로 공자가 쓰는 개념과 다르다. 도를 깨친 이는 머뭇거림, 망설임, 공손함, 흩어짐, 도타움, 텅 빔, 혼탁함의 모습을 보인다. 신중하고 공손하지만 때로는 혼탁함마저 지닌다. 도를 보존하는 이는 채우지 않고도 흐린 것을 맑게 일으켜 세워 자족하는 삶을 이룬다.

도를 잘 닦은 사람이나 그렇지 않은 사람이나 겉은 같다. 어수룩하게 사는 삶이 어쩌면 도를 잘 닦은 사람이다. 부족한 듯한 삶이 가장 잘 사는 삶임을 노자가 이렇게 말하는 듯하다.

| 필사하기 |

● 保此道者(보차도자)는 不欲盈(불욕영)이니라.

*保(지킬 보), 此(이 차), 道(길 도), 欲(하고자 할 욕), 盈(찰 영)

【이 도를 보존하고자 하는 자는 채우고자 하지 않는다.】

---

45. 故能蔽而新成(덮어두고 새롭게 이룰 수 있다) 또는 故能蔽不新成(덮어두고 새롭게 이루지 않을 수 있다)으로 전해진다. 새롭게 이룰 수 있는지, 새롭게 이루지 않을 수 있는지 이 둘은 채우지 않아서 도를 보존한다는 뜻으로 해석한다.

■ 『논어』「자로」子曰(자왈), 切切偲偲(절절시시)하며 怡怡如
也(이이여야)면 可謂士矣(가위사의)니라. 朋友切切偲偲(붕우
절절시시)요 兄弟怡怡(형제이이)니라.

*切(끊을 절, 정성), 偲(굳셀 시), 怡(기뻐할 이), 謂(이를 위), 朋(벗 붕)

【공자 가로되, 서로 절절하게 권면하고 화기애애하면 선비라 할 수 있
다. 벗 사이에는 절절하게 권면하고 형제는 화기애애하다.】

■ 『논어』「자장」子張曰(자장왈), 士見危致命(사견위치명)하며
見得思義(견득사의)하며 祭思敬(제사경)하며 喪思哀(상사애)
면 其可已矣(기가이의)니라.

*張(베풀 장), 危(위태할 위), 致(바칠 치), 命(목숨 명), 得(얻을 득), 義(옳을 의),
祭(제사 제), 敬(공경할 경), 喪(죽을 상), 哀(슬플 애)

【자장이 말하길, 선비는 위험을 보면 목숨을 바치고, 득이 될 일을 보면
의를 생각하고, 제사에서는 공경을 생각하고, 상을 당해서는 슬픔을 생
각하면 그것으로 된 것이다.】

『도덕경』과 『논어』로 우리 삶의 균형 찾기

노자는 선비의 깊이를 알 수 없다며 머뭇거림, 망설임 등 채우지 않음으
로 표현한다. 공자는 선비를 위험을 보면 목숨을 바치고 이익 앞에서 의를
생각하는 사람으로 본다. 노자는 선비를 채우지 않은 겸손한 사람으로 보
고, 공자는 선비를 옳다고 하는 것에 온몸을 바치는 사람으로 본다. 노자
의 선비는 아무것도 하지 않아도 되지만 공자의 선비는 두 눈을 부릅뜨고
세상을 살펴 흠결이 없도록 해야 한다.

제16장 제 명을 찾아가려면 비우고 고요를 지키라

우주처럼 텅 비우라
고요가 모두의 뿌리다.
원래 자리가 고요이니
처음 자리로 돌아가면
그것이 영원함이다.
텅 빈 우주는 너그럽다.

| 본문 |

致虛極(치허극)하고　　　완전하게 텅 비우고

守靜篤(수정독)하라.　　　고요를 도탑게 지키라.

萬物竝作(만물병작)하면　　만물이 아울러 생겨나면

吾以觀復(오이관복)이라.　　나는 그들이 되돌아감을 본다.

夫物芸芸(부물운운)이나　　무릇 만물이 번성하지만

各復歸其根(각복귀기근)이라.　각각 그 뿌리로 돌아간다.

歸根曰靜(귀근왈정)이니　　뿌리로 돌아감을 고요라 하니

是謂復命(시위복명)이니라.　이를 일러 제 명을 찾아감이라 한다.

復命曰常(복명왈상)이요　　제 명을 찾아감이 영원함이요

知常曰明(지상왈명)이니라.　영원함을 아는 것이 밝음이다.

不知常(부지상)이면　　　영원함을 알지 못하면

妄作凶(망작흉)이라.　　　허망하게 재앙을 당한다.

知常容(지상용)이요　　　영원함을 알면 너그럽고,

容乃公(용내공)이요　　　너그러우면 곧 공평하며,

公乃王(공내왕)이요	공평하면 곧 왕이고,
王乃天(왕내천)이요	왕이 곧 하늘이며,
天乃道(천내도)이요	하늘이 곧 도이고,
道乃久(도내구)이니	도가 곧 영원이니
沒身不殆(몰신불태)니라	몸이 다 하는 날까지 위태롭지 않다.

| 해석과 감상 |

만물의 근원인 도(道)로 돌아가서 고요를 찾아 본래의 운명으로 돌아가면 영원한 경지에 도달한다. 모든 것은 번성하지만 뿌리만이 계절을 이긴다. 비워서 고요한 것만이 변함없이 영원하다. 채우지 못했다고 초조해할 것 없다. 채워서 변하는 것을 보면 마음 아파진다. 마음을 비우는 수양론으로 허정(虛靜)을 말하는 장이다. 수양의 핵심은 동서고금을 막론하고 '마음 비우기'이다. 이 장은 『장자』 「선성(繕性)」 편의 복초(復初)의 주장과 관련이 있다. 중간의 복명(復命)은 성리학의 복성(復性)이란 설(說)의 원류를 이룬다. 『장자』 내편 제2 「대종사」에 '그 참[상(常)]에 돌아간다'에 복귀(復歸) 사상이 나타난다.

삶의 겉모습에 일희일비하지 않고 삶의 근원으로 돌아가 영원함을 추구해야 한다. 빈손으로 왔다가 빈손으로 간다는 자고이래 불변의 원칙, 나고 죽는 것도 자연의 섭리라며 인생 5막 중 인생 3막에서 감독이 인생 무대에서 불러낼 수 있다는 인식[46]도 그중 하나이다.

---

46. 이양하의 「페이터의 산문」 참고.

| 필사하기 |

● 致虛極(치허극)하고 守靜篤(수정독)하라.

*致(이를 치), 虛(빌 허), 極(다할 극), 守(지킬 수), 靜(고요할 정), 篤(도타울 독)

【완전하게 텅 비우고 고요를 도탑게 지키라.】

● 知常容(지상객)이요 容乃公(객내공)이요 公乃王(공내왕)이요
王乃天(왕내천)이요 天乃道(천내도)이요 道乃久(도내구)이니
沒身不殆(몰신불태)니라.

*常(항상 상), 客(손 객), 久(오랠 구), 沒(빠질 몰, 마칠 몰), 殆(위태로울 위)

【영원함을 알면 너그럽고, 너그러우면 공평하며, 공평하면 왕이고, 왕이
하늘이며, 하늘이 도이고, 도가 영원이니 몸이 다 하는 날까지 위태롭지
않다.】

■『논어』「태백」曾子日(증자왈), 有若無(유약무)하며 實若虛
(실약허)하며 犯而不校(범이불교)하니라,

*若(같을 약), 實(열매 실), 虛(빌 허), 犯(범할 범), 校(학교 교, 따져보다)

【증자 가로되, 있으면서 없는 것 같이 하고, 차 있으면서 빈 듯하고, 잘못
을 범해도 따지지 않았다.

『도덕경』과 『논어』로 우리 삶의 균형 찾기

노자는 텅 빈 원래의 상태로 돌아감을 고요라 하며 이를 영원이라 말한
다. 증자는 없는 듯, 텅 빈 듯이 내세우지 말라고 한다. 노자는 텅 빈 상태
를 영원으로 보고, 증자는 가득 차 있는 것을 내세우지 않는 방법으로 텅
빈 상태를 언급한다.

제17장 훌륭한 지도자는 존재할 뿐이다

공기처럼 세상을 감싸도

그 존재를 모르는 존재가 가장 크다.

땅속에 물이 스며들어도

그 존재를 드러내지 않는 수분이 생명이다.

지구가 돌아 낮과 밤이 바뀌어도

자전과 공전은 그 움직임을 드러내지 않는다.

자신도 모른 채 호흡해도

그 보이지 않게 드나드는 산소가 삶이다.

산소나 수분은 말을 귀하게 여기니

사람들은 자기 노력으로 건강하다고 한다.

| 본문 |

太上下^{47}知有之(태상하지유지)이고   가장 훌륭한 군주^{48}는 백성들이

                                 그가 있는지를 알 뿐이고

其次親而譽之(기차친이예지)이며   그 다음은 그를 친히 여기고

                                 기리는 것이며

其次畏之(기차외지)이고   그 다음은 그를 두려워하는 것이고

其次侮之(기차모지)니라.   그 다음은 그를 모멸하는 것이다.

---

47. 하(下) 대신에 불(不)로 된 경우도 있다. 하(下)일 경우는 가장 훌륭한 통치자는 백성들
이 그가 있는지를 알 뿐이다가 되며, 불(不)일 경우는 가장 훌륭한 통치자는 있는지조차
알지 못한다는 뜻이다. 곧, 훌륭한 통치자는 백성들에게 불편하게 하는 것이 없어서 그
가 있는지 없는지조차도 잘 모르는 사람이다.

48. 태상(太上): 통상 가장 훌륭한 군주의 뜻. 천자.

信不足焉(신부족언)하면	믿음이 부족하면
有不信焉(유불신언)이니라.	불신이 있다.[49]
悠兮其貴言(유혜기귀언)이로다	아득함이여, 말을 귀하게 여기는구나!
功成事遂(공성사수)이니	공이 이루어지고 일이 성취되니
百姓皆謂我自然(백성개위아자연)이니라.	백성들이 모두 나 스스로 그렇게 했다고 말한다.

| 해석과 감상 |

가장 훌륭한 통치자는 말하지 않고 다스리며, 공을 이루어도 말이 없다. 다만 백성들이 그 공을 자신이 이루었다고 말한다. 무위자연의 다스림을 행한다. 이 장은 군주의 덕을 말하고 있다. 이 점에서 노자와 공자가 같다. 공자가 언급한 최상의 군주는 백성들이 함포고복(含哺鼓腹)하며 격양가(擊壤歌)[50]를 부른 요임금이다. '해 뜨면 일하고 해지면 잠자네(日出而作 日入而息). 우물 파 물 마시고 밭 갈아 밥해 먹네(鑿井而飮 耕田而食). 여기에 임금의 힘이 무슨 필요 있으랴(帝力于我何有哉).' 최상의 임금은 임금의 존재조차 잊고 백성들에게 공을 돌리는 지도자가 가장 훌륭한 지도자이다. 백성이 힘들수록 임금을 떠올리며 두려워하거나 모멸한다. 가장 나쁜 지도자가 가장 많이 사람 입에 오르내린다. 네로 황제, 히틀러는 세계인이 모르

---

49. 앞의 문장 구조가 훌륭한 군주는 백성들이 알 뿐이고, 그 다음 군주는 백성들이 기리고, 그 다음 군주는 백성들이 두려워하고, 그 다음 군주는 백성들이 모멸한다고 말한다. 이로 보아 '믿음이 부족하면'의 주체는 군주가 되고 불신의 주체는 백성으로 보아야 한다.

50. 땅을 두드리며 부르는 노래라는 뜻으로 풍년이 들어 농부가 태평한 세월을 즐기는 노래.

는 사람이 드물다.

　외교관이었던 니콜로 마키아벨리(1469~1527)는 피렌체 공화국 지배자였던 로렌초 데 메디치에게 올리는 책인 『군주론』에서 『도덕경』에서 말하는 훌륭한 군주와 전혀 다른 지도자의 자세를 주문한다. 그는 강력한 힘을 가진 군주가 나타나 이탈리아를 지켜주길 바라는 마음에서 위험한 이 책을 군주에게 헌정한다. 그는 군주가 나라를 잃지 않는 방법을 말하면서 인간의 모습을 매우 부정적으로 본다. 그 조언은 대체로 다음과 같다. 영토를 안정적으로 지배하려면 그곳을 지배하던 군주의 가문을 없애고, 그들의 법률과 조세 방법에 변화를 주지 말아야 한다. 가장 좋은 방법은 군주가 정복지에 정착하는 것이다. 지도자는 단번에 전격적으로 가혹한 행위를 하고, 은혜는 조금씩 천천히 베풀어야 한다. 백성들과 좋은 관계를 유지하는 것은 백성들을 억압하지 않는 것뿐이다. 언제나 선하게 행동해야 한다고 주장하는 사람은 선량하지 않은 사람들에게 곧 몰락하게 되므로 사악하게 행동하는 법을 알고 그것을 활용할 수 있어야 한다. 미덕이 파멸을 초래할 수 있고, 악덕이 안전과 번영을 가져오는 경우가 있다. 인간의 특성은 은혜를 모르며 변덕스럽고 위선적이며 비겁하고 탐욕스럽기 때문에 군주가 베푸는 만큼만 충성을 바친다. 현명한 통치자라면 약속을 지키는 것이 불리하면 약속을 지킬 수 없고 지켜서도 안 된다. 통치자는 약속을 지키지 못하는 정당한 이유를 언제나 만들어낼 수 있다. 통치자는 위선적이고 거짓말을 능숙하게 하며 자신의 본심을 감출 줄 알아야 한다. 곧, 인간을 이용해야 한다. 시대의 흐름에 맞게 행동을 변화시킬 수 있는 통치자의 운명은 변하지 않는다. 운명에는 대담하게 맞서야 한다. 제7장 체사레에게서 배워야 할 것으로 우호세력을 만들고, 무력이나 속임수로 정복하고, 백성에게 사랑을 받으며 동시에 두려움을 품도록 해야 하며, 해를 끼칠 가능성이 있는 자들은 모두 제거하고, 잔혹한 동시에 너그러워야 한다고 말한다. 체사레 보르자는 뒤통수를 치는 데 능숙한 양두구육의 표리부동한 인물이다. 여기에서 목적을 위해서는 어떠한 수단이나 방법도 허용된다는 마키아벨리즘(Machiavellism)이라는 용어가 나온다. 도덕마저 무시하는 『군주론』은 위험한 책, 바티칸의 금서이면서 지도자들의 지침서로 유명해진다. 다른 한편으로 혼란한 시대에 군주들의 사악한 생각과 행동을 알리는 계기가 된다. 조지 오웰의 『동물농장』, 『1984』 등은 권력의 부정적 속성을 풍자적으로 그리고 있다.

『한비자』의 저자 한비를 동양의 마키아벨리라고 한다. 『한비자』는 백성을 다스리는 법(法), 신하들을 인사정책으로 조종하는 술(術), 군주만이 가지는 세(勢) 등으로 통치할 것을 주문하는 책이다. 『군주론』과 『한비자』는 인간의 본성이 악하고 이기적이라는 점을 전제한다. 한비자와 마키아벨리는 현실주의자로 인의와 윤리를 부정하지는 않는다. 그러나 한비자가 백성과 약속을 지키는 신뢰의 정치를 내세우는 점, 위험한 상황에서 강력한 법으로 다스려야 한다는 점, 인간은 이기적으로 행동하기 때문에 노자의 도에서 벗어나지 말 것을 강조한 점은 마키아벨리와 다르다.

정약용의 『목민심서』는 목민관(원님 등 수령)에 초점을 맞추고 있지만 『군주론』과는 전혀 다른 시각이다. 이 책은 백성을 중심에 두고 지방 행정의 구체적 지침을 제공한다. 그 바탕은 유교 정치철학이며 애민 정신과 실사구시를 중심에 두었다. 관리가 부임하여 임무를 시작하면서부터 임무를 마치고 떠나는 순간까지 목민관이 할 일을 중국의 23사(史)와 우리나라 역사서와 기타 저술 및 문집 등 여러 서적에서 옛날의 사목(司牧)이 백성을 기른 자취를 골라 정리하고 분류하여 편성하였다고 머리말에서 밝히고 있다. 마키아벨리 통치의 근원이 두려움이라면 정약용의 다스림은 백성 사랑이다.

　플라톤의『국가』의 지도자상은 철학자의 통치이다. 고대 아테네를 민주주의의 뿌리라고 여기지만 소크라테스가 보기에 아테네 민주주의는 달콤한 언변을 가진 정치적 선동가들에 의해 정치가 좌지우지 되는, 부패를 안고 있는 체제이다.『국가』에서 소크라테스는 아무도 거짓말을 해서는 안 된다면서도 국가의 이익을 위해서 국가의 통치자들은 거짓말할 자격이 있다고 말하는 점이 특별하다. 지혜, 정의, 절제, 용기를 강조하는 그는 국가를 위해 최선이라고 생각하는 바를 행해야 한다는 원칙을 고수할 수호자들을 찾아내 교육하고 이들이 나라를 다스려야 한다고 말한다. 그는『도덕경』의 소국론처럼 나라는 한 나라로 남아 있는 한도 내에서 커야지 그 이상 커서는 안 된다고 주장한다.『군주론』이 거대한 이탈리아를 꿈꾸며 쓴 것과 다른 점이다. 공유를 주장하면서 여자들도 남자와 똑같아야 한다는 여성에 대한 인식은 노자, 열자, 장자에 버금간다. 곧, 여자도 똑같이 수호자로 국가의 통치자가 되어야 한다고 말한다. 그의 철인 정치는 지나치게 이상적이어서 역사적으로 실현된 바 없다.

　플라톤의 영향을 받은『유토피아』역시 토마스 모어가 당시 유럽 사회를 개혁하고자 하는 의도에서 출발한다. 곧, 정치의 비판에서부터 이야기가 전개된다. 재산을 공유하는『국가』처럼『유토피아』도 건강한 쾌락을 위해 사유재산의 부정을 내세운다.『유토피아』는 사회 제도와 올바른 인식으로 이상사회에 도달하고자 한다는 점에 초점을 두고 있어 군주와 잘못된 정치에 대한 비판만이 나타난다.『유토피아』처럼 제도와 인식으로 통치자의 길을 조금이나마 바로 잡을 수 있다. 그러나『유토피아』또한 '어느 곳에도 없는 장소'란 말처럼 실현 불가능한 사회이다.

　이로 본다면 가장 훌륭한 정치가는 이 장에서 말하는 것처럼 요임금같이 그의 존재를 느끼지 못하는 가운데 백성들이 행복하게 살아가게 하는 사람이다. 이 장의 표현을 따르면 어느 나라든 지도자가 언론에 자주 등장하고 국민들 입에 자주 오르내리면 그만큼 훌륭하지 못한 셈이다.

| 필사하기 |

● 太上下知有之(태상하지유지)이고 其次親而譽之(기차친이예지)니라.

*太(클 태), 知(알 지), 有(있을 유), 次(버금 차), 親(친할 친), 譽(기릴 예)

【훌륭한 지도자는 백성들이 있다는 것을 알 뿐이고, 그 다음은 친히 여기고 기린다.】

■『논어』「위령공」子曰(자왈), 無爲而治者(무위이치자)는 其舜也與(기순야여)로다 夫何爲哉(부하위재)리오? 恭己正南面而已矣(공기정남면이이의)니라.

*治(다스릴 치), 舜(순임금 순), 何(어찌 하), 哉(어조사 재), 恭(공손할 공)

【공자 가로되, 무위로 다스린 사람은 순이구나. 대저 무엇을 했는가? 몸가짐을 공손히 하고 바르게 임금 자리에 있었을 뿐이다.】

『도덕경』과 『논어』로 우리 삶의 균형 찾기

훌륭한 지도자에 대해 노자와 공자는 같은 견해를 보인다. 훌륭한 지도자는 존재하는 것조차 백성들이 모르는 사람이다. 훌륭한 사람은 함께 있을 땐 존재를 느끼지 못하지만 없을 땐 세상이 빈 듯하다. 훌륭한 사람이 모임에 있을 때 존재를 느끼지 못하지만 포악한 사람이 집단에 있을 때는 그 존재를 모두가 크게 느낀다.

제18장 큰 도가 사라지니 큰 거짓이 나타난다

산밭에서 큰 나무를 베어 내면
그 아래 가시나무가 자란다.
태양이 사라진 곳에
곰팡이가 자리를 차지한다.
진실이 증발하면
거짓 진실이 판을 채운다.

| 본문 |

大道廢(대도폐)하니	큰 도가 없어지니(사라지니)
有仁義(유인의)하고	인의(仁義)가 있고(나오고),
慧智出(혜지출)하니	교활한 꾀와 모략이 나와
有大僞(유대위)하고	큰 거짓이 있다.
六親[51]不和(륙친불화)하니	가족이 불화하여
有孝慈(유효자)하고	효도와 자애가 있고,
國家昏亂(국가혼란)하니	나라가 혼란해지니
有忠臣(유충신)이니라	충신이 있다.

| 해석과 감상 |

대도(大道, 큰 도)란 무위자연의 도(道)를 말하며, 대위(大僞, 큰 거짓)란 인

---

51. 육친(六親)은 여섯 친함으로 어버이, 자식, 형제, 부부 등이다.

위(人爲)를 말한다. 도를 상실하여 인의가 없기 때문에 인의를 강조하고, 효도하지 않으니 효도를 강조한다. 성경에 간음하지 말라는 것은 간음이 많았기 때문이고, 조선시대의 남녀칠세부동석은 이전에 남녀의 성 질서가 문란해진 까닭이다. 충신을 기리는 비석이나 여인의 정절을 기리는 열녀비는 그만큼 충신이나 여인의 정절이 쉽지 않았고, 또 그런 사람들이 적었다는 반증일 수 있다. 모두가 효도할 때 효도를 말하지 않는다. 인의(仁義), 효도와 자애, 충신은 도가 무너진 결과 도를 찾으려는 인위적인 노력이다. 자연의 섭리대로 가족, 이웃, 나라를 대하면 부족하거나 넘치지 않아 마음이 편안하다. 인간다움을 갖고 서로를 대할 때 굳이 효자와 충신을 말할 것이 없다.

순자(荀子)는 '인간은 자기에게 모자라는 것을 밖에서 지향(志向)한다. 선(善)을 지향하는 인간은 악(惡)하다.'라고 말했다. 이른바 성악설이다. 노자와 장자의 책에서 혜(慧)와 지(智)는 대부분 부정적인 개념으로 꾸민 슬기, 거짓 지혜로 순자가 밖에서 지향한다는 개념과 유사하다. 지(智)와 지(知)는 긍정적 의미의 지혜, 지식 등으로 옮기지 않고 앎의 꾀, 아는 체, 모략, 지모, 거짓 슬기, 꾸민 지혜 등 다양한 방법으로 번역한다. 다양한 해석이 가능한 곳에서는 종종 지(知)를 '앎'으로 옮긴다. 맥락을 고려하여 독자가 판단할 일이다.

| 필사하기 |

● 慧智出(혜지출)하니 有大僞(유대위)니라.
*慧(슬기로울 혜), 智(슬기 지), 有(있을 유), 僞(거짓 위)
【지혜가 나오니 큰 위선이 있다.】

■『논어』「학이」有子曰(유자왈), 孝弟也者(효제야자)는 其爲仁之本與(기의인지본여)로다!

*孝(효도 효), 弟(공경할 제), 爲(할 위), 仁(어질 인), 本(근본 본), 與(어조사 여)

【유자가 말하되, 효도와 공경이 인의 근본이로다.】

■『논어』「위정」子曰(자왈), 父母(부모)는 唯其疾之憂(유기질지우)니라.

*疾(병 질), 憂(근심 우)

【공자 가로되, 부모는 오직 그(자식의) 병을 걱정한다.[52]】

■『논어』「이인」子曰(자왈), 三年(삼년)을 無改於父之道(무개어부지도)라야 可謂孝矣(가위효의)니라.

*年(해 년), 無(없을 무), 改(고칠 개), 道(길 도), 謂(이를 위), 孝(효도 효)

【공자 가로되, 삼 년 동안 아버지의 도를 바꾸지 않으면 효라 할 수 있다.】

『도덕경』과 『논어』로 우리 삶의 균형 찾기

노자는 인의, 효도와 자애, 충신이 큰 도가 무너진 결과 등장했다고 말한다. 공자는 인을 강조하며 효제가 인의 근본이라 한다. 노자는 도가 무너진 것을 비판하고 공자는 인의 실천 방법을 제시한다. 노자는 춘추전국시대의 혼란한 사회를 경계하고, 공자는 그 속에서 해결책을 찾으려 노력한다. 노자는 원인을 말하고 공자는 원인의 해결책을 제시한다. 노자에 의하

---

52. 부모는 늘 자식이 병날까 그것만 걱정하니 자식이 건강한 것이 효도이다. 유교 사상의 핵심이 효인데 그 핵심 문구가 『효경(孝經)』에 나오는 구절이다. 身體髮膚 受之父母 不敢毁傷 孝之始也(신체발부 수지부모 불감훼상 효지시야). 사람의 신체와 터럭과 살갗은 부모에게 받은 것이라 감히 훼손하지 않는 것이 효의 시작이다. 부모에게 받은 몸을 잘 관리하지 못해 병이 나게 하는 것은 불효다.

면 인의(仁義), 효도와 자애, 충신은 도가 무너진 결과, 도를 찾으려는 인위적인 노력이다.

제19장 기교와 이익을 버려야, 자연 그대로 산다

성스러움과 지혜는
잔꾀의 어머니,
인과 의는
차별의 아버지,
기교와 이익은
배움 도둑의 자식이다.

| 본문 |

絶聖棄智(절성기지)라야   성스러움을 끊고 앎의 꾀를 버려야

民利百倍(민리백배)하고   백성의 이익이 백배가 되고

絶仁棄義(절인기의)라야   인(仁)을 끊고 의(義)를 버려야

民復孝慈(민복효자)하며   백성이 다시 효도와 자애를 회복하며

絶巧棄利(절교기리)라야   기교를 끊고 이익을 버려야

盜賊無有(도적무유)니라.   도둑이 없다.

此三者(차삼자)는   이 세 가지는

以爲文不足(이위문부족)이라   꾸민 것이기에 부족하다.

故令有所屬(고령유소속)하면   그러므로 속할 곳이 있게 하면[53]

見素抱樸(견소포박)하며   소박함을 보고 통나무를 품으며

---

53. 그러므로 덧붙여 말하자면

少私寡欲(소사과욕)이니라.　　　사심과 욕심을 적게 한다.

| 해석과 감상 |

이 장은 성인의 도에 관해 이야기한다. 노자는 대부분의 현대인이 추구하는 것들을 버리라 한다. 성(聖)과 지(智), 인(仁)과 의(義), 교(巧)와 리(利)는 꾸민 것으로 소박하지 않으며 사심과 욕심을 부른다. 이들은 잔꾀, 차별, 이익 등이어서 사람 사이를 멀게 한다. 소(素)는 염색하지 않은 결이 고운 비단, 박(樸)은 가공하지 않아 본래대로 완전한 통나무를 뜻한다. 소와 박은 '자연 그대로' '순수'를 비유한다. 이 장에서 나머지는 모두 인위적인 것으로 꾸밈에 해당하며 부정적인 속성으로 본다.

| 필사하기 |

● 見素抱樸(견소포박)**하며** 少私寡欲(소사과욕)**이니라.**

*素(흴 소), 抱(안을 포), 樸(통나무 박), 寡(적을 과), 欲(하고자 할 욕)

【소박함을 보고 통나무를 품으며 사사로움과 욕심을 적게 한다.】

■ 『**논어**』「**학이**」 有子曰(유자왈), 君子務本(군자무본)**이니** 本立而道生(본립이도생)**이라.**

*君(임금 군), 務(힘쓸 무), 本(근본 본), 立(설 립), 道(길 도), 生(날 생)

【유자 가로되, 군자는 근본에 힘쓴다. 근본이 서면 도가 생겨난다.】

■ 『**논어**』「**위정**」 子游問孝(자유문효). 子曰(자왈), 今之孝者(금지효자)**는** 是謂能養(시위능양)**이나** 至於犬馬(지어견마)**라도** 皆能有養(개능유양)**이니** 不敬(불경)**이면** 何以別乎(하이별호)**리오?**

*游(헤엄칠 유), 謂(이를 위), 能(능할 능), 養(기를 양), 敬(공경할 경), 別(다를 별)

【자유가 효에 관해 묻자 공자 가로되, 오늘의 효는 봉양하는 것을 말한다. 개나 말도 모두 기르는데 공경하지 않는다면 어찌 구별하겠느냐?】

『도덕경』과 『논어』로 우리 삶의 균형 찾기

노자는 소박함을 강조하고, 공자는 근본을 강조한다. 노자는 소박하면 원래의 자리로 돌아가 효도와 자애가 돌아온다고 말한다. 공자는 부모 봉양에서 공경함이 없다면 효가 아니라고 한다. 부모 봉양에서 공경은 노자의 소박함이나 다를 바 없다. 노자의 소박함은 공자의 근본과 유사한 개념이다. 꾸밈없이 부모를 봉양하는 것이 공경함이다. 가족끼리 친함이 있으면 효도를 내세울 것이 없다. 친함 자체가 효도이다.

제20장 절학무우(絶學無憂), 배움을 그만 두면 근심이 없다

인간이 만든 학문이 병이다.
학문은 꾸밈이어서
줄을 세우고
선악을 가르며
사람들 사이에 거리를 만든다.
배움이 길을 잘못 들어서면
언론은 강자의 악을 옹호하고
검사의 기소와 판사의 판결문은 햇빛을 따른다.

안중근 의사의 총알이 되지 못하고
이순신 장군의 일기가 되지 못하면
차라리 배움을 그만두어야 근심이 없다.
모두 배움으로 꾸밈을 자랑하고 즐거워할 때

나는 아무 쓸모없어 보이나
사실은 홀로 자연을 따르니 근심이 없다.

| 본문 |

絶學無憂(절학무우)라.

배움을 그만두면 근심이 없다.

唯之與阿(유지여아)가

'예'와 '응'이 더불어

相去幾何(상거기하)리오?

서로의 거리가 얼마인가?

善之與惡(선지여악)이

선이 악과 더불어

相去若何(상거약하)리오?

서로의 거리가 얼마인가?

人之所畏(인지소외)를

사람들이 두려워하는 바를

不可不畏(불가불외)니라.

두려워하지 않을 수 없다.

荒兮其未央哉(황혜기미앙재)라.

허황함이여, 그 끝이 없구나!

衆人熙熙(중인희희)하여

사람들은 즐거워하여

如享太牢(여향태뢰)하고

소 잡은 잔칫상을 받은 것 같고

如春登臺(여춘등대)거늘

봄철 누각에 오른 것 같거늘

我獨泊兮其未兆(아독박혜기미조)하고

나 홀로 고요하여 무슨
기미가 없고

如嬰兒之未孩(여영아지미해)하여

어린아이가 웃지 않는 것 같아

儽儽兮若無所歸(래래혜약무소귀)로다.

고달픔이여, 돌아갈 곳 없는 것
같구나!

衆人皆有餘(중인개유여)하되

세상 사람들 모두 여유 있는데

而我獨若遺(이아독약유)니라.

나 홀로 남겨져 버려진 것 같다.

我愚人之心也哉(아우인지심야재)
이리오? 沌沌兮(돈돈혜)로다.

나는 어리석은 사람의 마음인가?
혼돈스럽고 혼돈스럽구나!

俗人昭昭(속인소소)거늘	세상 사람들은 재주를 자랑하는데
我獨昏昏(아독혼혼)하며	나 홀로 어리석고 어리석으며,
俗人察察(속인찰찰)이거늘	세상 사람들 살피고 살피는데
我獨悶悶(아독민민)이니라.	나 홀로 답답하고 답답하다.
澹兮其若海(담혜기약해)로다.	쓸쓸함이여, 바다 같구나!
飂兮若無止(료혜약무지)로다.	사나운 바람이여, 쉼 없는 것 같아라!
衆人皆有以(중인개유이)로되	사람들 모두 쓸모가 있는데
而我獨頑似鄙(이아독완사비)니라.	나 홀로 완고하여 비루한 것 같다.
我獨異於人(아독이어인)은	나 홀로 뭇사람과 다른 점은
而貴食母(이귀식모)니라.	천지의 어머니 젖 먹음을 귀히 여기는 것이다.

| 해석과 감상 |

노자는 학문을 인위이며 꾸밈이고 나누어서 차별하는 것으로 본다. "예"와 "응", "선"과 "악"이 차이가 없다. 예라고 정중히 대답하든 응이라고 오만하게 대답하든 본질적으로 차이가 없으며, 선과 악이 큰 차이가 있는 것처럼 말하지만 본질적으로 차이가 없다. 차이가 있다고 해도 그 차이는 학문이 가르고 구별한 차이일 뿐이다. 학문이 근심을 기르나 그 근심을 두려워할 이유가 없다. 옳은지 그른지[54] 판단 기준을 믿을 수 없기 때문이다. 그

---

54. 류시화, 『좋은지 나쁜지 누가 아는가』(더숲, 2019).

런 기준 대신 천지의 어머니의 젖을 먹는 것을 귀하게 여겨야 한다. 그 기준이야말로 절대 기준이 되기 때문이다. 학문이 제시한 기준에 따르면 다른 이들은 즐거워하고 자랑하는데 나 홀로 어리석고 답답하고 비루한 것처럼 보인다. 사람들은 모두 쓸모 있는데 나는 쓸모없는 것 같다. 그러나 나는 천지의 어머니의 젖을 먹을 따름이어서 세속적인 쓸모없음이 아니다.

이 글은 "학(學)"과 "모(母)"의 대립 상황 묘사이다. 첫 구절 "학(學)"은 인위의 학문이고, 마지막 글자 "모(母)"는 자연의 원리를 말한다. "학"은 공자가 추구하는 것이고 "모"는 노자가 지향하는 것이다. "학"은 세속적이고 "모"는 세속을 떠난 것이다. 기뻐하는 내용은 "학(學)"을 성취함으로써 느끼는 현상의 묘사이고, 홀로 버려진 것 같은 내용의 묘사는 "학(學)"의 기준에서 볼 때 부정적으로 보이는 현상들이다. 인간이 만든 학문이 병이다. 학문은 꾸밈이어서 줄을 세우고 선악을 가르며 사람들 사이에 거리를 만든다. 잘못된 언론이나 강자에 고개를 숙이는 배운 자들의 문장이 사회를 혼란에 빠뜨리거나 약자를 곤경에 처하게 한다. 노자는 잘못 이용되는 배움을 배격하며 흔들리지 않고 꿋꿋이 홀로 어머니를 향해 갈 길을 간다. 글을 아는 자들이 스스로를 경계해야 할 문장이다.

이 글은 예로부터 많은 문인과 사상가들이 읽어온 문학성이 뛰어난 글로 평가받는다. 이 글은 『도덕경』에서 1인칭 대명사 '아(我, 나)'를 가장 많이 사용하고 있다. '나'는 도(道)를 지향하는 '나'이다. 학문의 이분법적 태도가 근심을 가져온다. 소동파는 인생에서 글자를 아는 것이 우환의 시초라 하였다.

● 絶學無憂(절학무우)**라.**

*絶(끊을 절), 學(배울 학), 無(없을 무), 憂(근심할 우)

【배움을 그만두면 근심이 없다.】

■ 『**논어**』「**학이**」子曰(자왈) 學而時習之(학이시습지)**면** 不亦說
乎(불역열호)**아?** 有朋(유붕)**이** 自遠方來(자원방래)**면** 不亦樂
乎(불역낙호)**아?** 人不知而不慍(인부지이불온)**이면** 不亦君子
乎(불역군자호)[55]**아?**

*學(배울 학), 時(때 시), 習(익힐 습), 亦(또 역), 說(기쁠 열), 朋(벗 붕), 自(스스
로 자, 부터의 뜻), 遠(멀 원), 方(모 방, 바야흐로 방), 樂(즐길 락), 慍(성낼 온)

【공자 가로되 배우고 때때로 익히면 또한 기쁘지 않은가? 벗이 있어 멀
리서 찾아오면 또한 즐겁지 않은가? 남들이 알아주지 않아도 성내지 않
으면 또한 군자가 아닌가?】

■ 『**논어**』「**학이**」子曰(자왈), 弟子(제자), 入則孝(입즉효)**하고** 出
則弟(출즉제)**하며** 謹而信(근이신)**하고** 汎愛衆(범애중)**하되** 而
親仁(이친인)**이니** 行有餘力(행유여력)**이거든** 則以學文(즉이
학문)**이니라.**

*則(곧 즉), 孝(효도 효), 弟(공손할 제), 謹(삼갈 근), 信(믿을 신), 汎(뜰 벌, 널
리), 愛(사랑 애), 衆(무리 중), 親(친할 친), 行(갈 행), 餘(남을 여), 學(배울 학)

【공자 가로되, 제자는 들어오면 효도하고, 나가면 공손하고, 삼가고 믿
으며, 널리 사람을 사랑하고 어진 이를 가까이해야 한다. 이를 행하고 남

---

55. 『논어』 첫 구절로 공자의 말 중 가장 유명하다.

은 힘이 있으면 글을 배운다.】

■『논어』「학이」 子曰(자왈), 就有道而正焉(취유도이정언)**하면** 可謂好學也已(가위호학야이).

*就(나아갈 취), 道(길 도), 焉(어조사 언), 謂(이를 위), 學(배울 학)

【공자 가로되, 도가 있는 곳에 나아가 바르게 하면 배우기 좋아한다고 말할 수 있을 뿐이다.】

■『논어』「위정」 子曰(자가로되), 學而不思則罔(학이불사즉망)**하고** 思而不學則殆(사이불학즉태)**니라.**

*學(배울 학), 思(생각할 사), 則(곧 즉), 罔(그물 망), 殆(위태할 태)

【공자 가로되, 배우고 생각하지 않으면 그물[56]이 되고, 생각하고 배우지 않으면 위태롭다.】

■『논어』「자장」 子夏曰(자하가로되), 日知其所亡(일지기소무)**하며** 月無忘其所能(월무망기소능)**이면** 可謂好學也已矣(가위호학야이의)**니라.**

*夏(여름 하), 亡(잃을 망, 없을 무), 忘(잊을 망), 能(능할 능)

【자하 말하길, 날마다 모르는 것을 알고, 달마다 할 수 있는 것을 잊지 않으면 배움을 좋아한다고 말할 수 있다.】

『도덕경』과 『논어』로 우리 삶의 균형 찾기

노자는 배움이 근심을 부른다고 말하고, 공자는 배움이 기쁨을 준다고 말한다. 노자는 배움의 폐해를 말하고, 공자는 배움의 유익을 말한다. 스스

---

56. 罔(망): 그물, 속이다, (사리에) 어둡다 등의 의미.

로 벼슬을 버린 노자는 자연으로 들어가고, 벼슬에 미련이 남은 공자는 벼슬을 위한 학문을 강조한다. 노자는 배움을 인위로 보며 비판적인 시각을 갖고 있는 데 비해 공자는 배워서 바르게 해야 한다고 배움을 반복해서 말한다. 노자는 배운 자들의 위선을 보고, 공자는 배운 자들의 기쁨을 본다.

85년 넘게 이어지는 하버드대 성인 발달 연구의 네 번째 책임자 월딩어 교수는 교육 수준은 행복한 삶과 관련 없는 요인이라고 한다. 많이 배웠다고 자랑할 수는 있으나 많이 배웠다고 행복하지는 않음을 보여준다.

제21장 도는 덕의 어머니, 덕은 도를 따른다

도는 덕의 어머니,
황홀하고 아득한 속에 믿음이 있어
만물의 시원이니
덕은 어머니인 도를 따른다.

| 본문 |

孔德之容(공덕지용)은	텅 빈 큰 덕의 모습은
惟道是從(유도시종)이라.	오로지 도를 따른다.
道之爲物(도지위물)이니	도가 만물을 만드니
惟恍惟惚(유황유홀)이라.	오로지 황하고 오로지 홀[57]하다.
惚兮恍兮(홀혜황혜)로다.	홀하고 황하구나[58]!

---

57. 홀(惚)과 황(恍)은 모두 형체가 없고 매이지 않는다는 뜻으로 '황홀하다, 넋을 잃다'이다.
58. 황홀하구나!

其中有象(기중유상)이며	그 가운데 형상이 있으며
恍兮惚兮(황혜홀혜)로다.	황하고 홀하구나!
其中有物(기중유물)이며	그 가운데 만물이 있으며
窈兮冥兮(요혜명혜)로다.	그윽하고 아득하구나!
其中有精(기중유정)이고	그 가운데 정기가 있고
其精甚眞(기정심진)이며	그 정기가 매우 참되며
其中有信(기중유신)이니라.	그 가운데 믿음이 있다.
自古及今(자고급금)이	예부터 지금까지
其名不去(기명불거)하여	그 이름이 사라지지 않아
以閱衆甫(이열중보)니라.	만물의 근원[59]을 본다.
吾何以知衆甫之狀	내가 어찌 모든 만물의
(오하이지중보지상재)리오?	시원의 형상을 알겠는가?
以此(이차)로다.	이것[60]으로 안다.

| 해석과 감상 |

이 장은 위대한 덕의 모습을 말한다. 덕은 도를 따르는 인식 가능한 세계이다. 덕은 도의 형상이다. 도가 드러난 것이 덕이다. 도는 형이상학적인 세계이고 덕은 경험의 세계이다. 덕을 만드는 도는 황홀하고 그 황홀함 속에 있는 덕이 형상, 만물, 정기이다. 도는 만물의 근원이다. 1장, 4장, 14장과 연관 있다.

자연의 도는 황홀하고 정기가 참되다. 모든 것의 근원이며 출발이다. 근

---

59. 시원.

60. 以此(이차)의 차(此)는 위에서 말한 것을 가리킨다. 도(道).

원을 보면 세상을 안다. 노자에 따르면 이목구비에 현혹되어 만물의 근원을 잊고 살아서는 안 된다. 근원을 잊고 살았는데 명예도, 재물도 만족할 수준을 얻지 못했다면 초라함이 더 크다.

| 필사하기 |

孔德之容(공덕지용)은 惟道是從(유도시종)이라.

*孔(구멍 공), 德(덕 덕), 容(얼굴 용), 惟(오로지 유), 從(좇을 종)

【텅 빈 큰 덕의 모습은 오로지 도를 따른다.】

제22장 포일(抱一), 휘어진 것이 온전하다

굽은 나무가 선산을 지키며 제 명대로 산다.
재산이 많으면 집안끼리 때때로 싸우고
뽐내고 자랑하다 눈총 맞고 쓰러진다.
향기 품은 꽃은 제철을 맞아
내세우지 않아도 진정으로 드러나니
볼 사람 생각지 않고 피어서 오래 간다.
온전히 이것으로 온전해진다.

| 본문 |

曲則全(곡즉전)하고	휘면 온전해지고
枉則直(왕즉직)하고	구부리면 곧고
窪則盈(와즉영)하고	오목하면 차고
幣則新(폐즉신)하고	해지면 새로워지고
少則得(소즉득)하고	적으면 얻고

多則惑(다즉혹)하니라

많으면 미혹된다.

是以聖人抱一(시이성인포)하여

이로써 성인은 하나를 품고

爲天下式(위천하식)이니라

세상의 기준이 된다.

不自見이라 故로 明(불자견고명)하며

스스로를 드러내려 하지 않기에 밝으며

不自是라 故로 彰(불자시고창)하며

스스로 옳다 하지 않기에 드러나고

不自伐이라 故로 有功
(불자벌고유공)하며

스스로 자랑하지 않기에
공로가 있으며

不自矜이라 故로 長(불자긍고장)
이니라.

스스로 뽐내지 않기에
오래간다.

夫唯不爭(부유부쟁)이라
故天下莫能與之爭
(고천하막능여지쟁) 이니라.

오로지 싸우지 않기에
세상이 그와 더불어
겨룰 수 없다.

古之所謂曲則全者
(고지소위곡즉전자)가
豈虛言哉(개허언재)리오.
誠全而歸之(성전이귀지)니라.

옛말에 이르기를, 휜 것이
곧 온전하다는 것이
어찌 빈말이겠는가?
진실로 온전히 하여 온전함으로
돌아간다.

| 해석과 감상 |

이 장은 다투지 않는 덕(8장 참조)에 대하여 역설(逆說)로 말하고 있다. 구불구불 휘어진 나무가 쓸모없어 베어지지 않고 온전히 살아남는다. 굽은 나무가 온전히 선산을 지킨다. 곡선의 오솔길이 정취가 있어 마음을 지킨다. 휘어질 수 있어야 대나무가 꺾이지 않아 온전하게 살며 쓰임새가 있다. 개구리는 다리를 굽혀야 곧게 펴서 뛴다. 그릇은 오목해야 채울 수 있다. 부서지고 헤져야 새로이 만들게 된다. 욕심이 적으면 만족을 얻을 수 있다. 재산이 많으면 이를 지키려고 신경을 쓰게 되고 무엇을 할까 정신을 차리지 못한다. 학문이 많으면 생각할 것이 많아 혼란스럽다. 이런 까닭에 성인은 하나의 도를 세계의 기준으로 삼는다. 드러내려 하지 않기에 밝게 드러나고, 옳다고 주장하지 않기에 옳음이 드러난다. 자랑하지 않기에 공로가 자랑스레 드러난다. 뽐내지 않기에 뽐냄이 오래간다. 싸우지 않기에 세상이 겨루지 않으려 한다. 새옹지마에서처럼 절름발이라서 징병을 면제받고, 부족하기 때문에 남들의 시선을 받지 않고 간섭 없이 자신의 삶을 산다. 『장자』에는 이와 같은 이야기가 우언의 형식으로 다양하게 등장한다.

| 필사하기 |

● 曲則全(곡즉전)하고 枉則直(왕즉직)이니라.

*曲(굽을 곡), 則(곧 즉), 全(온전할 전), 枉(굽을 왕), 直(곧을 직)

【휘어지면 온전해지고 구부리면 곧게 펴진다.】

제23장 희언(希言), 말을 아끼는 것이 자연이다

말이 많으면 가볍다.
말이 많으면 실천이 어렵다.
말이 많으면 아이들이 싫어한다.
말이 많으면 어른들도 좋아하지 않는다.
말이 많으면 보잘것없는 제 자랑뿐이다.

말이 많으면 바이러스 침도 튄다.

말이 많은 자들은 같은 말을 반복할 뿐이다.

하루에 부여된 167개의 단어를 모두 쓰고 나서

연인들은 서로의 숨소리에 귀 기울인다고 시는 노래한다.

| 본문 |

希言自然(희언자연)이라.	말을 아끼는 것이 자연이다.[61]
故(고)로 飄風(표풍)은	그런 까닭에 회오리바람이
不終朝(부종조)며	아침 내내 불지 못하며
驟雨(취우)는 不終日(부종일)이니	소나기는 종일 내리지 않는다.
孰爲此者(숙위차자)리오?	이것을 하는 자가 누구인가?
天地(천지)니라.	하늘과 땅이다.
天地尙不能久(천지상불능구)거늘	천지도 또한 오래 할 수 없거늘
而況於人乎(이황어인호)리오?	하물며 사람의 경우에 있어서랴?
故從事於道者(고종사어도자)는	그러므로 도에 종사하는 사람은
道者同於道(도자동어도)하고	도에 종사하면 도와 같아지고
德者同於德(덕자동어덕)하며	덕에 종사하면 덕과 같아지며
失者同於失(실자동어실)이라.	잘못에 종사하면 잘못과 같아진다.
同於道者(동어도자)는	도와 같아지면

---

61. 희언(希言)을 왕필은 청지불문명왈희(聽之不聞名曰希)라 한다. 곧, 들어도 들리지 않고, 담담하고 맛이 없으며 보아도 눈에 띄지 않고 들어도 듣기에 부족한 것을 희라 설명한다. '희미한 말' 또는 '말을 아끼는 것'은 문맥으로 읽어야 한다. '희미한 말 또는 말을 아끼는 것이 자연이다.' '말을 아끼고 스스로 그러함이 되라.' '말을 아끼고 스스로 그러해라.' 등으로 해석할 수 있다.

道亦樂得之(도역락득지)요	도 또한 이를 즐거이 얻고
同於德者(동어덕자)는	덕과 같아지면
德亦樂得之(덕역락득지)요	덕 또한 이를 즐거이 얻으며
同於失者(동어실자)는	잘못과 같아지면
失亦樂得之(실역락득지)니	잘못 또한 이를 즐거이 얻으니
信不足焉(신부족언)하면	믿음이 부족하면
有不信焉(유불신언)이라.	불신이 따른다.

| 해석과 감상 |

이 장은 말에 관해 서술한다. 문맥상 여기에서 자연의 말은 회오리바람이나 소나기이다. 회오리바람이나 소나기가 일 년에 몇 번 없는 것처럼 자연은 거의 말을 하지 않는다. 그러므로 자연을 따르면 자연처럼 말을 거의 하지 않는다. 이런 까닭으로 도를 따르면 도에 가까워지고, 잘못을 따르면 잘못에 가까워지니 말을 아끼는 자연처럼 행동하라. 회오리바람은 길게 불지 않으며 소나기는 길게 내리지 않는다. 천지가 알아서 그치게 한다. 천지도 오래 말하지 않고 말을 아끼는데 사람이야 말해서 무엇하랴? 덕에 종사하면 덕에 가까워진다. 그러므로 행동에 대한 믿음이 부족하면 그 결과에 불신이 따른다. 그러면 말이 많아진다. 『마음 챙김의 시』(류시화 역)에는 미국의 시인 제프리 맥다니엘(1967~)의 「고요한 세상」이란 시가 실려 있다. 사람들에게 서로의 눈을 더 바라보도록 하루에 167개의 단어만 말하도록 정한 나라에서 연인들이 서로의 단어를 모두 쓰고 난 후에는 서로의 숨소리에 귀 기울인다고 시인은 노래한다.

| 필사하기 |

● 希言自然(희언자연)이라.

*希(바랄 희, 드물 희), 然(그러할 연)

【말을 아끼는 것이 자연이다.】

● 信不足焉(신부족언)하면 有不信焉(유불신언)이라.

*信(믿을 신), 足(발 족), 焉(어조사 언)

【믿음이 부족하면 불신이 따른다.】

■ 『논어』「이인」子曰(자왈), 古者言之不出(고자언지불출)은 恥 躬之不逮也(치궁지불체야)니라.

*恥(부끄러울 치), 躬(몸 궁), 逮(미칠 체)

【옛 사람이 말을 하지 않는 것은 몸소 미치지 못하는 것을 부끄러워하기 때문이다.】

■ 『논어』「양화」子曰(자왈), 天何言哉(천하언재)리오? 四時行 焉(사시행언)하며 百物生焉(백물생언)하니 天何言哉(천하언재) 리오?

*何(어찌 하), 哉(어조사 재), 焉(어조사 언), 物(만물 물)

【공자 가로되, 하늘이 무슨 말을 하든가? 사계절이 돌고 만물이 생장하 는데 하늘이 무슨 말을 하든가?】

『도덕경』과 『논어』로 우리 삶의 균형 찾기

말 많은 것을 경계하는 대목에서 노자와 공자의 견해가 일치한다. 노자 는 말을 아끼는 것이 자연이라 하고, 공자는 '하늘이 무슨 말을 하든가'라고 되묻는다. 행동으로 나타나는 것을 굳이 말로 해야 할 필요가 있겠느냐로 읽힌다. 자연이 알아서 하는 것을 말로 굳이 할 것 없다. 말이 많으면 실수가 많고, 실속이 없으며, 행동이 따라가기 어렵다. 어눌해도 진실이 아름답다.

제24장 내세우지 않는 삶, 까치발로 오래 설 수 없다

멋 부리려 멜빵을 삐뚜로 메면 오래 가지 못한다.
사진 찍을 때 뽐내는 자세로 오래 있지 못하고
건배하는 술잔을 높여 오래 들 수 없다.
옳음도 자랑도 뽐냄도 순간의 술잔이니
오래 가려면 모두가 장애물이다.
달려서는 종일 가지 못하나
죽은 듯 숨 쉬며 자는 잠은 긴 밤을 넘긴다.
군더더기는 몸을 털면 떨어져나간다.

| 본문 |

企者(기자)는 不立(불립)하고	까치발로 제대로 서지 못하고
跨者(과자)는 不行(불행)하며	오만한 걸음으로 제대로 가지 못하며
自見者(자현자)는 不明(불명)하고	스스로 드러내는 자는 빛나지 않고
自是者(자시자)는 不彰(불창)하며	스스로 옳다는 자는 돋보이지 않으며
自伐者(자벌자)는 無功(무공)하고	스스로 자랑하는 자는 공을 없애고
自矜者(자긍자)는 不長(부장)이니	스스로 뽐내는 자는 오래 가지 못한다.[62]

---

62. 장(長)을 우두머리, 지도자 등으로 해석할 수 있다.

其在道也(기재도야)에	그것을 도에서는
曰餘食贅行(왈여식췌행)이니라.	남은 음식, 군더더기 행동이라 한다.
物或惡之(물혹악지)라	만물이 이를 싫어하는지라
故有道者(고유도자)는 不處(불처)	도가 있는 사람은 이에 몸담지
니라.	않는다.

| 해석과 감상 |

이 장은 무리하지 않는 생활 태도, 내세우지 않는 인생 태도를 말한다. 다른 사람을 칭송하는 것은 옳지만 자신을 드러내는 것은 옳지 않다. 사람들은 틈만 나면 자기 자랑, 자기주장을 한다. 이것이 인간의 속성의 하나인지 모른다. 직장 생활하면서 가장 높은 자리에 있었던 이야기를 퇴직 후에까지 반복한다. 그들은 자기가 잠시 앉았던 지위로만 사는 사람들이다. 자신은 없고 자신의 지위, 자신의 껍데기로만 남아 있는 사람들이다. 22장에 같은 내용이 나온다.

'비자상유과자(飛者上有跨者), 나는 놈 위에 타는 놈 있다'에서 '과자'의 용례를 볼 수 있다. 나는 놈이 없으면 타는 놈은 의미 없다. 跨者(과자)는 '타고 넘어가는 사람', '사타구니를 벌리고 으스대며 걷는 걸음' 등으로 풀이할 수 있다. 문맥으로 볼 때 오래 걸을 수 없는 걸음걸이를 뜻한다.

| 필사하기 |

● 企者不立(기자불립)하고 跨者不行(과자불행)하니라.

*企(도모할 기, 발돋움할 기), 跨(타넘을 과, 걸터앉을 과)

【까치발로는 오래 서지 못하고 부자연스러운 걸음으로는 멀리 가지 못한다.】

● 自見者不明(자견자불명)하고 自是者不彰(자시자불창)하니라.

*見(볼 견), 明(밝을 명), 是(옳을 시), 彰(밝을 창, 드러날 창)

【스스로 드러내는 사람은 빛나지 않고, 스스로 옳다는 사람은 돋보이지 않는다.】

■『논어』「계씨」邦君之妻(방군지처)를 君稱之曰夫人(군칭지왈부인)이요 夫人自稱曰小童(부인자칭왈소동)이라.

*邦(나라 방), 妻(아내 처), 稱(일컬을 칭), 夫(남편 부, 선생), 童(아이 동)

【나라 임금의 아내를 임금은 부인이라 칭하고, 부인은 스스로를 소동이라 일컫는다.】

「도덕경」과 「논어」로 우리 삶의 균형 찾기

노자와 공자 모두 자랑과 뽐냄을 부정적으로 본다. 노자는 뽐냄을 까치발이라는 비유로 표현하며 내세우지 말라 하고, 공자는 자신을 낮추어서 자기를 높이는 방법을 취한다.

『논어』에서는 임금이 아내를 부인이라 높여 부르고, 부인이 스스로를 낮추어서 소동으로 표현한다. 조선 시대 선비들은 자기 아내를 부인이라 높여 불렀다. 입센의『인형의 집』에서 자기 아내를 인형으로 인식하는 것과 큰 차이가 있다. 우리의 고전『열녀춘향수절가』에서 춘향이라는 여성의 평등관도 서양의 여성관과 천양지차다.

제25장 도는 자연을 본받는다, 자연으로 돌아가라

인간인 나는 동물에 속하고
동물은 생물이니
그 생물을 품은 세계가 자연이다.
인간은 자연의 일부로 그 품속에 있어
자연을 벗어날 때 자기가 파괴된다.
발버둥 쳐 보라, 누가 흔들리는지
솟구쳐 보라, 벗어날 수 있는지.

| 본문 |

有物混成(유물혼성)하니	만물이 뒤섞여 이루어지니
先天地生(선천지생)이라.	천지가 생긴 것보다 앞섰다.
寂兮寥兮(적혜요혜)여	고요하고, 텅 비었구나!
獨立不改(독립불개)하고	홀로 서서 바뀌지 않고
周行而不殆(주행이불태)하니	두루 다니면서 위태롭지 않으니
可以爲天下母(가이위천하모)라.	천하의 어머니가 될 만하다.
吾不知其名(오부지기명)하여	나는 그 이름을 알지 못하여
字之曰道(자지왈도)라 하고	자(字)를 도(道)라 하고
强爲之名曰大(강위지명왈대)니라.	굳이 이름을 붙여 '크다'라고 한다.
大曰逝(대왈서)요	큰 것은 떠나간다고 말하고
逝曰遠(서왈원)이요	떠나가는 것은 멀어진다고 말하며
遠曰反(원왈반)이라.	먼 것은 돌아온다고 말한다.
故道大(고도대)며	그러므로 도가 크며
天大(천대)며 地大(지대)며	하늘이 크고 땅이 크며

王亦大(왕역대)라.	왕 또한 크다.
域中有四大(역중유사대)하되	세상 가운데 네 가지가 크되
而王居其一焉(이왕거기일언)이니	왕이 그 하나이다.
人法地(인법지)하고	사람은 땅을 본받고
地法天(지법천)하며	땅은 하늘을 본받으며
天法道(천법도)하고	하늘은 도를 본받고
道法自然(도법자연)이니라.	도는 자연을 본받는다.

| 해석과 감상 |

자연이 도이다. 이 장은 노자의 근본 철학인 도(道)를 설명한다(1, 4, 14, 21, 40장 참고). 노자에 의하면 혼돈이 모든 것의 시원이다. 대부분 종교나 천체물리학에서 천지창조는 카오스, 혼돈으로 시작한다. 피타고라스는 우주를 '아름다운 조화가 있는 전체'라는 뜻으로 코스모스라 이름하였다. 첫 구절은 이를 묘사한 말이다. 카오스는 적요(寂寥) 상태로 천하의 어머니이다. 우주의 원리로 이름을 붙이자면 '대(大)'로 '크다'라거나 '도(道)'라 말할 수 있다. 도는 "떠나감" → "멀어짐" → "돌아옴"의 순환 속에 있다. '도=하늘=땅=왕'은 그러므로 자연의 이치이다. 사람→땅→하늘→도→자연의 순서로 본받는다. 자연이 으뜸이다. 노자가 말하는 왕(王)은 세속적 의미의 왕이 아니다. 왕은 도, 하늘, 땅과 같은 위치의 의미를 지니는 용어로 쓰였다.

루소는 자연으로 돌아가라고 말한다. 하버드대학을 졸업한 헨리 데이비드 소로는 숲속에서 살아간 이야기를 『월든』에 그리고 있다. 인간은 자연을 벗어나서 건강하게 살 수 없다. 인간도 자연의 일부이기 때문이다.

● 人法地(인법지)요 地法天(지법천)이요 天法道(천법도)요 道法自然(도법자연)이니라.

*法(법 법, 본받을 법), 地(땅 지), 然(그러할 연)

【사람은 땅을 본받고, 땅은 하늘을 본받으며, 하늘은 도를 본받고, 도는 자연을 본받는다.】

■ 『논어』「옹야」 夫子矢之曰(부자시지왈), 予所否者(여소비자)면 天厭之(천염지)로다! 天厭之(천염지)로다!

*矢(화살 시, 맹세하다), 予(나 여), 否(아닐 부), 厭(싫을 염)

【공자가 맹세하여 말하길, 내가 부정(잘못)한 것이 있다면 하늘이 나를 싫어할 것이니라, 하늘이 나를 싫어할 것이니라!】

『도덕경』과 『논어』로 우리 삶의 균형 찾기

노자와 공자 모두 하늘을 도(道)의 근원으로 보고 있다. 노자는 자연이 도라 말하고, 공자는 하늘이 잘잘못을 판단한다고 말한다. 공자의 하늘은 노자의 자연이다. 하늘이 삶의 기준이다. 윤동주의 하늘을 우러러 한 점 부끄럼이 없기를 바라는 삶이 가장 크다. 언제 어디에서나 나를 보는 하늘에 부끄럼이 없으면 세상에 거리낄 것 없다. 자기 삶이 가장 부끄러운 사람은 자기 자신이다. 또한 가장 자랑스러운 사람도 자기 자신이다.

제26장 중정(重靜), 가볍고 조급하면 잃는다

터럭은 가벼워서 살랑거리는 바람에도 날아오르고
엷은 먼지는 무심코 걷는 걸음걸이에도 흩날린다.

흙에서 먼지가 일어나고

고요함에서 조급함이 피어나나

돌멩이는 바람이 일어도 그 자리에서 묻은 먼지만 털어낸다.

바람에 흩날리지 않으려면 터럭도 돌이 되어야 한다.

흔들리는 깃발을 잡아 두려면

마음은 돌이 되고

항구의 닻이 되어야 한다.

| 본문 |

重爲輕根(중위경근)이요	중후함은 가벼움의 근본이고
靜爲躁君(정위조군)이라.	고요함은 조급함의 군주이다.
是以(시이)로 聖人(성인)은	이런 까닭에 성인은
終日行(종일행)에	종일 다녀도
不離輜重(불리치중)하며	짐수레 같은 중후함을 떠나지 않으며
雖有榮觀(수유영관)이나	비록 꽃 같은 경관이 있어도
燕處超然(연처초연)하니라.	편안히 쉬며 초연하다.
奈何萬乘之主(내하만승지주)로	어찌 전차 만 대의 주인으로
而以身輕天下(이이신경천하)리오?	천하에 몸을 가볍게 하는가?
輕則失本(경즉실본)이요	가벼우면 곧 근본을 잃고
躁則失君(조즉실군)이니라.	조급하면 곧 임금 자리를 잃는다.

| 해석과 감상 |

삶의 근본을 가볍게 여기면 모두를 잃는다. 이 장을 중덕(重德)의 장이라고 한다. 노자의 처세에 대한 글이었는데 후에 한비자가 제왕에 대한 글로 개작했다는 설이 있다. 『한비자』의 「喩老(유노)」편에도 나온다.

무겁게 행동하지 않으면 가벼워지고, 고요한 상태를 유지하지 않으면 조급한 마음이 일어선다. 가벼우면 근본을 잃고 조급하면 삶의 주인, 삶의 으뜸을 잃는다. 짐수레는 무거움이며, 그 무거움은 성인이 끌고 가야 하는 짐, 자신의 사명이다. 성인은 그 임무를 버리지 않는다.

| 필사하기 |

● 輕則失本(경즉실본)이요 躁則失君(조즉실군)이니라.

*輕(가벼울 경), 則(곧 즉), 失(잃을 실), 躁(성급할 조)

【가벼우면 근본을 잃고, 조급하면 임금 자리를 잃는다.】

■ 『논어』「위령공」 子曰(자왈), 巧言亂德(교언란덕)이요 小不
忍則亂大謀(소불인즉란대모)니라.

*巧(교묘할 교), 亂(어지러울 란), 德(덕 덕), 忍(참을 인), 則(곧 즉), 謀(꾀할 모)

【공자 가로되, 교묘한 말은 덕을 어지럽히고 작은 것을 참지 못하면 큰 지략을 어지럽힌다.】

『도덕경』과 『논어』로 우리 삶의 균형 찾기

노자와 공자 모두 무겁게 행동해야 한다고 말한다. 노자는 가볍게 행동하면 임금 자리를 잃는다고 하며, 공자는 작은 것을 참지 못하면 큰 것을 잃는다고 말한다. 공자는 제1편 「학이」에서 중하지 않으면 위엄이 없고 배워도 견고하지 않게 된다고 말한다.

제27장 바퀴자국 없이 성인은 사람을 버리지 않는다

흠결이 없을 수야 있겠는가.

하늘은 제대로 된 이를 구하여

이를 스승으로 따르게 하고

부족한 이를 잘함의 바탕으로 삼아

아예 버리지 않으니

닫지 않아도

묶지 않아도

달아나지 않고 분실하지 않는다.

하늘은 버리지 않아서 제대로 구하며

하늘은 흠결을 만들지 않으니 누구도 흠이 없다.

| 본문 |

善行(선행)은 無轍迹(무철적)이요　　　잘 가면 바퀴 자국이 없고

善言(선언)은 無瑕謫(무하적)이요　　　말을 잘하면 허물이 없으며

善數(선수)는 不用籌策(불용주책)이요　세기를 잘하면 계산기가 쓸모없고

善閉(선폐)는 無關楗(무관건)이되　　　닫기를 잘하면 빗장을 걸어두지 않아도

而不可開(이불가개)이며　　　　　　　열 수 없고

善結(선결)은 無繩約(무승약)하되　　　묶기를 잘하면 끈으로 묶지 않아도

而不可解(이불가해)니라.　　　　　　　풀 수 없다.

是以(시이)로 聖人(성인)은　　　　　이로써 성인은

常善求人(상선구인)이니　　　　　　　언제나 사람을 제대로 구하니

故無棄人(고무기인)이요　　　　　　　그러므로 사람을 버리지 않는다.

常善救物(상선구물)이니	언제나 만물을 잘 구하니
故無棄物(고무기물)이라.	그러므로 만물을 버리지 않는다.
是謂襲明(시위습명)이니라.	이를 '밝음에 들어간다'라고 한다.
故善人者(고선인자)는	그러므로 제대로 잘하는 사람은
不善人之師(불선인지사)요	잘 못하는 사람의 스승이고
不善人者(불선인자)는	잘 못하는 사람은
善人之資(선인지자)이니라.	잘하는 사람의 바탕(자원)이다.
不貴其師(불귀기사)하며	그 스승을 귀하게 여기지 않으며
不愛其資(불애기자)하면	그 바탕을 사랑하지 않으면
雖智大迷(수지대미)니	비록 지혜가 있어도 크게 미혹되니
是謂要妙(시위요묘)니라.	이것을 '요체가 오묘하다'라고 한다.

| 해석과 감상 |

잘하는 사람이 잘 못하는 사람의 스승이고, 잘 못하는 사람이 잘하는 사람의 바탕이다. 이런 까닭에 성인은 잘하는 사람을 제대로 구하고, 잘 못하는 사람을 바탕으로 삼기에 잘 못하는 사람을 버리지 않는다. 제대로 하면 빗장을 걸어두거나 끈으로 묶지 않아도 열 수 없고 풀 수 없다. 이렇듯 성인은 사람을 잘 구해 버리지 않고, 만물을 잘 구해 버리지 않는다. 잘 못하는 이를 구해도 제대로 하도록 해 주는 이가 성인이다. 하늘은 버리지 않아서 제대로 구하며 하늘은 흠결을 만들지 않으니 누구도 흠이 없다. 이 장은 인재 등용에 관한 장이다. 『한비자』의 「喩老(유노)」편에서 주나라 보물 옥판 이야기를 하며 마지막 4행을 인용하고 있다.

| 필사하기 |

● 善行無轍迹(선행무철적)이요 善言無瑕謫(무언무하적)이요 善
數不用籌策(선수불용주책)이니라.

*善(착할 선), 無(없을 무), 轍(바퀴 자국 철), 迹(자취 적), 言(말씀 언), 瑕(허물
하), 謫(귀양갈 적, 잘못 적), 數(셀 수), 用(쓸 용), 籌(셀 주), 策(꾀 책)

【잘 가면 바퀴 자국이 없고, 말을 잘하면 허물이 없으며, 세기를 잘하면
계산기가 쓸모없다.】

● 善閉無關楗而不可開(선폐무관건이불가개)이고 善結無繩約
而不可解(선결무승약이불가해)니라.

*閉(닫을 폐), 關(빗장 관), 楗(문빗장 건), 繩(줄 승), 約(묶을 약), 解(풀 해)

【닫기를 잘하면 빗장을 걸어두지 않아도 열 수 없고, 묶기를 잘하면 끈
으로 묶지 않아도 풀 수 없다.】

● 聖人(성인)은 常善求人(상선구인)하니 故無棄人(고인기인)이
고, 常善救物(상선구물)하니 故無棄物(고무기물)이니라.

*聖(성스러울 성), 常(항상 상), 棄(버릴 기), 救(건질 구), 物(만물 물)

【성인은 언제나 사람을 제대로 구하니 사람을 버리지 않는다. 언제나 만
물을 잘 구하니 만물을 버리지 않는다.】

■ 『논어』「향당」 廏焚(구분)이거늘 子退朝日(자퇴조왈), 傷人
乎(상인호)아? 不問馬(불문마)하니라.

*廏(마구간 구), 焚(불탈 분), 退(물러날 퇴), 朝(아침 조, 조정), 傷(상할 상)

【마구간에 불이 났다. 공자가 조정에서 퇴근하여 말했다. 사람이 다쳤느
냐? 말에 대해서는 묻지 않았다.】

■ 『논어』「옹야」 子曰, 觚不觚(고불고)면 觚哉觚哉(고재고재)아?

*觚(네모난 술잔 고)

【공자 가로되, 고가 고가 아니면 고이겠는가? 고이겠는가?】

『도덕경』과 『논어』로 우리 삶의 균형 찾기

노자는 잘 못하는 사람을 버리지 않고, 공자는 불 난 자리에서 비싼 말보다 사람을 먼저 생각한다. 노자와 공자 모두 사람을 잘 구해서 버리지 않고, 버리지 않아서 잘 구한 이들이다. 일보다 사람이 먼저다. 못하는 사람이 있기에 잘하는 사람이 있다. 잘하는 사람도 처음에는 잘하지 못했다. 사람보다 앞서는 것은 없다. 능력이나 재물은 인간 삶을 위한 수단이다. 늦어도, 느려도, 못해도, 그것이 삶의 가치를 무너뜨려서는 안 된다. 노자의 말씀이고 공자의 말씀이다.

제28장 상덕(常德), 남성과 여성으로 나누지 않는다

웅덩이는 깨끗함과 더러움을 구분하지 않고 모두를 담는다.
깨끗함도 쓰면 더러워지고
더러움도 씻으면 깨끗해진다.
남성적인 사람이 여성적일 때 섬세하여 더 아름답고
여성적인 사람이 남성적일 때 힘에 넘쳐 또 아름답다.
강한 사람들 속에 부드러운 사람이 있어야 조화롭고
여린 사람 속에 굳은 사람이 여림을 메운다.
서로 다른 것이 모여 세상이 조화롭다.
분열인 듯 보이나 그것 또한 전체의 구멍을 채우는 하나이다.
하늘은 자르지 않고 나누지 않는다.

| 본문 |

知其雄(지기웅)하고 남성다움을 알고

守其雌(수기자)하면 여성다움을 유지하면

爲天下谿(위천하계)니 세상의 골짜기가 되니

爲天下谿(위천하계)면 세상의 골짜기가 되면

常德不離(상덕불리)하여 영원한 덕에서 떠나지 않고

復歸於嬰兒(복귀어영아)니라 갓난아기의 상태로 돌아간다.

知其白(지기백)하고 흰 것을 알고

守其黑(수기흑)하면 검은 것을 유지하면

爲天下式(위천하식)이니 세상의 법이 되니

爲天下式(위천하식)이면 세상의 법이 되면

常德不忒(상덕불특)하여 영원한 덕에서 어긋나지 않고

復歸於無極(복귀어무극)이라 다함이 없는 상태로 돌아간다.

知其榮(지기영)하고 영광을 알고

守其辱(수기욕)하면 욕됨을 유지하면

爲天下谷(위천하곡)이니 세상의 골짜기가 된다.

爲天下谷(위천하곡)이면 세상의 골짜기가 되면

常德乃足(상덕내족)하여 영원한 덕이 풍족하고

復歸於樸(복귀어박)이라 통나무 상태로 돌아가게 된다.

樸散則爲器(박산즉위기)니 통나무를 베고 쪼개어 그릇을 만드는데,

聖人用之(성인용지)면 성인은 이를 사용하여

則爲官長(즉위관장)이라	관장[63]으로 삼는다.
故(고)로 大制不割(대제불할)	그러므로 큰 법도는 자르지 않고
이니라	나누지 않는다.

| 해석과 감상 |

노자의 무위자연을 다양한 비유와 상징으로 표현하고 있다. 자(雌, 여성의 유연함), 계(谿, 모든 물이 모여드는 계곡), 영아(嬰兒, 어린아이의 순진함), 박(樸, 통나무의 다듬지 않은 소박함) 등으로 무위자연의 세계를 표현한다. 이는 분석하고 나누는 세계관이 아니라 전체를 하나로 아우르는 인식이다. 남자다워야 하고 여자다워야 한다는 것은 후대의 이데올로기가 만든 이분법이다. 남성 속에 여성이 있고, 여성 속에 남성이 있다. 전반부는 노자의 대표적인 문장 중 하나이다. 『장자』 「천하」 편에도 실려 있으며 예로부터 많은 이들이 애송한 문장이다. 주해자들은 후반부 네 줄을 후세에 첨가한 것으로 본다.

자웅, 백흑, 영욕은 흔히 말하는 대립이다. 이들을 모두 수용하는 것이 골짜기이며 어린아이의 모습이고 통나무의 형태이다. 이상적인 덕은 남성성과 여성성이 함께 존재하며, 흰 것과 검은 것이 서로 섞여 존재하고, 영광과 욕됨이 동전의 양면처럼 서로 한 몸이다. 이는 통나무처럼 나누기 이전 원시의 자연 상태이다. 사람들이 나누기 이전 상태의 순수 본바탕이 골짜기, 갓난아기, 통나무이다. 현재의 학문도 현대에 와서 나누고 쪼개어서 전체를 볼 수 없게 만들었다. 그래서 융합, 통합 학문을 부르짖는다. 쪼

---

63. 백관의 우두머리.

개면 잃는 것이 많다.

　남성성과 여성성을 모두 갖추니 순수 본바탕이다. 나이 들어 남성은 여성이 되어가고 여성은 남성이 되어가니 삶은 공평하다. 영광과 욕됨이 동전의 양면처럼 우리에게 존재하니 큰 기쁨도 큰 슬픔도 없다. 모두를 갖춘 상태가 노자가 말하는 순수 원시의 모습이다. 여성이 남성적인 특성이 있고, 남성이 여성적 특성을 갖춘 사람이 세상의 골짜기라고 노자는 소리 높여 말한다.

　고대에 하나였던 것을 쪼개고 나눈 것이 현재의 학문이다. 아리스토텔레스는 문학, 철학, 생물학 등 여러 학문을 종합적으로 하였다. 현대에 와서 학자들은 문학의 경우 시, 소설 등으로 나누고 다시 고대와 현대로 나누며 그중에 하나만을 전공한다. 세상을 바라보는 시각이 좁고 깊어짐으로써 다른 세상과 분리된다. 융합을 주장하는 이유가 된다. 하나의 부분은 다른 하나와 만날 때 충돌하거나 시너지효과를 낼 수 있다. 부분은 전체 속의 부분으로 전체와의 관계 속에서 의미가 있다. 쪼개면 전체를 잃는다.

| 필사하기 |

● 知其雄(지기웅)**하고** 守其雌(수기자)**하면** 爲天下谿(위천하곡)**이니** 知其白(지기백)**하고** 守其黑(수기묵)**하면** 爲天下式(위천하식)**이니라.**

*雄(수컷 웅), 守(지킬 수), 雌(암컷 자), 谿(시내 계), 墨(먹 묵), 式(법 식)

【남성다움을 알고 여성다움을 유지하면 세상의 골짜기가 된다. 흰 것을 알고 검은 것을 유지하면 세상의 법이 된다.】

● 大制不割(대제불할)**이니라.**

*大(큰 대), 制(마를 제), 不(아닐 불), 割(나눌 할)

【큰 재단은 자르지 않는다.】

제29장 천하는 신령한 그릇이니 위할 수 없다

천하는 모두를 담으니 둥글다.
인간은 천하에 들어가 죽음마저 천하를 따른다.
자연생태계에 도전하면 인간이 쓰러지니
천하를 위한다고,
남을 위한다고,
감히 노래하지 말지어다.
인간은 자연의 일부일 뿐이다.
가을이 되면 자연스레 단풍이 드는 것을
힘써 가꾼다고 미리 단풍 들겠는가.

| 본문 |

將欲取天下而爲之
(장욕취천하이위지)면

吾見其不得已(오견기부득이)라.

天下神器(천하신기)니
不可爲也(불가위야)라.
爲者敗之(위자패지)요
執者失之(집자실지)니라.
故物(고물)이
或行或隨(혹행혹수)하며

천하를 취하여 위하고자 하면

나는 그것을 얻지 못함을 볼
뿐이다.

천하는 신령한 그릇이니
위할 수 없다.
위하는 자는 망치고
잡으려는 자는 잃는다.
그러므로 만물이
가기도 하고 뒤따르기도 하며

或歔或吹(혹허혹취)하고	천천히 내쉬기도 하고 빨리
	불기도 하며
或强或羸(혹강혹리)하며	강하기도 하고 약하기도 하며
或挫或隳(혹좌혹휴)라.	꺾어지기도 하고 무너지기도 한다.
是以聖人去甚(시이성인거심)이요	이런 까닭에 성인은 심한 것을
	버리고
去奢去泰(거사거태)니라.	사치스러운 것, 태만을 버린다.

| 해석과 감상 |

천하로 상징되는 모든 것 앞에서 인간은 겸손해야 한다. 천지자연은 인간이 위할 수 있는 존재가 아니다. 그 운행에 함께할 뿐이다. 천하는 신령한 것이어서 인간이 위하고 위하지 않고 할 대상이 아니다. 천지자연을 위한다는 명목으로 행하는 인간의 모든 행위는 인간 자신을 패망으로 이끌 뿐이다. 천하는 강약 등 모든 것을 가지고 있어 지나침이 없다. 그러므로 성인은 심한 것, 사치, 태만을 버린다.

爲者敗之(위자패지) 執者失之(집자실지)에서 之(지)가 앞의 天下(천하)를 지시한다면 '위하는 사람이 천하를 망하게 하고, 잡으려 하는 자가 천하를 잃는다'로 해석하게 된다. 이 경우 사람이 천하를 위하고 위할 수 없다는 말과 모순된다. 之(지)가 爲者(위자), 執者(집자)를 지시한다면 '위하는 사람은 그 자신을 무너뜨리며, 잡으려 하는 자는 그 자신을 잃는다'로 해석이 가능하다. 여기서는 후자를 택한다. 위자(爲者)는 본성을 거스르는 자, 거스르는 것으로 인위에 해당한다.

| 필사하기 |

● 爲者敗之(위자패지)요 執者失之(집자실지)니라.

*爲(할 위), 者(사람 자), 敗(패할 패), 執(잡을 집), 失(잃을 실)

【인위로 하는 자는 이를 망치고, 잡으려는 자는 이를 잃는다.】

■ 『논어』 「팔일」 子曰(자왈), 禮與其奢也(예여기사야)이나 寧儉
(녕검)이요 喪與其易也寧戚(상여기이야녕척)이니라.

*禮(예도 례), 與(줄 여, 따를 여), 奢(사치할 사), 寧(평안한 녕, 차라리), 儉(검소
할 검), 喪(죽을 상), 易(바꿀 역, 쉬울 이), 戚(친척 척, 슬퍼하다, 근심하다)

【공자 가로되, 예는 사치보다는 차라리 검소하고, 상(喪)은 쉬움(익숙
함)[64]보다 차라리 슬픔이다.】

『도덕경』과 『논어』로 우리 삶의 균형 찾기

노자와 공자 모두 사치를 밀어낸다. 억지로 잡으려면 잡을 수 없다. 본질
에 충실하면 모두를 잡을 수 있다. 전국 명산을 모두 오르려다 무릎이 무
너지고, 남들처럼 자전거 페달 빨리 밟으려다 건강을 잃는다. 로버트 디세
이는 『게으름 예찬』에서 느긋하게 있을 때 우리는 가장 치열하고 유쾌하게
인간다울 수 있다고 말한다. 모든 심한 것은 버려야 한다. 숨을 4초간 들
이쉬고, 4초간 멈추고, 4초간 내쉬고, 4초간 멈추는 4·4·4·4 등의 방식으로
하는 느린 호흡이 수명을 길게 한다고 한다.

---

64. 이(易)를 손에 익어 형식적으로 상례를 치른다는 의미로 본다. 이는 사람이 죽었을 때
뒤에 나오는 대로 슬픔이 먼저이지 장례를 화려하게 치르거나 형식적으로 치르거나
슬픔과 거리가 멀다면 진정한 상례가 아니다.

제30장 반전(反戰), 공을 내세우지 말라

신생, 성장, 소멸은 모든 원리라서
젊음도 귀밑머리 희다가 늙어 소멸한다.
강함도 약해진 후 소멸하니
군사가 머물던 자리는 황폐하고
싸움 후에는 말라비틀어진 죽음이나 상처만 남는다.
산 정상을 오른 후에는 내려오는 것이 이치이다.
꽃도 피면 내세워도 지고
열매도 익으면 내세워도 떨어진다.

| 본문 |

以道佐人主者(이도좌인주자)는
不以兵强天下(불이병강천하)하나니
其事好還(기사호환)이니라.

도(道)로써 군주를 보좌하는 사람은
군사로 천하를 강하게 하지 않으니
그 일[65]은 (무위로) 되돌아오는 것을
좋아한다.

師之所處(사지소처)에
荊棘生焉(형극생언)이요
大軍之後(대군지후)에
必有凶年(필유흉년)이니라.
善者果而已(선자과이이)요
不敢以取强(불감이취강)하니

군사가 머물던 자리에
가시덤불이 솟아나고
큰 전쟁 후에
반드시 흉년이 있다.
훌륭한 사람은 결과를 얻고 그치며
감히 강함을 취하지 않으니

---

65. 군사로 강하게 하는 것.

果而勿矜(과이물긍)하고	성과를 얻되 자랑하지 아니하고
果而勿伐(과이물벌)하며	성과를 얻되 내세우지 아니하며
果而勿驕(과이물교)하고	성과를 얻되 교만하지 아니하고
果而不得已(과이부득이)하며	성과를 얻되 마지못해 하며
果而勿强(과이물강)이니라.	성과를 얻되 강해지려 아니한다.
物壯則老(물장즉로)하니	만물이 군세면 곧 늙어버리니
是謂不道(시위부도)라.	이를 일러 '도가 아니다'라고 한다.
不道早已(부도조이)니라.	도가 아니면 일찍 끝난다.

| 해석과 감상 |

이 장은 무력으로 전쟁을 일으키지 말아야 한다는 평화주의 사상을 전개한다. 전쟁이 지나간 자리에는 가시덤불이 자라고 굶주림만 남는다. 전쟁은 어쩔 수 없는 상태에서 자기를 방어할 때 필요하다. 其事好還(기사호환)에서 其(기)는 兵强天下(병강천하)를 지시한다. '군사로 천하를 강하게 하면 원래 자리로 돌아감을 좋아한다.'로 '곧장 앙갚음 당한다.'라는 뜻이다. 군사의 힘에는 다른 군사의 힘이 일어서서 대항한다. 무력은 무력으로 쓰러진다. 『성경』「마태복음」26장에 '칼로 흥한 자 칼로 망한다.'는 말이 있다. 전쟁의 성과는 마지못해 얻어야 하고, 성과를 얻으면 자랑하지 말아야 한다. 반전사상은 69장, 73장, 76장에 반복된다.

| 필사하기 |

● **果而勿矜**(과이물긍)**하고 果而勿伐**(과이물벌)**이니라.**

*果(실과 과), 勿(말 물), 矜(자랑할 긍), 伐(칠 벌, 자랑할 벌)

【성과를 얻되 자랑하지 않고, 성과를 얻되 내세우지 아니한다.】

■『논어』「술이」子之所愼(자지소신)은 齊戰疾(재전질)이라.

*愼(삼갈 신), 齋(재계할 계), 戰(싸울 전), 疾(병 질)

【스승이 신중했던 것은 재계, 전쟁, 질병이다.】

『도덕경』과 『논어』로 우리 삶의 균형 찾기

노자와 공자 모두 반전 평화주의자이다. 노자는 전쟁에서 성과를 냈다고 자랑하지 말라 하고, 공자는 제사 의식의 목욕재계와 전쟁과 질병을 신중하게 생각했다. 다툼은 상처만 남는다. 육체에 딱지가 붙고 끝내는 흉터가 남으며 감정에 앙금이 쌓인다. 상을 받으면 교만해지고 교만이 하늘을 찌르면 자신의 삶은 없고 교만만이 남는다. 영원함은 없다. 아무것도 없던 처음이 원래 자신이다. 빈손으로 왔다가 빈손으로 간다고 하면서 사람들은 손에 무언가를 가득 채우려 한다.

제31장 전쟁 승리의 찬미는 살인, 예를 갖춰 애도한다

전쟁은 살인을 즐기는 일이니
부득이 참여하여 승리하더라도
싸움을 찬미하지 않아야 하리.
예를 갖춰 애도를 표해야 하리.
살인자라서 어디에도 나서지 않아야 하리.
침략 영웅 찬미는 그만두어야 하리.

| 본문 |

夫佳兵者(부가병자)는   무릇 뛰어난 군대는

不祥之器(불상지기)니 　상서롭지 못한 그릇이니
物或惡之(물혹악지)이라 　만물이 언제나 이를 싫어한다.
故有道者不處(고유도자불처)니라. 　그러므로 도가 있는 사람은 이에
　　　　　　　　　　　　　　　몸담지 아니한다.

君子居則貴左(군자거즉귀좌)하고 　군자는 평소 왼쪽을 귀히 여기고
用兵則貴右(용병즉귀우)니라. 　군대를 일으키면 오른쪽을 귀히
　　　　　　　　　　　　　　　여긴다.

兵者(병자)는 不祥之器(불상지기)요 　병기는 상서롭지 못한 그릇이고
非君子之器(비군자지기)라. 　군자의 그릇이 아니다.
不得已而用之(부득이이용지)하면 　부득이하게 이를 사용하려면
恬淡爲上(염담위상)하니 　　조용함과 담담함을 으뜸으로
　　　　　　　　　　　　　　　삼으니

勝而不美(승이불미)니라. 　승리해도 찬미하지 않는다.
而美之者(이미지자)는 　이를 찬미하는 사람은
是樂殺人(시락살인)이라 　살인을 즐기는 것이다.
夫樂殺人者(부락살인자)는 　무릇 살인을 즐기는 사람은
則不可以得志於天下矣 　천하에서 뜻을 얻을 수 없다.
(즉불가이득지어천하의)리라.

吉事尙左(길사상좌)하고 　좋은 일에는 왼쪽을 숭상하고
凶事尙右(흉사상우)하니 　흉한 일에는 오른쪽을 숭상하니
偏將軍居左(편장군거좌)하고 　편장군(부장군)은 왼쪽에 앉고
上將軍居右(상장군거우)니라. 　상장군은 오른쪽에 앉는다.
言以喪禮處之(언이상례처지)니 　말하자면 상중 의례로 이를 처리하니
殺人之衆(살인지중)이면 　많은 사람을 죽였으면

以哀悲泣之(이애비읍지)하고
戰勝以喪禮處之(전승이상례처지)
니라.

이를 슬픔으로 애도하는 것이다.
전쟁에서 승리하더라도 이를
상중 예절로 처리해야 한다.

| 해석과 감상 |

전쟁은 승리일지라도 살인이다. 부득이하게 전쟁을 하여 승리하더라도 죽은 이를 애도하고 예로써 대해야 한다. 전쟁은 사람을 죽이는 행위이므로 상장군이 오른쪽에 앉는 상례대로 자리를 앉는다. 이는 죽은 자들에 대해 상례로 대우한다는 예법을 적용한다는 뜻이다. 그러므로 그 예법대로 전쟁에서일지라도 사람을 죽였으면 읍하며 상례대로 예의를 갖추어 애도를 표해야 한다고 말한다. 전쟁 영웅을 그가 속한 곳에서는 언제나 찬양한다. 피해자의 입장은 언급조차 없다. 부득이하게 전쟁에서 적군을 살상할 경우에도 죽은 자에게 애도해야 한다고 노자는 말한다. 인간에게 인간을 파괴할 권리를 신은 부여하지 않았다. 이 장은 장황하며 유가적인 내용에 가까운 점 등으로 진위 논란이 있는 장이다. 군자(君子)는 주로 유교에서 사용하는 어휘이다.

| 필사하기 |

● 兵者不祥之器(병자불상지기)요 非君子之器(비군자지기)니라.

*兵(군사 병), 者(사람 자), 祥(상서로울 상), 器(그릇 기), 非(아닐 비)

【병기는 상서롭지 못한 그릇이며 군자의 그릇이 아니다.】

■『논어』「헌문」子曰(자왈), 上好禮(상호례)면 則民易使也(칙민이사야)니라.

*好(좋아할 호), 禮(예도 례), 易(쉬울 이), 使(하여금 사)

【공자 가로되, 윗사람이 예를 좋아하면 백성을 다스리기 쉽다.】

『도덕경』과 『논어』로 우리 삶의 균형 찾기

노자는 전쟁에서 사람을 죽이더라도 슬픔으로 애도하라 하고, 공자는 윗사람이 예를 좋아하면 백성을 다스리기 쉽다고 한다. 노자와 공자는 공통으로 예의를 말한다. 콜럼버스를 유럽에서는 부를 가져다준 영웅으로 떠받들지만, 아메리카 인디언들은 그들에 희생되었다. 정당방위를 넘어선 모든 폭력, 모든 전쟁은 악이다.

제32장 그침을 알면 위태롭지 않다

도는 말로 할 수 없으나
그래도 말한다면
도는 통나무이다.
그 통나무가 이름을 갖게 되면
그 이름에 멈추어야 위태롭지 않다.
통나무의 소박함을 지켜야 저절로 고르게 된다.
통나무는 땔감도 되고 그릇도 되며 장식장도 된다.

| 본문 |

道常無名(도상무명)이라　도(道)는 항상 이름이 없다.

樸雖小(박수소)이나　통나무는 비록 작으나

天下莫能臣也(천하막능신야)니　천하가 신하로 삼을 수 없으니

侯王若能守之(후왕약능수지)면　제후나 왕이 이를 지킬 수 있으면

萬物將自賓(만물장자빈)하리라.　만물이 자연히 (그를) 따를 것이다.

天地相合(천지상합)하면	천지가 서로 합하면
以降甘露(이강감로)하고	단맛의 감로가 내려오고
民莫之令(민막지령)하되	백성이 명령이 없어도
而自均(이자균)이니라.	저절로 고르게 된다.
始制有名(시제유명)이니	비로소 만들어 이름이 있으니
名亦旣有(명역기유)면	이름이 이미 있으면
夫亦將知止(부역장지지)니라.	또한 장차 그칠 줄 알아야 한다.
知止可以不殆(지지가이불태)니라.	그침을 알면 위태롭지 않다.
譬道之在天下(비도지재천하)면	도가 천하에 있다는 것을 비유하면
猶川谷之於江海(유천곡지어강해)	시내와 계곡의 물이 강과 바다로
니라.	가는 것과 같다.

| 해석과 감상 |

이 장은 도(道)에 관해 서술한다. 통나무는 무위자연의 도를 비유한다. 가공하지 않은 통나무는 보잘것없어 보이지만 신하 부리듯 할 수 없다. 통나무의 정신을 가지면 만물이 그에게 돌아온다. 이름 없던 통나무가 다양한 기물이 되면 이름이 붙는다. 통나무로 만든 그릇은 한계가 있으니 그 그릇에서 멈출 수밖에 없다. 그릇을 벗어나려 하면 그릇으로서도 위태롭다. 임금과 제후가 통나무 같은 정신을 지닌 만물의 신하가 되면 만물이 이들을 손님처럼 자연히 잘 대접할 것이다. 도는 소박함에 머문다.

| 필사하기 |

● **名亦旣有**(명역기유)**면 夫亦將知止**(부역장지지)**니라.**

*亦(또 역), 旣(이미 기), 有(있을 유), 夫(무릇 부), 將(장차 장), 止(그칠 지)

【이름이 이미 있으면 그칠 줄 알아야 한다.】

■ 『논어』「자로」 子曰(자왈), 其身正(기신정)이면 不令而行(불령이행)하고 其身不正(기신부정)이면 雖令不從(수령부종)이니라.

*身(몸 신), 正(바를 정), 令(명령 령), 行(갈 행), 雖(비록 수), 從(따를 종)

【공자 가로되, 그 몸을 바르게 하면 명령하지 않아도 행하고, 그 몸을 바르게 하지 않으면 비록 명령해도 따르지 않는다.】

『도덕경』과 『논어』로 우리 삶의 균형 찾기

명령이 없어도 고르게 된다는 것에 노자와 공자의 견해는 같다. 노자는 도를 지킬 때 위태롭지 않게 되고, 공자는 몸을 바르게 할 때 명령하지 않아도 행해진다고 말한다. 천지가 조화를 이루면 꽃이 피고 삶은 평화롭다. 이름을 얻으면 그 얻음에 만족한다. 사람의 불행은 욕심에서 온다. 항상 처음을 생각하면 지금 이룬 것만으로도 행복하다. 미래는 불안하고 과거는 고난일지라도 추억이 되어 회상으로도 행복하다.

제33장 제자리, 만족을 아는 것이 부유함이다

거울 속 내 얼굴은 거울 밖 내 얼굴과 같지 않다.
나는 거울 속 나를 보고
거울 속 나는 거울 밖 나를 본다.
그나마 잘 봐야 거꾸로 된 내 얼굴,
머리 뒤통수를 보려고 고개를 숙이면 거울을 보지 못하고
거울을 보면 뒷머리가 보이지 않는다.
거울이 아닌 나의 눈으로 나를 보고

그 자리에 멈추면
나를 알고 나를 이긴다.

| 본문 |

知人者智(지인자지)하고　　　남을 아는 것은 지혜이고
自知者明(자지자명)하니라.　　자기를 아는 것이 밝음이다.
勝人者有力(승인자유력)하고　남을 이기는 것은 힘 있음이며
自勝者强(자승자강)하니라.　　자기를 이기는 것은 강함이다.
知足者富(지족자부)하고　　　만족을 아는 것이 부유함이고
强行者有志(강행자유지)니라.　힘써 행하는 것이 뜻있음이다.
不失其所者久(부실기소자구)하고　제자리를 잃지 않아야 영구하고
死而不亡者壽(사이불망자수)니라　죽으나 없어지지 않아야 오래 산다.

| 해석과 감상 |

　제자리는 도(道)가 있는 자리, 사이불망자(死而不亡者, 죽어도 죽지 않는 것 또는 사람)는 무위자연의 도를 체득하여 영생을 얻는 사람이다. 도의 경지에 도달한 사람을 일컫는다. 델포이 신전에 새겨진 글을 소크라테스가 사용해서 더 유명한 '너 자신을 알라'와 상통한다. 『한비자』「해로(解老)」편에서 언급하고 있다.

　사람의 시선은 타인을 향한다. 두 눈은 나의 앞을 향하고, 두 귀는 남들 소리를 향해 쫑긋 서 있다. 입은 밖을 집어삼키려 열리고, 두 코는 아래의 음식으로 뚫려 있다. 두 발은 앞뒤로 나아가거나 물러서려 펴져 있고, 두 팔은 세상을 저으려 우주를 향한다. 나의 신체는 어느 하나 나를 향하고 있

지 않다. 나를 향한 다음에 밖으로 나아갈 때 나를 이기고 강해진다.

| 필사하기 |

● 自知者(자지자)**는** 明(명)**이요** 自勝者(자승자)**는** 強(강)**이라.**

*自(스스로 자), 知(알 지), 者(사람 자), 明(밝을 명), 勝(이길 승), 強(굳셀 강)

【자기를 아는 것이 밝음이며, 자기를 이기는 것이 강함이다.】

● 死而不亡者(사이불망자)**는** 壽(수)**니라.**

*死(죽을 사), 亡(잃을 망, 멸망할 망), 者(사람 자), 壽(목숨 수, 오래 살 수)

【죽으나 잊히지 않는 사람이 오래 산다.】

■ 『논어』「안연」 問仁(문왈)[66] 子曰(자왈) 克己復禮爲仁(극기복례위인)**이니라.**

*問(물을 문), 仁(어질 인), 克(이길 극), 復(돌아올 복), 禮(예도 례), 爲(할 위)

【인에 관해 묻자 공자가 말씀하시길 자기를 이기고 예로 돌아가면 인이 이루어진다.】

『도덕경』과 『논어』로 우리 삶의 균형 찾기

노자는 자기를 이기는 것이 강함이라 말하고, 공자는 자기를 이기고 예로 돌아가라 말한다. 자기를 알고 자기를 이겨야 삶이 완성된다. 가장 큰 싸움은 자기와의 싸움이다. 나의 부정적 속성을 긍정적 속성이 이겨야 강한 사람이다. 많은 사람이 남들에 대해서는 평가하지만, 자신에 대해서는 돌아보지 않는다. 상대가 하는 말이 나의 모습이다. 상대를 설득하는 것은

---

66. 안연(顔淵)이 인에 관해 묻자 공자가 답변한 내용이다. 공자는 예가 아니면 보지 말고, 예가 아니면 듣지 말고, 예가 아니면 말하지 말며, 예가 아니면 움직이지 말라고 말한다.

변명이다.

제34장 큰 도는 어디에나 머물고, 크다고 하지 않아 크다

사람들은 큰 것을 추구하기에 작아진다.
이름을 가지려 하기에 이름을 얻지 못한다.
주인이 되려 하기에 떠돌이 나그네가 된다.
사람은 존재감으로 산다.
사람은 으스대려고 돈을 벌고
사람은 자랑을 섭취하며 성장한다.
이런 까닭으로 사람은 이룰수록 작아진다.
노자는 공을 이루나 나서지 않아 더욱 크다.
없어지지 않는 이름을 굳이 드러낼 것 없다.

| 본문 |

大道氾兮(대도범혜)라	큰 도가 넘쳐흐르는구나!
其可左右(기가좌우)라.	큰 도는 좌우로 갈 수 있다.
萬物(만물)이	만물이
恃之而生而不辭(시지이생이불사)하고	이를 의지하여 생성하나 사양하지 않고
功成不名有(공성불명유)하며	공을 이루고도 이름을 갖지 않으며
衣養萬物而不爲主(의양만물이불위주)니라.	만물을 입히고 기르면서도 주인이 되려 하지 않는다.
常無欲(상무욕)이니	언제나 욕심이 없으니

可名於小(가명어소)요	'작다'라고 이름 붙일 수 있고
萬物歸焉而不爲主(만물귀언이불위주)니	만물이 돌아오지만 주인이 되지 않으니
可名爲大(가명위대)라.	가히 '크다'라고 이름 붙일 수 있다.
以其終不自爲大(이기종불자위대)라	그 끝이 스스로 '크다'라고 하지 않는지라
故能成其大(고능성기대)니라.	그러므로 능히 그 큼을 이룰 수 있다.

| 해석과 감상 |

　도는 어머니처럼 낳아 기르면서 자식의 주인 노릇을 하지 않는다. 공을 이루고도 이름을 갖지 않고 만물을 기르면서도 주인이 되려 하지 않아 작은 것처럼 보인다. 도는 모든 것을 이롭게 하면서 욕심 없는 상태라서 '크다'라고 말한다. 도는 간섭하지 않는다. 도는 주인이면서 주인이라 내세우지 않는다. 도는 언제나 그 자리에 있어서 보는 자, 즐기는 자, 인식하는 자의 것이다. 도를 다르게 인식하고 있지만 공자도 아침에 도를 들으면 저녁에 죽어도 좋다고 말한다.

| 필사하기 |

● **以其終不自爲大**(이기종부자위대)**라 故能成其大**(고능성기대) **니라.**

*終(끝날 종), 故(예 고, 그러므로 고), 能(능할 능), 成(이룰 성)

【끝이 스스로 '크다'라고 하지 않는지라 큼을 이룰 수 있다.】

제35장 도는 담담하여 맛이 없다, 집밥으로 산다

교언영색(巧言令色)하는 이는 순간이지만
담담한 친구는 언제나 조급하지 않아 길다.
음식점 앞에서 풍기는 냄새가 발걸음을 멈추게 하나
그 냄새에 물리면
집밥이 그립다.
향수를 따라 고개를 돌리나
향수에 코가 피로해지면
매양 맡던 공기가 그립다.

| 본문 |

執大象(집대상)하여	큰 형상을 잡아
天下往(천하왕)하니	천하가 가니
往而不害(왕이불해)하고	가서 해치지 않고
安平太(안평태)하리라.	안락하고 평온하며 태평하다.
樂與餌(낙여이)는	음악과 음식에는
過客止(과객지)거니와	나그네가 발을 멈추나
道之出口(도지출구)면	도가 입에서 나오면
淡乎其無味(담호기무미)하니라.	담담하여 맛이 없다.
視之不足見(시지부족견)이요	보아도 보는 것이 만족스럽지 않고
聽之不足聞(청지부족문)이니	들어도 듣는 것이 만족스럽지 않다.
用之不足旣(용지부족기)니라.	(그러나) 이를 써도 다함이 없다.

| 해석과 감상 |

도는 무미건조한 것처럼 보이나 써도 끝이 없다. 이 장은 도의 단순성을
말한다. 세속적인 쾌락은 그 빛을 오래가지 못하고 담담한 도가 영원하다.
찬란한 빛은 눈을 부시게 하여 그 빛을 오래 바라보지 못한다. 산해진미일
지라도 무한정 먹을 수 없고 그 맛이 처음과 같지 않다. 마약이나 술 등 황
홀함을 주는 기호식품을 계속 먹으면 건강에 해롭다. 흑백처럼 꾸밈없는
색은 오래 가지만 빨간 글씨는 햇볕에 쉽게 탈색된다. 순간에 황홀해지면
오래 가지 못한다. 담담한 맛, 수수한 차림, 편안한 소리, 꾸밈없는 친구가
오래 간다. 노자는 이를 '도(道)'라 하고 '현(玄)'이라 말한다.

| 필사하기 |

● 道之出口(도지출구)면 淡乎其無味(담호기무미)하니라.

*道(도 도), 出(날 출), 口(입 구), 淡(맑을 담), 無(없을 무), 味(맛 미)

【도가 입에서 나오면 담담하여 맛이 없다.】

■ 『논어』「이인」子曰(자왈), 士志於道(사지어도)이어도 而恥
惡衣惡食者(이치오의오식자)는 未足與議也(미족여의야)니라.

*志(뜻 지), 恥(부끄러울 치), 惡(싫을 오), 食(밥 식), 與(더불 여), 議(의논할 의)

【공자 가로되, 선비가 도에 뜻을 두어도 싫어하는 옷과 싫어하는 음식을
부끄러워하는 자는 함께 의논할 것이 없다.】

■ 『논어』「헌문」子曰(자왈), 君子道者三(군자도자삼)이나 我無
能焉(아무능언)이니라. 仁者不憂(인자불우)하고 知者不惑(지
자불혹)하며 勇者不懼(용자불구)니라.

*憂(근심할 우), 惑(미혹할 혹), 勇(용기 용), 懼(두려워할 구)

【공자 가로되, 군자의 도는 세 가지인데 나는 할 수 없다. 어진 사람은 근

심하지 않고, 지혜로운 사람은 미혹되지 않으며, 용감한 사람은 두려워하지 않는다.】

『도덕경』과 『논어』로 우리 삶의 균형 찾기

　노자의 도는 담담하여 맛이 없고, 공자의 도는 사람이 가야 할 실천이 어려운 길이다. 노자는 도를 보고 듣는데 만족스러움이 없는 것이라 표현하고, 공자는 진심을 다하는 것, 남을 사랑하는 것이라고(37장 참조) 구체화한다. 노자의 도는 담담하여 관심을 끌지 못하는 것이며, 공자의 도는 적극적으로 행동하며 드러내는 도이다.

제36장 미묘한 밝음, 부드러움이 굳셈을 이긴다

어두워야 밝아진다.
굽혀야 편다.
감아야 뜬다.
닫아야 연다.

내 마음을 죽여야 내 몸이 산다.
내 몸의 욕심을 죽여야 정신이 산다.
내 몸과 정신을 죽여야 세상이 세상으로 보인다.

없어야 채운다, 없애야 채워진다.

| 본문 |

將欲歙之(장욕흡지)면　　　　　　　오므리려면

必固張之(필고장지)하고	반드시 도리어 펴야 하고
將欲弱之(장욕약지)면	약하게 하려면
必固强之(필고강지)하고	반드시 도리어 강해야 한다.
將欲廢之(장욕폐지)면	없어지게 하려면
必固興之(필고흥지)하고	반드시 잘되어 일어나야 하고
將欲奪之(장욕탈지)면	빼앗으려면
必固與之(필고여지)니	반드시 진실로 줘야 하니,
是謂微明(시위미명)이라.	이것을 일러 미묘한 밝음이라 한다.
柔弱勝剛强(유약승강강)하니라.	부드럽고 약한 것이 굳세고
	강한 것을 이긴다.
魚不可脫於淵(어불가탈어연)하며	물고기는 연못에서 나올 수 없다.
國之利器(국지리기)를	나라의 날카로운 무기를
不可以示人(불가이시인)이니라.	사람들에게 보여서는 안 된다.

| 해석과 감상 |

국가를 통치할 때 강함을 보여서는 안 된다. 강함을 이기는 것은 약함이기 때문이다. 한비자는 노자를 자신의 정치 논리로 끌어들여 이해하고 적용한다. 굽혀야 편다. 앉아야 일어선다. 폭풍 전야는 고요하다. 술은 취해야 깬다. 어둠 뒤에 밝아진다. 개구리는 움츠린 후 뛴다. 죽어야 산다. 골프는 부드러워야 강하게 친다. 『한비자』「유로(노자를 비유하다)」편에서 언급한 부분이다.

물고기는 연못에서 나올 수 없다. 유약함이 강강을 이긴다고 해서 부드럽고 약한 고기가 굳세고 강한 모습을 보여주려고 연못 밖으로 나오면 죽는다. 자신의 능력을 뽐내기 위해 나서면 죽게 된다. 그러므로 백성들에게 날카로운 무기를 보여주어 백성들이 무기를 들고 생활의 터전을 뛰쳐나가지 않도록 해야 한다. 이는 노자가 이야기하는 유약이 아니다.

| 필사하기 |

● 柔弱勝剛强(유약승강강)[67]이니라.

*柔(부드러울 유), 弱(약할 약), 勝(이길 승), 剛(굳셀 강), 强(강할 강)

【부드럽고 약한 것이 굳세고 강한 것을 이긴다.】

■『논어』「이인」 子曰(자왈), 剛毅木訥(강의목눌)이 近仁(근인)이니라.

*剛(굳셀 강), 毅(굳셀 의), 木(나무 목, 꾸밈없다, 질박하다), 訥(말 더듬을 눌)

【공자 가로되, 강직함, 굳셈, 꾸밈없음, 어눌함이 인에 가깝다.】

『도덕경』과 『논어』로 우리 삶의 균형 찾기

노자는 유약이 강강을 이긴다고 말하고, 공자는 강직함과 굳셈, 어눌함이 인에 가깝다고 한다. 노자는 유약을 말하고, 공자는 굳셈을 말한다.

제37장 욕심이 없어야, 하지 않아 고요해진다

소나무를 자주 옮기면 죽는다.
계절이 아닐 때 옮겨도 죽고
토질에 맞지 않아도 죽고
방향이 맞지 않아도 죽는다.

---

67. 『논어』에는 유약(柔弱)에 대해서는 언급이 없다.

굳이 하려면 가지치기를 할 뿐이다.

아무것도 하지 않아야 제대로 자란다.

간섭하지 않을 때 제멋으로 아름답다.

| 본문 |

道常無爲(도상무위)하나	도는 언제나 하는 것이 없으나
而無不爲(이무불위)니라.	하지 않는 것이 없다[68].
侯王若能守之(후왕약능수지)면	왕과 제후가 이를 지킬 수 있으면
萬物將自化(만물장자화)니라.	만물이 저절로 교화된다.
化而欲作(화이욕작)이면	교화되어 욕심이 일어나면
吾將鎭之(오장진지) 以無名之樸	나는 이름 없는 통나무로 이를
(이무명지박)이라.	억누른다.
無名之樸(무명지박)이면	이름 없는 통나무면
夫亦將無欲(부역장무욕)이니	장차 욕심이 없어지니
不欲以靜(불욕이정)이면	욕심이 없어져 고요해지면
天下將自定(천하장자정)하리라.	천하가 저절로 안정된다.

| 해석과 감상 |

이 장에서는 무위의 원리를 다시 강조한다. 기술, 기교, 화려함 등의 작위는 부자연스러움이다. 수다는 말을 왜곡한다. 진실한 말은 길지 않다. 함포고복처럼 좋은 정치는 정치하는 사람이 드러나지 않는다. 無爲而無

---

68. 모든 것을 한다.

不爲(무위이무불위)는 38장, 48장에서 엿볼 수 있다. 『장자』「지락 편」「경상초 편」「칙양 편」에서 유사한 문구를 찾을 수 있다.

| 필사하기 |

● 道常無爲(도상무위)하나 而無不爲(이무불위)니라.

*道(도 도), 常(항상 상), 無(없을 무), 爲(할 위)

【도는 언제나 하는 것이 없으나, 하지 않는 것이 없다.】

■ 『논어』「이인」 曾子曰(증자왈), 夫子之道(부자지도)는 忠恕而已矣(충서이이의)니라.

*曾(일찍 증), 夫(남편 부), 道(길 도), 忠(충성 충, 정성), 恕(용서할 서)

【증자 가로되 선생의 도는 충(정성)과 서(용서)일 뿐이다.】

『도덕경』과 『논어』로 우리 삶의 균형 찾기

노자의 도는 무위이고, 공자의 도는 충과 서이다. 충(忠)은 마음(心)의 중심(中)에서 진심을 다하는 것, 정성을 다하는 것이며, 서(恕)는 마음(心)이 같은(如) 것으로 사랑이다. 진심을 다하는 정성과 자신의 마음과 같게 남을 사랑하는 것이 공자에게는 도이다. 충과 서를 하나로 묶어서 정성을 다한 사랑으로 표현할 수 있다. 군자가 도를 배우면 남을 사랑한다는 『논어』「양화」편의 내용과 상통한다.

하편(下篇), 덕경(德經)

제38장 훌륭한 덕은 억지가 없어 자연스럽다

최상의 덕은 억지가 없다.
지극함은 인위와 강요가 따른다.
도가 사라진 맨 끝에 예가 굽신거리며
그 예는 열매가 아닌 꽃에 머무른다.

꽃은 열매를 위한 미소,
꽃은 순간이고 열매가 영원이다.
꽃이 떨어진 후에 열매 맺는다.

| 본문 |

上德不德(상덕부덕)하니	상덕은 덕이라 하지 않아
是以有德(시이유덕)이요	덕이 있고
下德不失德(하덕부실덕)하니	하덕은 덕을 잃지 않으려 하기에
是以無德(시이무덕)이니라.	덕이 없다.
上德無爲而無以爲(상덕무위이무이위)	상덕은 무위라서 인위가 없고
下德爲之而有以爲(하덕위지이유이위)	하덕은 이[69]를 행하되

---

69. 爲之(위지)의 지(之)는 지시대명사로 앞에 나온 것을 가리킨다. 지(之)는 앞의 상덕의 덕(德)을 가리키는 것으로 보아야 한다. 이 경우 '위지'는 '덕을 이룬다', '덕을 행한다'의 뜻이 되므로 '훌륭한 어짊은 덕을 이루는데 인위가 있고' 곧 억지로 덕을 이루려 한다는 의미로 해석할 수 있다. 상덕만이 인위가 없고 나머지는 인위가 있다. 노자는 인위의 끝

니라.

인위[70]가 있다.

上仁爲之而有以爲
(상인위지이유이위)하고

지극한 어짊[71]은 이를
행하되 인위가 있고

上義爲之而有以爲
(상의위지이유이위)하며

지극한 의로움은 이를
행하되 인위가 있으며

上禮爲之而莫之應
(상례위지이막지응)이면

지극한 예는 이를 행하는데
응함이 없으면

則攘臂而扔之(즉양비이잉지)하니라.

팔을 휘두르며 당겨 강요한다.

故失道而後德(고실도이후덕)이요

그러므로 도를 잃으면 뒤에
덕이 있고

失德而後仁(실덕이후인)이요

덕을 잃으면 뒤에 인이 있고

失仁而後義(실인이후의)요

인을 잃으면 뒤에 의가 있고

失義而後禮(실의이후례)니라.

의를 잃으면 뒤에 예가 있다.

夫禮者(부례자)는

무릇 예라는 것은

忠信之薄(충신지박)이니

충성과 신의의 껍질이며

而亂之首(이란지수)요

혼란의 머리이다.

前識者(전식자)는

앞서 아는 것[72]은

道之華(도지화)요

도의 꽃이며

이 예(禮)이고 그 예는 혼란의 머리, 어리석음의 시작이라고 말한다.

70. 작위(作爲).

71. 지극한 어짊, 지극한 의로움, 지극한 예 등은 부정적 의미로 쓰였다.

72. 前識者(전식자)는 부정적인 속성이다. '도의 꽃'도 마지막 문장을 보면 대장부가 머무르지 않는 부정적인 면의 표현이다. '앞서 안다는 것'은 어리석음의 시작에 해당하는 예, 의, 인 등이라 할 수 있다.

而愚之始(이우지시)라	어리석음의 시작이다.
是以大丈夫處其厚(시이대장부처기후)요	그러므로 대장부는 중후한 곳에 처하고
不居其薄(불거기박)하며	얇은 데 거주하지 않는다.
處其實(처기실)이요	열매에 머무르고
不居其華(불거기화)니라.	꽃에 거주하지 않는다.
故去彼取此(고거피취차)하니라.	후자를 버리고 전자를 택한다.

| 해석과 감상 |

덕(德)은 득(得)이다. 덕이란 도를 획득하는 것, 체득한 도를 말한다. 노자의 도는 인간을 초월한 자연의 도를 뜻하며, 유교의 도는 군자의 도, 인륜의 도, 인간의 도를 말한다. 시대가 갈수록 노자의 삶의 방식에서 멀어져 거짓 삶을 산다. 이런 이유로 노자의 사상은 더 빛난다. 상편(上篇) 도경(道經)의 첫 장인 제1장은 도가도비상도(道可道非常道), 하편(下篇) 덕경(德經) 첫 장인 제38장은 상덕부덕(上德不德)으로 시작한다. 이를 합하여 도덕경(道德經)이라 한다. 그렇다고 도경이 도에 대해서만 덕경이 덕에 대해서만 말하지 않는다. 노자는 그가 말하는 도덕(道德)을 상덕(上德)이라 하고, 유교의 덕은 하덕(下德)으로 본다. 최상의 덕은 자연스러워 예가 필요 없다. 도와 덕을 잃은 후에 인과 의와 예를 숭상한다. 덕은 내세우지 않는다. 자신이 무언가 부족하다면 우리 조상들은 자신의 부덕으로 그 탓을 돌렸다. 부덕은 꼬집어서 따질 수 있는 성질이 아니다. 전체이다. 최선을 다한 후 '제 부덕 때문입니다'라는 말을 하는 사람은 이미 덕이 있다. 『한비자』 「해로(解老)」편과 『장자』 「마제」 「거협」 「천도」 「지북유」 등을 참고하면 도움이 된다. 상덕부덕은 『장자』 「추수」 편에 나오는 '지덕부덕(至德不德)'과 같은 뜻이다. 하급의 덕은 자기의 덕에 집착하여 덕이 없다.

| 필사하기 |

● 上德不德(상덕부덕)하니 是以有德(시이유덕)이니라.

*德(덕 덕), 是(이 시, 옳을 시)

【상덕은 덕이라 하지 않아 덕이 있다.】

● 處其實(처기실)이요 不居其華(불거기화)니라.

*處(곳 처), 實(열매 실), 居(살 거), 華(꽃 화)

【열매에 머무르고 꽃에 거주하지 않는다.】

■『논어』「헌문」 子曰(자왈), 有德者必有言(유덕자필유언)이요
有言者不必有德(유언자불필유덕)이니라.

*有(있을 유), 德(덕 덕), 者(사람 자), 必(반드시 필), 言(말씀 언)

【공자 가로되, 덕이 있는 사람은 반드시 말이 있고, 말이 있는 사람은 반
드시 덕이 있는 것이 아니다.[73]】

■『논어』「이인」 子曰(자왈), 德不孤(덕불고)라 必有鄰(필유린)
이니라.

*德(덕 덕), 孤(외로울 고), 必(반드시 필), 有(있을 유), 隣(이웃 린)

【공자 가로되, 덕은 외롭지 않다. 반드시 이웃이 있다.】

■『논어』「자한」 子曰(자왈), 苗而不秀者(묘이불수자), 有矣夫
(유의부)로다! 秀而不實者(수이부실자), 有矣夫(유의부)구나!

---

73. 덕행이 높은 사람은 반드시 훌륭한 말을 하지만 바른 말을 한다고 반드시 덕행이 높은
사람은 아니다. 언(言)을 바른 말, 훌륭한 말, 깨우칠 만한 말 등으로 해석할 수 있다. 언
(言)을 저술이나 뛰어난 글로 넓게 해석할 수 있다.

*苗(모 묘), 秀(빼어날 수, 꽃 필 수), 矣(어조사 의, 영탄의 뜻), 實(열매 실)

【공자 가로되, 싹이 나와도 꽃이 없는 것이 있구나! 꽃이 피었는데 열매가 없는 것이 있구나!】

■『대학』「전10장」德者(덕자)는 本也(본야)요 財者(재자)는 末也(말야)니라.

*德(덕 덕), 本(근본 본), 財(재물 재), 末(끝 말)

【덕은 근본이요, 재물은 말단이다.】

『도덕경』과 『논어』로 우리 삶의 균형 찾기

노자는 덕이 열매를 따른다고 하고, 공자는 덕이 외롭지 않다고 말한다. 노자는 덕이 도를 따른다고 말하고, 공자는 이웃이 덕과 함께한다고 한다. 노자는 꽃이 아니라 열매에 머문다고 말하고, 공자는 꽃이 피지 못할 수도 있고, 열매를 맺지 못할 수도 있다며 최선을 다할 것을 주문한다. 공자의 손자 자사가 쓴 『대학』은 덕이 근본이라 말한다.

제39장 하나의 의미, 도는 천함과 아래에 자리한다

하나에서 시작하고 하나로 모인다.
하나는 뿌리이며 아래가 근본이다.
하나는 오뚝이의 중심이며 하나는 가벼움의 중심이다.
하나는 수식어 없는 명사이며 하나는 맨얼굴이다.

꾸밈은 얼굴의 화장이어서
얼굴이 없으면 꾸밈이 필요 없다.
그러므로 모두가 하나로 돌아간다.

| 본문 |

昔之得一者(석지득일자)라.　　　　옛날에 하나를 얻었다.

天得一以淸(천득일이청)하며　　　　하늘은 하나를 얻어 맑으며

地得一以寧(지득일이녕)하며　　　　땅은 하나를 얻어 평안하고

神得一以靈(신득일이령)하며　　　　신은 하나를 얻어 영험하며

谷得一以盈(곡득일이영)하며　　　　계곡은 하나를 얻어 가득하고

萬物得一以生(만물득일이생)하며　만물은 하나를 얻어 생성하며

侯王(후왕)은 得一以爲天下貞　　　제후와 왕은

(득일이위천하정)하니　　　　　　　하나를 얻어 천하를 바르게 한다.

其致之一也(기치지일야)니라.　　　그것들이 이를 이루는 것이

　　　　　　　　　　　　　　　　하나이다.

天無以淸(천무이청)이면　　　　　　하늘이 맑음이 없으면

將恐裂(장공렬)이요　　　　　　　　장차 무너질까 두렵고

地無以寧(지무이녕)이면　　　　　　땅이 평안하지 않으면

將恐發(장공발)이요　　　　　　　　장차 일어날까 두렵다.

神無以靈(신무이령)이면　　　　　　신이 영험하지 않으면

將恐歇(장공헐)이요　　　　　　　　장차 쉴까 두렵고

谷無以盈(곡무이영)이면　　　　　　계곡이 차지 않으면

將恐竭(장공갈)이요　　　　　　　　장차 말라버릴까 두렵다.

萬物無以生(만물무이생)이면　　　　만물이 생성되지 않으면

將恐滅(장공멸)이요　　　　　　　　장차 없어질까 두렵고

侯王無以貴高(후왕무이귀고)이면　제후와 왕이 고귀함이 없으면

將恐蹶(장공궐)이니　　　　　　　　장차 넘어질까 두렵다.

故貴以賤爲本(고귀이천위본)하고　그러므로 귀함은 천함으로

	근본을 삼고
高以下爲基(고이하위기)라.	높음은 아래를 터로 삼는다.
是以後王(시이후왕)이	이런 까닭에 후대의 왕이
自謂孤寡不穀(자위고과불곡)이라 하니	스스로 외로운 사람, 짝 잃은
	사람, 가진 게 없는 자라 하니
此非以賤爲本邪(차비이천위본사)인가,	이것이 천함으로 근본이 되는
非乎(비호)인가?	것이 아닌가? 그렇지 않은가?
故致數譽無譽(고치삭예무예)니	그러므로 자주 명예에 이르면
	명예가 아니니
不欲琭琭如玉(불욕록록여옥)하고	구슬처럼 아름답고 맑은소리를
	내려 하지 말고
珞珞如石(낙락여석)하니라.	돌처럼 볼품없고 담담한
	소리를 내라.

| 해석과 감상 |

도(道)인 하나를 근본원리로 삼는다. 하나에서 시작하고 하나로 모인다. 도는 아래를 근본으로 삼는다. 하늘은 맑고, 땅은 평안하며, 신은 영험하고, 계곡은 가득 차며, 만물은 생성하고, 제후와 왕은 고귀하다. 이들은 천함에 바탕을 둔다. 그러니 돌처럼 볼품없고 담담한 소리를 내야 한다. 고대 중국의 군주는 스스로를 낮추어 표현하였다. 고(孤, 홀로 된 사람), 과(寡, 덕이 적은 사람), 불곡(不穀, 가진 게 없는 사람. 개인적 재산이 없는 사람)으로 비어 있는 사람이다. 이 장은 후대에 일부 문장이 끼어든 것으로 비판받아 왔다.

| 필사하기 |

● 貴以賤爲本(귀이천위본)하고 高以下爲基(고이하위기)라.

* 貴(귀할 귀), 賤(천할 천), 本(근본 본), 高(높을 고), 基(터 기)

【귀함은 천함으로 근본을 삼고, 높음은 아래를 터로 삼는다.】

■ 『논어』「이인」子曰(자왈), 貧與賤(빈여천)은 是人之所惡也
(시인지소오야)나 不以其道得之(불이기도득지)라도 不去也(불거
야)니라.

*貧(가난할 빈), 與(더불 여), 賤(천할 천), 惡(미워할 오), 得(얻을 득)

【공자 가로되, 가난과 천함은 사람들이 싫어하는 것이라 이를 도로써 얻
으면 떠나간다.[74]】

■ 『논어』「태백」子曰(자왈), 邦有道(방유도)면, 貧且賤焉(빈차
천언), 恥也(치야)고, 邦無道(방무도)면, 富且貴焉(부차귀언),
恥也(치야)니라.

*邦(나라 방), 貧(가난할 빈), 賤(천할 천), 恥(부끄러울 치), 富(부유할 부)

【공자 가로되, 나라에 도가 있으면 빈천이 부끄럽고, 나라에 도가 없으
면 부귀가 부끄럽다.】

『도덕경』과 『논어』로 우리 삶의 균형 찾기

노자는 천함과 아래를 근본으로 삼는다고 말하고, 공자는 도가 있으면

---

74. 공자 가로되 부귀는 사람들이 바라는 것이어서 이를 도로 얻지 않으면 머물지 않고, 빈
천은 사람들이 싫어하는 것이어서 이를 도로 얻지 않으면 떠나지 않는다. 부귀는 떠나
려 하고 빈천은 남아 있으려 한다. 이로 보면 부귀는 도로 얻어야 하고, 빈천은 도(道)로
얻으면 떠나게 된다. 여기에서는 '불(不)~, 불(不)~'의 구조에서 불(不)을 모두 삭제하고
해석한다. 그동안 많은 학자 사이에서 뒤 구절의 해석에 논란이 있는 부분이다.

빈천이 떠나간다고 말한다. 노자는 근본의 원인을 말하며 천함과 아래가 출발이라 말하고, 공자는 도가 있을 때에 빈천을 부끄러움이라 말한다. 노자는 담담함으로 변함이 없어야 오래 간다고 말하고, 공자는 도가 없을 때 부귀가 부끄럽다고 말한다.

제40장 순환, 되돌아감이 도의 움직임이다

모든 것은 처음으로 돌아간다.
이별 후에 처음의 사랑을 떠올린다.
강함도 처음의 부드러움으로 돌아가고
다시 돌아온 약함은 강함의 유치함을 감싼다.
강함은 뻣뻣함이며 뻣뻣함은 죽음이다.
죽은 후에 흙으로 돌아가 처음처럼 부드러워진다.
부드럽고 약함에서 다시 천하 만물이 탄생한다.

| 본문 |

反者(반자)는 道之動(도지동)이요   되돌아가는 것이 도의 움직임이고
弱者(약자)는 道之用(도지용)이니   약한 것이 도의 쓰임이다.
天下萬物生於有(천하만물생어유)하고   천하 만물이 유(有)에서 생겨나고
有生於無(유생어무)니라.   유(有)는 무(無)에서 생겨난다.

| 해석과 감상 |

유(有)를 온전하게 하려면 무(無)로 되돌아가야 한다. 유(有)는 무(無)를 근본으로 삼는다. 되돌아감을 반(反), 환(還), 복(復), 복귀(復歸) 등으로 표현

하는데『도덕경』에 일관되게 나타난다. 되돌아갈 곳은 도(道)이며, 최초의 자리이다. 이 장은『도덕경』에서 가장 짧은 장이며, 많이 알려진 장이다.

최초에 무에서 유가 나오고, 이후에는 유가 씨앗이 된다. 세상은 순환이다. 씨앗은 부드러움으로 뿌리를 내리고 잎과 줄기를 만든다. 잎과 줄기가 강해지고 열매를 맺은 후에는 원래의 자리로 되돌아가서 흙의 부드러움으로 새싹을 틔운다. 약해야 단단함을 깰 수 있다. 강함과 약함은 서로 보완 관계에 있다.

| 필사하기 |

● 反者(반자)는 道之動(도지동)이요 弱者(약자)는 道之用(도지용)이니라.

*反(되돌릴 반), 道(도 도), 動(움직일 동), 弱(약할 약), 用(쓸 용)

【되돌아가는 것이 도의 움직임이고, 부드럽고 약한 것이 도의 쓰임이다.】

■『중용』「제1장」 天命之謂性(천명지위성)이고 率性之謂道(솔성지위도)이며 修道之謂敎(수도지위교)니라.[75]

*天(하늘 천), 命(목숨 명), 謂(이를 위), 性(성품 성), 率(거느릴 솔), 道(길 도), 敎(가르칠 교)

【하늘이 명하는 것을 성(性)이라 하고, 성을 따르는 것을 도(道)라 하며, 도를 닦는 것을 교(敎)라고 한다.】

■『대학』「경1장」 大學之道(대학지도)는 在明明德(재명명덕)하

---

75. 사람은 배워야(敎)하고, 그 배움에는 길(道)이 있고, 길은 바로 본성(性)에 바탕을 두며, 본성은 태어나면서부터 저절로 갖추어진 것이다.

고 在親民(재친민)하며 在止於至善(재지어지선)이니라.

*學(배울 학), 德(덕 덕), 親(친할 친), 止(그칠 지, 머무르다), 善(착할 선)

【큰 배움의 도는 밝은 덕을 밝히는 데 있고, 백성을 사랑함에 있고, 지극한 선에 이르도록 하는 데 있다.】

노장과 유가 사상으로 삶의 균형 갖추기

노자는 도를 되돌아가는 것, 부드럽고 약한 것이라 말한다. 공자 계열의 경전에서는 성을 따르는 것, 밝은 덕을 밝히는 것이 도라 말한다. 노자는 처음을 말하고, 공자는 근본을 말한다. 『중용』과 『대학』의 위 첫 구절들은 『논어』 첫 구절만큼 유명하다.

제41장 문도(聞道), 어리석은 사람은 도를 보고 웃는다

우리는 지구가 돌아가는 소리를 듣지 못하며
우주의 굉음을 듣지 못하고
쿵쿵 자기 걷는 소리는 듣지 못하며
층간 소음은 천둥소리처럼 듣는다
생명을 호흡하는 공기의 고마움을 모르다가
고산지대에 올라 고산병에 들고서야 산소를 고마워한다.
우리는 또한 부모의 고마움은 깨닫지 못하나
지갑 주워준 나그네에는 몇 번씩 고개 숙인다.
운동선수는 종종 기초로 돌아가려 하나
배우는 자는 흔히 기초를 지겨워한다.
나라 안 경치가 외국 못지않으나
인천공항에 줄지어 선다.

어리석은 이는

가까이 있는 소중한 이를 보지 못하고

보잘것없는 사람을 찾아 떠난다.

눈을 가진 자는 꽃이 없는 데서조차 꽃을 본다.

| 본문 |

上士聞道(상사문도)에	뛰어난 사람은 도를 들으면
勤而行之(근이행지)하고	힘써 행하고,
中士聞道(중사문도)에	보통 사람은 도를 들으면
若存若亡(약존약망)하고	도가 있는 것 같기도 하고 없는 것 같기도 하고,
下士聞道(하사문도)에	못난 사람은 도를 들으면
大笑之(대소지)하나니	크게 웃는다.
不笑不足以爲道(불소부족이위도)라.	웃음거리가 아니면 도라 하기에 부족하다.
故建言有之(고건언유지)니	그러므로 말하는 바가 있으니
明道若昧(명도약매)하고	밝은 도는 어두운 것 같고
進道若退(진도약퇴)하며	앞으로 나아가는 도는 뒤로 물러가는 것 같으며
夷道若纇(이도약뢰)하고	평탄한 도는 울퉁불퉁한 것 같고
上德若谷(상덕약곡)하며	제일가는 덕은 골짜기 같으며
大白若辱(대백약욕)하고	크게 흰 것은 욕된 것 같고
廣德若不足(광덕약부족)하며	넓은 덕은 모자라는 것 같으며

建德若偸(건덕약투)하고	굳은 덕은 보잘것없는 것 같고
質眞若渝(질진약투)하며	참된 실재는 변하는 것 같으며
大方無隅(대방무우)하고	큰 모퉁이에는 모퉁이가 없고
大器晚成(대기만성)하며	큰 그릇은 더디 이루어지며
大音希聲(대음희성)하고	큰 소리는 거의 들리지 않고
大象無形(대상무형)이니	큰 모양은 형체가 없다고 한다.
道隱無名(도은무명)이니라.	도는 숨어 있어서 이름이 없다.
夫唯道(부유도)는	대저 오로지 도만이
善貸且成(선대차성)이니라.	훌륭히 빌려주고 이룬다.

| 해석과 감상 |

도를 대하는 사람들의 태도는 뛰어난 사람, 어중간한 사람, 못한 사람에 따라 다르다. 우스꽝스러운 말일지라도 뛰어난 사람은 지나치지 않으나, 못난 사람은 위대한 진리조차 크게 웃어넘긴다. 큰 모퉁이는 모퉁이 같지 않고, 큰 모양은 형체를 보기 어렵다. 소문으로만 듣는 사람은 매사를 얕잡아 보지만 어느 영역에 입문한 사람은 자신보다 조금만 잘해도 그 위대함에 감탄한다. 운동장에 나서면 헉헉대며 오는 공도 잡지 못하는 이들이 국가대표 축구선수들의 어쩔 수 없는 실수를 보며 감독처럼 선수를 빼라 마라 한다. 세상 어느 하나 웃음거리가 없다. 내가 해보지 않은 것들을 하는 이들은 대부분이 경탄의 대상이다. 내가 꾸준히 하고 있는 것 또한 경탄의 대상이다.

이 글은 역설로 가득하다. 역설(逆說, paradox)은 표면상 모순 같이 보이지만 진실을 내포한 진술을 가리킨다. 브룩스(C. Brooks)는 시의 언어는 역설의 언어라고 말한다. 한국 현대시에서 매우 인상적인 시들은 역설을 사용하고 있다. 한용운의 '님은 갔지마는 나는 님을 보내지 아니하였습니다.', 정지용의 '외로운 황홀한 심사', 김영랑의 '찬란한 슬픔의 봄', 이육사의 '강철로 된 무지개' 등이 역설이다. 역설적 표현의 대표는『도덕경』과『불경』이다. 이는 하나의 속성에 반대되는 속성을 함께 가지고 있다는 점을 상기시킨다. 만남 속에는 이미 이별이 전제되고, 삶 속에는 죽음이 전제된다. 한자(漢字)의 많은 글자는 정반대의 의미를 동시에 가지고 있다. 리(離)는 이별하다처럼 떠나다는 의미가 있지만 굴원의 이소경(離騷經)처럼 만나다의 의미로도 사용한다. 이를 더 확대해보면 남성 속에 여성이 있고, 여성 속에 남성이 있다. 카를 융은 이를 아니마, 아니무스라고 표현한다.

| 필사하기 |

● 上士聞道(상사문도)에 勤而行之(근이행지)하고 下士聞道(하사문도)에 大笑之(대소지)니라.

*聞(들을 문), 道(길 도), 勤(부지런할 근), 行(갈 행), 笑(웃을 소)

【뛰어난 사람은 도를 들으면 힘써 행하고, 못난 사람은 도를 들으면 크게 웃는다.】

● 明道若昧(명도약매)요 廣德若不足(광덕약부족)이요 大方無隅(대방무우)니라.

*若(같을 약), 昧(어두울 매), 廣(넓을 광), 方(모 방), 隅(모퉁이 우, 구석 우)

【밝은 도는 어두운 것 같고 넓은 덕은 모자라는 것 같으며 큰 모퉁이에는 모퉁이가 없다.】

■『논어』「자장」子曰(자왈), 賢者識其大者(현자식기대자), 不賢者識其小者(불현자식기소자).

【현자는 그른 것을 알고, 현자가 아닌 사람은 그 작은 것을 안다.】

『도덕경』과『논어』로 우리 삶의 균형 찾기

노자는 뛰어난 사람은 도를 들으면 힘써 행한다고 말하고, 공자는 현자는 큰 것을 본다고 말한다. 노자는 못난 사람은 도를 들으면 웃어넘기고, 공자는 현자가 아닌 사람은 작은 일을 본다고 말한다. 도를 바라보는 것에 큰 차이가 없다.

제42장 도는 하나를 낳고, 셋은 만물을 낳는다

욕심 많은 소나무는 쌓이는 눈을 모두 받으려다 가지가 찢어지고
부는 바람을 모두 막으려다 줄기가 부러진다.
강한 사람은 더 강한 사람에 무너지지만
부드러운 말은 더 강한 자도 부드럽게 만든다.
억센 말은 후회라는 찌꺼기가 남고
운동조차 혹사하면 빨리 늙고 빨리 죽는다.
강하고 굳센 사람은 명이 짧다.
만물은 덜어내면 보태고
보태면 덜어낸다.

| 본문 |

道生一(도생일)하고	도는 하나를 낳고
一生二(일생이)하며	하나는 둘을 낳으며
二生三(이생삼)하고	둘은 셋을 낳고
三生萬物(삼생만물)하니	셋은 만물을 낳으니
萬物負陰而抱陽(만물부음이포양)하여	만물이 음(陰)을 지고 양을 안아
沖氣以爲和(충기이위화)니라.	기운이 융합하여 조화를 이룬다.

人之所惡(인지소오)는 　사람이 미워하는 바는

唯孤寡不穀(유고과불곡)이나 　오로지 외로운 사람, 짝 잃은 사람, 가진 게 없는 사람이나

而王公以爲稱(이왕공이위칭)이라. 　임금과 공작이 이를 칭호로 삼는다.

故(고)로 　그러므로

物或損之而益(물혹손지이익)하고 　만물은 늘 덜어내면 보태고

或益之而損(혹익지이손)이니라. 　늘 보태면 덜어낸다.

人之所敎(인지소교)를 　사람이 가르치는 바를

我亦敎之(아역교지)하니라. 　내가 또한 이를 가르친다.

强梁者(강량자)는 　강하고 굳센 사람은

不得其死(부득기사)하니 　제명에 죽지 못하니

吾將以爲敎父(오장이위교부)하리라. 　나는 이를 장차 가르침의 아버지로 삼으려 한다.

| 해석과 감상 |

이 장은 조화와 유약(幼弱)의 처세에 대해 말한다. 부드러움을 가르침의 으뜸으로 내세우고 있다. 강하고 굳센 것은 부러지고 깨지기 쉽다. 하나는 태초, 혼돈, 카오스, 블랙홀을 뜻한다. 무(無)의 세계이고 유(有)의 근원이며 어머니이다. 세계 모든 신화는 무에서 천지가 창조되었다고 말한다. 아무것도 없는 데서 유가 창조된다. 인간은 그 까닭을 모르기 때문에 신의 영역이라 말한다. 진공 상태가 해제되면 생물이 탄생한다. 둘은 음과 양을 의미한다. 그리스 신화에서는 땅을 주관하는 가이아가 탄생하고 홀로 낳은 아들 우라노스가 하늘을 관장한다. 이후 셋이 된다. 그리스 신화에서는 하늘이 땅을 어머니로 삼는다. 땅이 근원이며 더 높다. 셋은 음과 양의 조화

로운 카오스의 결합이다. 셋 이후에 세상이 완성된 형태로 존속하기 시작한다. 만물을 덜어내면 보태고, 보태면 덜어내어 조화를 이루며 존재한다.

| 필사하기 |

● 道生一(도생일)**하며** 一生二(일생이)**하며** 二生三(이생삼)**하며** 三生萬物(삼생만물)**하니라.**

*道(길 도), 生(날 생), 萬(일만 만), 物(만물 물)

【하나는 둘을 낳으며 둘은 셋을 낳고 셋은 만물을 낳는다.】

● 物或損之而益(만물손지이익) 或益之而損(손익지이손).

*物(만물 물), 或(혹 혹, 항상 혹), 損(덜 손), 益(더할 익)

【만물은 언제나 덜어내면 보태고 언제나 보태면 덜어낸다.】

● 强梁者(강양자)**는** 不得其死(부득기사)**하니라.**

* 强(굳셀 강), 梁(들보 량, 힘셀 량), 得(얻을 득), 死(죽을 사)

【강하고 굳센 사람은 제명에 죽지 못한다.】

■ 『논어』「술이」 子以四敎(자이사교)**하니** 文行忠信(문행충신)**이니라.**

【공자께서 네 가지로써 가르치니 문(글), 행(실천), 충(정성), 신(믿음)이다.】

『도덕경』과 『논어』로 우리 삶의 균형 찾기

노자는 강하고 굳센 사람은 제명에 죽지 못한다며 이를 가르침의 아버지로 삼는다고 말하고, 공자는 글과 행동과 충심과 믿음을 가르쳤다. 노자는 유약을 말하고, 공자는 학문과 실천, 지극한 정성과 믿음을 내세운다. 노자는 만물의 조화를 말하고, 공자는 노력을 강조한다. 공자가 말하는 실

천과 정성을 노자가 말하는 조화와 유약에 힘쓰면 삶의 균형에 가까워질
것이다.

제43장 지극히 부드러운 것이 견고함을 몰아낸다

요란한 가르침은 자신을 드러내기 위함이나
배우는 자는 말 없는 가르침을 따른다.
망치로도 부술 수 없는 쇳덩이를
보이지 않는 산소가 헐어버린다.
빗물이 산사태를 일으키고
부드러운 침대가 굳은 몸을 풀어준다.
말로 가르치지 않아도
힘써 하지 않아도
제 스스로 유익함을 만든다.
잘 가르친다고 공부 잘하는 것 아니다.

| 본문 |

天下之至柔(천하지지유)가	세상에서 지극히 부드러운 것이
馳騁天下之至堅(치빙천하지지견)하고	세상에서 지극히 견고한 것을 마음대로 몰아내고
無有入無間(무유입무간)하니	'없음(無有)'이 틈이 없는 곳에 들어가니
吾是以(오시이)로	나는 이로써
知無爲之有益(지무위지유익)이로다.	하지 않음의 유익함을 안다.

不言之教(불언지교)와	말없는 가르침과
無爲之益(무위지익)은	하지 않음의 유익은
天下希及之(천하희급지)라.	천하에 이에 미칠 것이 드물다.

| 해석과 감상 |

이 장은 부드러움과 무위의 효용에 대해 찬미한다. 부드러운 물로 다이아몬드를 자르고 빗물이 돌을 패이게 하며, 형태가 없는 물이 틈새가 없는 곳까지 들어간다. 인간세계에서는 비폭력이 폭력을 이긴다. 무리하게 억지로 하지 않는 것이 오히려 이익이다. 하고 싶지 않은 일을 하면 사고가 난다. 입에서 받지 않는 음식을 억지로 먹으면 탈이 난다. 위장 질환이 있어도 마음이 편하면 소화에 큰 고통이 따르지 않고, 스트레스를 받으면 병원의 약도 무용지물이다. 모든 기계의 나사는 억지로 돌리면 망가진다. 고무줄을 늘였다가 놓으면 제자리로 돌아간다. 몸을 억지로 꼰다고 건강해지지 않는다. 배움이 많거나 나이가 많으면 가르치려 한다. 이때 가르침은 훈계가 따르기 십상이니 그 가르침은 가르치지 않은 것보다 못하다. 가르침은 행동이 제일이다.

| 필사하기 |

● 不言之教(불언지교)하고 無爲之益(무위지익)이라.

*言(말씀 언), 教(가르칠 교), 無(없을 무), 爲(할 위), 益(더할 익)

【말없이 가르치고, 하지 않은 것이 이익이다.】

■ 『논어』「위령공」子曰(자왈), 有教無類(유교무류)라.

*有(있을 유), 教(가르칠 교), 無(없을 무), 類(무리 류)

【공자 가로되, 가르침에 차별이 없다[76].】

■『논어』「태백」子曰(자왈), 學如不及(학여불급)하고 猶恐失
之(유공실지)니라.

*及(미칠 급, 이를 급), 猶(오히려 유), 恐(두려울 공), 失(잃을 실)

【공자 가로되, 배움은 미치지 못할 것같이 하고, 오히려 배운 것을 잃을
까 두려워한다.】

『도덕경』과 『논어』로 우리 삶의 균형 찾기

노자는 말 없는 가르침을 행하고, 공자는 차별 없이 언제 어느 곳에서나
가르친다. 곧, 노자는 가르치지 않고 자연에 맡기나, 공자는 스스로 늘 배
우려 하고 가르치려 하며 배움에 초조해하면서 배운 것을 잃을까 걱정한
다. 노자는 배움을 그치면 근심이 없다고 말하고, 공자는 배워야 기쁘다고
말한다. 노자는 배움이 인간에게 행복 대신 고통을 주었다고 생각하며, 공
자는 배움과 가르침으로 세상을 살아가야 한다고 생각한다. 노자는 배움
없이 행복한 이들을 보고, 공자는 배워서 행복한 이들을 본다.

제44장 지나친 사랑은 크게 어그러져 미움을 낳는다

크게 화내면 자신에게 화가 나고
화를 참으면 화가 속병이 된다.
그침을 알면 호수처럼 잔잔해진다.
느리지도 빠르지도 않아야 먼 길을 가고

---

76. 가르치면 선악 등 부류가 없어진다로 해석도 한다.

담소를 즐기며 먹는 음식이 맛있다.
홍수는 세상을 휩쓸고 이내 멎기 마련이니
지나친 사랑은 증오를 낳을 수 있다.
그침을 알면 물이 맑아지고
스스로 만족하면 시나브로 큰 나무가 된다.

| 본문 |

名與身孰親(명여신숙친)이리오?	명성과 몸 중 어느 것이 좋은가?
身與貨孰多(신여화숙다)리오?	몸과 재화 중 어느 것이 나은가?
得與亡孰病(득여망숙병)이리오?	얻음과 잃음 중 어느 것이 병인가?
是故(시고)로	이 때문에
甚愛必大費(심애필대비)요	너무 사랑하면 반드시 크게 어그러지고
多藏必厚亡(다장필후망)이니	많이 쌓아두면 반드시 크게 잃으니
知足不辱(지족불욕)이요	만족을 알면 치욕을 당하지 않는다.
知止不殆(지지불태)이니	그침을 알면 위태롭지 않으니
可以長久(가이장구)니라.	가히 오래 갈 수 있다.

| 해석과 감상 |

도가에게는 생명이 우선이다. 입신출세인가 건강인가, 재물인가 자기의 몸인가, 무엇을 얻고 무엇을 잃을 것인가 등 삶에서 우선순위를 생각하라고 말한다. 그러면 만족을 알고 그침을 알게 되어 위태롭지 않다. 지나친 사랑은 큰 비용이 든다. 지나친 사랑은 크게 어그러지고, 크게 소모하고, 크게 손해 보고, 크게 손상되며, 크게 소비한다. 모두가 사랑을 말하나 그 사랑조차 지나침은 모두에게 큰 비용을 요구하며 모두를 어그러지게 만든다. 담담한 사랑이 오래간다. 조그만 사랑에 만족할 때 사랑이 오래간다. 사랑은 욕심을 낳는다. 그 욕심은 자신만을 향하도록 하고, 절제력이 없으며 질투를 달고 다닌다. 그 사랑은 마침내 큰 고통을 넘어 미움을 출산하여 증오로 성장한다. 이 장은 도가에서 경고하는 말을 전하고 있다.

| 필사하기 |

● 甚愛(심애)면 必大費(필대비)요 知止(지지)면 不殆(불태)니라.

*甚(심할 심), 愛(사랑 애), 費 (해칠 비), 止(그칠지), 殆(위태로울 태)

【너무 사랑하면 반드시 크게 어그러지고 그침을 알면 위태롭지 않다.】

■『논어』「헌문」子曰 (자왈), 見利思義(견리사의)하며 見危授命(견위수명)이니라.

*見(볼 견), 利(이로울 리), 義(옳을 의), 危(위태할 위), 授(줄 수), 命(목숨 명)

【공자 가로되, 이익을 보면 의를 생각하고, 위험을 보면 목숨을 바친다.】

『도덕경』과 『논어』로 우리 삶의 균형 찾기

노자는 지나침이 가져오는 위태로움을 걱정하고, 공자는 의로움을 생각하며 위태로움을 보면 목숨을 바친다. 노자는 자신의 생명을 살리려 하고, 공자는 자신의 생명을 바쳐 위태로움을 극복하려 한다. 노자는 지나침을 경계하고, 공자는 지나침으로 도달하려 한다. 노자는 먼저 개인의 삶을 생각하고, 공자는 사회와 국가를 앞세운다.

개인이 먼저인가, 국가가 먼저인가? 개인만을 먼저 생각하고 병역을 기피한 자들은 그 국가에서 살 수 없다. 국가만을 위해 산 사람들은 명예를 얻으나 목숨이 위태로웠다. 친일파들은 개인만을 위한 삶을 살면서 나라를 버렸고, 독립운동가들은 개인을 버리고 나라를 구했다. 노자의 입장에서 친일파는 많이 쌓아두어 치욕을 당했다고 비판할 수 있으며, 공자의 처지에서는 독립운동가들이 목숨을 바쳐 나라를 구했다고 그 훌륭함을 받들 수 있다. 분명한 사실은 치욕을 당하는 삶은 불행하다는 것이다.

제45장 크게 이룬 것은 모자란 듯하다

도인은 얼핏 보면 모자란 듯하고
허물을 덮는 옷차림새는 얼핏 보면 완전하다.
추사의 글씨는 얼핏 보면 비뚜름한 듯하지만
더 높은 완성이다.
미사여구가 아름다운 듯하지만
간결한 언어가 진실을 훼손하지 않는다.

| 본문 |

大成若缺(대성약결)이나	크게 이룬 것은 모자란 듯하나
其用不弊(기용불폐)하고	그 쓰임이 다함이 없고
大盈若沖(대영약충)이나	가득 찬 것은 빈 듯하나
其用不窮(기용불궁)이다.	그 쓰임이 끝이 없다.
大直若屈(대직약굴)하고	크게 곧은 것은 굽은 듯하고
大巧若拙(대교약졸)하며	매우 정교한 것은 서투른 듯하며
大辯若訥(대변약눌)이니라.	뛰어난 언변은 어눌한 듯하다.
躁勝寒(조승한)하며	부지런한 움직임이 추위를 이기며

靜勝熱(정승열)하니라.　　　　　　고요함이 더위를 이긴다.

清靜爲天下正(청정위천하정)하리라.　맑음과 고요함이 천하를 바르게 한다.

| 해석과 감상 |

이 장은 도의 경지를 우리의 일상 상식을 벗어난 것으로 본다. 도는 무위 자연이기에 화려해 보이지 않는다. 부지런한 움직임이 추위를 이긴다. 고요함이 더위를 이긴다. 맑고 고요함이 참됨을 보전하여 천하를 바르게 할 수 있다. 전체 맥락으로 보면 조급함, 부지런함이 문제를 해결할 듯 보이지만 고요함이 바르게 한다는 의미이다. 표면적으로 천하를 바르게 한다고 좋은 것은 아니다.

돈이 많은 사람 중에는 돈이 없는 듯이 사는 사람이 허다하다. 추사의 어느 글씨는 어린이가 쓴 듯 어수룩한 그림 같다. 어설프게 잘 쓴 글씨보다 억지로 삐뚤빼뚤 쓴 캘리그래피가 더 예술적이다. 추사가 사망하기 3일 전에 썼다는 현판 글씨 '板殿(판전)'이라는 글씨는 막 붓글씨를 배운 사람이 쓴 것처럼 보인다. 말을 유창하게 하는 것이 말 잘하는 것은 아니다.

| 필사하기 |

● 大成(대성)은 若缺(약결)이요 大辯(대변)은 若訥(약눌)이라.

*成(이룰 성), 若(같을 약), 缺(모자랄 결), 辯(말 잘할 변), 訥(말 더듬을 눌)

【크게 이룬 것은 모자란 듯하고 뛰어난 언변은 어눌한 듯하다.】

■『논어』「이인」子曰, 君子(군자) 欲訥於言(욕눌어언) 而敏於行(이민어행)이니라.

*君(임금 군), 欲(하고자 할 욕), 訥(말 더듬을 눌), 敏(재빠를 민), 行(갈 행)

【공자 가로되 군자는 말에는 어눌하고 행동에는 민첩하다.】

『도덕경』과 『논어』로 우리 삶의 균형 찾기

노자와 공자 모두 뛰어난 언변은 어눌한 듯하다고 말한다. 단순히 말 잘하는 것이 아니라 감동을 주어야 언변이 뛰어난 것이다. 크게 이룬 것이 모자란 듯하지만 다함이 없다. 모자란 듯하고 불완전한 것처럼 보이지만 본바탕이 맑고 고요함을 갖출 때가 각각의 훌륭한 모습이다. 외면에 치중하기보다 내면에 충실해야 함을 강조한다. 내용 없는 능변은 곧바로 듣기 싫다. 어눌하지만 실속 있고 성실한 삶을 산 사람들의 말에 사람들은 감동한다.

제46장 만족할 줄 아는 만족이 영원한 만족이다

병은 욕심에서 생겨나고
마음의 평화는 비움에서 나온다.
안분지족(安分知足), 안빈낙도(安貧樂道)는
일체유심조(一切唯心造)이니
행복은 마음의 안방에 조용히 앉아 있을 뿐이다.

| 본문 |

天下有道(천하유도)면	천하에 도가 있으면
却走馬以糞(각주마이분)하고	잘 달리는 말이 쉬며 거름을 주고
天下無道(천하무도)면	천하에 도가 없으면
戎馬生於郊(융마생어교)하니라.	군마가 교외에서 새끼를 낳는다.
禍莫大於不知足(화막대어부지족)이요	재앙은 만족을 알지 못함보다 큰 것이 없고
咎莫大於欲得(구막대어욕득)이니	허물은 얻으려하는 것보다

故知足之足(고지족지족)이
常足矣(상족의)니라.

큰 것이 없다.
그러므로 만족할 줄 아는 만족이
영원한 만족이다.

| 해석과 감상 |

만족할 줄 알아야 그 만족이 영원하다. 얻으려 하지 않아야 허물이 없다. 안분지족, 안빈낙도, 일체유심조(一切唯心造), 모든 것은 마음먹기에 달렸다. 안빈낙도는 단사표음으로도 즐거움을 바꾸지 않았다는 공자의 제자 안회의 삶이 가장 대표적이다. 안빈낙도는 가난한 생활을 하면서도 편안한 마음으로 도를 즐겨 지킨다는 뜻이다. 안분지족(安分知足)은 편안한 마음으로 제 분수를 지키며 만족하는 것으로 안빈낙도와 비슷하다. 일체유심조(一切唯心造)는 불교의 경전『화엄경』의 핵심 사상으로 모든 것은 오직 마음이 만들어낸다는 뜻이다. 원효대사가 중국으로 유학을 가던 중 한밤중에 목이 말라 마신 물이 아침에 보니 해골에 고인 물이었다는 것을 알고 구역질하면서 일체유심조를 외쳤다고 한다. 원효대사는 그 길로 돌아와 진리를 크게 깨우쳤다고 한다. 이 장은 44장과 함께 지족(知足)의 철학을 서술한 장으로 욕망과 그 폐해를 이야기한다.

천하에 도가 있으면 잘 달리는 말도 전쟁에 나가지 않고 쉬면서 농사를 짓고, 천하에 도가 없으면 병마가 전쟁에 시달리며 편안한 집이 아니라 교외에서 새끼를 낳는다. 남의 땅을 빼앗으려는 욕심이 말조차 힘들게 한다. 만족함을 알고 멈추어야 영원하다.

| 필사하기 |

● 知足之足(지족지족)이 常足矣(상족의)니라.

*足(발 족, 만족할 족), 常(항상 상)

【만족할 줄 아는 만족이 영원한 만족이다.】

■『논어』「옹야」 子曰(자왈), 賢哉(현재)라 回也(회야)여! 一簞
食(일단사), 一瓢飮(일표음)으로 在陋巷(재누항)을 人不堪其
憂(인불감기우)거늘 回也不改其樂(회야불개기락)하니 賢哉(현
재)라 回也(회야)여!

*賢(어질 현), 回(돌 회), 簞(소쿠리 단), 食(밥 사), 瓢(박 표), 飮(마실 음), 陋(좁
을 누), 巷(거리 항), 堪(견딜 감, 이길 감), 憂(근심할 우), 樂(즐거울 락)

【공자 가로되, 어질구나, 회여! 하나의 소쿠리 밥과 하나의 표주박 물로
누추한 거리에서 남들은 그 근심을 이기지 못하는데 회는 그 즐거움이
변치 않으니 어질구나, 회여!】

『도덕경』과 『논어』로 우리 삶의 균형 찾기

노자의 만족할 줄 아는 만족이 안회의 단표누항, 안빈낙도이다. 영원한
만족은 변함없는 마음의 만족이다. 노자와 공자가 같다. 안회는 공자가 가
장 아낀 제자로 공자보다 먼저 죽었다. 안회의 안빈낙도는 노자의 생명 사
상의 입장에서 긍정적일 수 없다. 안회의 안빈낙도가 주는 지혜는 열심히
노력했는데도 가난하다면 가난 탓만 하지 말고 그 가난 속에서 도를 즐기
는 삶을 사는 일이다.

제47장 문 밖에 나서지 않아도 천하를 안다

세상은 하나의 원리,
내가 우주이고 우주가 나이니
밖에 나서지 않고도, 보지 않아도 안다.
네가 무슨 생각을 하는지
네가 언어와 표정을 꾸미지 않아도
사랑하는 사람은
너의 사랑을 안다.
그 사랑이 밝도록
마음속 사랑을 찾으러 밖으로 나설 것 없다.
사랑은 이미 옆에 있다.

| 본문 |

不出戶(불출호)하되	문밖에 나서지 않아도
知天下(지천하)하고	천하를 알고
不窺牖(불규유)하되	창을 보지 않아도
見天道(견천도)라.	하늘의 도를 본다.
其出彌遠(기출미원)이면	멀리 나갈수록
其知彌少(기지미소)니라.	아는 것이 그만큼 적어진다.
是以聖人(시이성인)은	이런 까닭에 성인은
不行而知(불행이지)하고	다니지 않아도 알고
不見而名(불견이명)하며	보지 않아도 이름 지으며
不爲而成(불위이성)하니라.	꾸며서 하지 않아도 이룬다.

| 해석과 감상 |

이 장은 도를 체득한 성인에 대해 서술한다. 나의 마음이 곧 우주이니 마음을 알면 우주를 안다. 인간을 소우주라고 한다. 많은 학자는 내면세계, 내부 공간의 중요성을 역설한다. 세상의 원리는 같다. 자연의 원리는 인간에게도 적용된다. 인간은 자연을 보면 된다.

우파니샤드는 하늘의 도와 나의 일치를 요가를 통해 다가가려 한다. 인도철학은 베다, 우파니샤드, 바가바드기타로 이어진다. 인도철학의 역사는 정통 브라흐만교와 요가 사이의 상호갈등과 침투의 과정이다. 베다 시대의 형식주의에 치우친 제사 중심 브라흐만교는 요가의 영향으로 형이상학적 사고 중심의 우파니샤드 철학을 낳았다. 기타에 이르러 기존 모든 종교는 요가 입장에서 재통합된다. 요가는 함께 묶는다, 단단히 잡아 가둔다는 의미를 가진 동사에서 파생되었다.

베다는 인도의 서북부에서 아리안족이 내려와 인더스강과 잠나강 사이에 브라흐만 계급이 주도한 문화이다. 아리안족의 침입으로 인도의 카스트 제도가 만들어지고 인도 원주민은 하층민으로 전락한다. 베다의 제사 의식이 세월이 갈수록 전문화하고 형식에 치우치면서 개인적 정신적 각성을 강조하는 현자들에 의해 요가 수행이 암암리에 전해진다. 우파니샤드는 조심스럽게 스승 가까이 앉아서 배운다는 의미이다. 베다 시대에 싹이 튼 요가는 BC 600년경 우파니샤드 시대에 요가가 중심으로 떠오른다. 우파니샤드 철학의 핵심은 브라흐만과 아트만의 일치이다. 브라흐만은 불멸, 전능, 근본, 절대 존재 등의 개념이며 아트만은 인간 개개인이 가지는 마음 또는 자아를 가리킨다. 곧, 둘의 일치는 절대자와 나의 일치를 의미한다. 세계가 인간이고 인간 개개인이 세계라는 인식이다. 강조점은 아트만이다. "지혜를 알면, 판두의 아들이여, / 다시는 이와 같이 미혹되지 않을 것이니, / 그럼으로써 그대는 [모든] 존재를 남김없이 / [그대의] 자아 안에서, 그리고 내 안에서 볼 것이다.”(4장 35) 이처럼 범아일여(梵我一如) 사상은『도덕경』의 문 밖에 나서지 않아도 천하를 안다와 상통한다.

　인도의 대서사시「마하바라타」18권 중 제6권 바가바드기타에서 베다와 우파니샤드를 통합한다. “제사와 보시와 고행은 / 단념해서는 안 되고 행하여야 하나니, / 제사와 보시와 고행이야말로 / 현자들의 정화 수단들이다. // 그러나 이러한 행위들 역시 / 집착과 결과를 버리고 / 행해야 한다는 것이, 프르타의 아들이여, / 나의 확실한 최상의 견해로다.(18장, 5~6)” 마하바라타는 라마야나와 함께 인도의 2대 서사시이다. 마하바라타는 판다바 형제와 카우라바 형제 사이의 왕위계승을 둘러싼 전쟁 이야기다. 그 중 기타는 주인공 판다바 왕국의 왕자 아르주나가 왕권을 찾기 위해 전쟁을 해야 하는 상황에서 갈등하고 있을 때 마부로 등장하는 크리슈나의 가르침을 담고 있다. 그 전쟁을 인간의 삶으로 해석하기도 한다. 전쟁을 하면 형제와 친족을 죽이게 되거나 자신이 죽고, 전쟁을 피하자니 잘못된 왕위 계승을 바로 잡지 못한다. 크리슈나는 인도인들이 가장 존경하는 비슈누의 8번째 아바타르이다. 크리슈나는 아르주나에게 나가서 힘을 다해 싸우라 명령한다.

| 필사하기 |

● 不行而知(불행이지)**하고** 不見而名(불견이명)**하며** 不爲而成
　　(불위이성)**하니라.**

*行(갈 행), 見(볼 견), 名(이름 명), 成(이룰 성)

【다니지 않아도 알고, 보지 않아도 이름 지으며, 하지 않아도 이룬다.】

■『논어』「자장」 子夏曰(자하왈), 小人之過也必文(소인지과야필

문)이니라.

*夏(여름 하), 過(지날 과), 必(반드시 필), 文(글월 문, 채색 문, 무늬 문)

【자하 가로되 소인의 과실은 반드시 꾸밈이 있다.】

『도덕경』과 『논어』로 우리 삶의 균형 찾기

노자는 우주의 원리를 말한다. 공자는 소인들의 꾸밈을 말한다. 노자는 하늘의 도를 보면 모든 것을 알 수 있으니 꾸밀 것 없다고 말하고, 공자는 소인이 실수하면 이를 덮으려고 꾸민다고 말한다. 노자는 도의 근원을 말하지만, 공자는 꾸밈이 나타나는 현상을 말한다. 노자와 공자 모두 꾸밈을 부정적으로 본다.

제48장 배움은 날로 더하고, 도는 갈수록 비운다

배울수록 욕심이 는다.

욕심을 덜어내어 마음을 비우면

마음이 맑아져 철창신세 근심조차 없다.

무소유가 가장 큰 소유이니

법정 스님처럼 난초조차 버려야 근심이 없다.

큰 배움은 덜어내는 일이다.

| 본문 |

爲學日益(위학일익)하고	학문을 하면 날로 더해지고
爲道日損(위도일손)이라.	도를 닦으면 날로 없어진다.
損之又損(손지우손)하여	없애고 또 없애

以至於無爲(이지어무위)면	무위에 이르면
無爲而無不爲(무위이무불위)라.	무위가 되어 하지 않음이 없다.
取天下(취천하)는	천하를 얻는 것은
常以無事(상이무사)하니	언제나 무사해야 하니
及其有事(급기유사)면	억지로 일에 다다르면
不足以取天下(부족이취천하)라.	천하를 얻기에 부족하다.

| 해석과 감상 |

이 장은 앞장에 이어서 도를 체득할 것을 강조한다. 학문은 쌓아가는 것이지만 도는 마음을 비우는 일이다. 유가는 배우기에 힘쓰라고 하지만 도가는 마음을 닦으라 한다. 도는 비우는 일이다. 도는 욕심을 버리고 번뇌를 없애는 일이다. 도는 근심 걱정을 버리고 자연으로 돌아가는 일이다. 법정 스님의 '무소유'에서처럼 귀한 난초를 버리니 스님의 근심이 사라진다. 도가는 불가의 사고와 통한다. 공자는 배움을 중시하고 그 배움으로 정치에 참여하고자 했다. 말년에 그는 그 소망이 좌절되자 제자들을 가르쳤다. 얼마나 초라함을 느꼈을까! 노자와 열자와 장자는 자연으로 들어가 자연이 되었다. 얼마나 홀가분하였을까! 얼마나 자유로웠을까!

학문이 수단이 되어 학자가 되고 정치인, 판검사, 언론인이 된다. 많은 정치인이 국민보다 자신의 이익을 위해 배움을 이용한다. 검찰은 자기 입맛에 맞게 기소하고 판사는 국민의 정서와 다른 판결을 하여 국민이 일어나 개혁을 요구하는 사태가 벌어진다. 언론인이 가진 자들의 논리에 충실하자 독자들은 기자와 쓰레기의 합성어로 '기레기'라고 표현한다. 학문이 좋은 듯하지만 역사는 그렇지 못한 전례를 많이 만들어냈다. 배워서 감옥에 간 사람들이 배워서 무사하지 않은 증거이다.

| 필사하기 |

● 爲學日益(위학일익)하고 爲道日損(위도일손)이라.

*學(배울 학), 日(날 일), 益(더할 익), 道(길 도), 損(덜 손)

【배우면 날로 더해지고 도를 닦으면 날로 감소한다.】

■『논어』「헌문」子曰(자왈), 古之學者爲己(고지학자위기)러니 今之學者爲人(금지학자위인)이로다.

*古(예 고), 學(배울 학), 者(사람 자), 爲(할 위), 己(자기 기), 今(이제 금)

【공자 가로되, 옛날의 배우는 사람은 자기를 위하고, 지금의 배우는 사람은 남을 위한다.】

■『논어』「위령공」子曰(자왈), 吾嘗終日不食(오상종일불식)하며 終夜不寢(종야불침)하여 以思(이사)하니 無益(무익)이라 不如學也(불여학야)로다.

*吾(나 오), 嘗(일찍 상), 終(끝날 종), 食(먹을 식), 寢(잠잘 침), 益(더할 익)

【공자 가로되, 내가 일찍이 종일 먹지 않고, 밤새워 잠을 자지 않고 생각했는데 무익하여 배우는 것 같지 못했다.】

■『논어』「자장」子夏曰(자하왈), 百工居肆以成其事(백공거사이성기사)하고 君子學以致其道(군자학이치기도)니라.

*夏(여름 하), 居(있을 거), 肆(방자할 사, 가게 사), 致(보낼 치, 이를 치)

【자하가 말하길, 온갖 장인은 그 일자리에서 일을 이루고, 군자는 배워서 그 도에 이른다.】

■『논어』「공야장」子曰(자왈), 十室之邑(십실지읍)에 必有忠信如丘者焉(필유신여구자언)거니와 不如丘之好學也(불여구지호학야)니라.

*室(집 실), 邑(고을 읍), 忠(충성 충), 信(믿을 신), 丘(언덕 구, 공자 이름)

【공자 가로되, 열 가구의 마을에도 반드시 구[77]와 같이 충직하고 신의 있는 사람이 있으나 구만큼 배우기 좋아하는 사람은 없다.】

■ 『논어』「술이」 子曰(자왈), 默而識之(묵이지지)**하며 學而不厭**(학이불염)**하며 誨人不倦**(회인불권)**이 何有於我哉**(하유어아재)**리오?**

*默(묵묵할 묵), 識(기록할지, 표시 지), 學(배울 학), 厭(싫을 염), 誨(가르칠 회), 倦(게으를 권), 何(어찌 하), 有(있을 유), 我(나 아), 哉(오조사 재)

【공자 가로되, 묵묵히 새겨두고 배움에 싫증내지 않으며 남을 가르치는 데 게으르지 않으니 무슨 어려움이 나에게 있겠는가?[78]】

『도덕경』과 『논어』로 우리 삶의 균형 찾기

노자는 학문을 하면 날로 더 보태려고 힘쓰고, 도를 닦으면 날로 더 덜어내려 힘쓴다고 말한다. 노자에게 배움은 도에 이르고자 하는 것의 방해물이다. 공자에게 배움은 도에 이르는 길이다. 노자는 배워서 인위를 버리려하고, 공자는 배워서 인위로 이루려 한다. 노자는 무위로 마음속 부정적 속성을 버리는 데 관심이 있고, 공자는 배움으로 마음속 긍정적 속성을 발휘하려 한다. 공자의 이 마지막 문장을 재구성한 '회불권(誨不倦) 학불염(學不厭)'은 교육 기관에 액자로 많이 걸려 있다. '가르치기를 게을리하지 말고, 배움을 싫증 내지 말라.'는 뜻이다. 알수록 욕심이 일어나니 노자의 말이 옳고, 모르면 행하지 못하니 공자의 말이 또한 옳다.

---

77. 구는 공자의 이름이다.

78. 1) 어느 것이 나에게 있겠는가? 2) 누가 나에게 있다고 하는가?

제49장 성인은 이분법으로 나누지 않는다

태어나서 죽기까지 한 생애인 것을
어느 때는 어린이, 어느 때는 어른이라고
가르고 요구하며 대우하란다.
일 년도 일 초 차이로 나누니
이전과 이후가 붙어 있으나
나누는 순간 우주만큼 멀어진다.
옳고 그름도 한 줄에 있고
선과 악도 한 심장에 있다.
사랑과 미움도, 믿음과 불신도 서로 떼어놓지 않으면
모두가 하나일 뿐이다.
인간은 이를 구분하고
자연은 이들을 구분할 줄 모른다.

| 본문 |

聖人無常心(성인무상심)하니
以百姓心爲心(이백성심위심)이라.

성인은 고정된 마음이 없으니
백성의 마음을 자기 마음으로
삼는다.

善者吾善之(선자오선지)하고
不善者吾亦善之(불선자오역선지)하니
德善(덕선)이라.

선한 사람을 나는 선하다 하고
선하지 않은 사람도 선하다 하니
덕의 선함이다.

信者吾信之(신자오신지)하고
不信者吾亦信之(불신자오역신지)하니
德信(덕신)이라.

믿는 사람을 내가 믿고
믿지 않는 사람도 내가 믿으니
덕의 믿음이다.

聖人在天下(성인재천하)에

성인이 천하에 있으면서

歙歙(흡흡)하여 　　　　　　　마음에 집착이 없이 포용하여

爲天下渾其心(위천하혼기심)하니 　천하를 위해 그 마음을 섞으니

[百姓皆注其耳目(백성개주기이목)하나] 백성이 모두 이목을 성인에

　　　　　　　　　　　　　　주목 하나

聖人皆孩之(성인개해지)하니라. 　성인은 모두 이를 어린아이로

　　　　　　　　　　　　　　여긴다.

| 해석과 감상 |

　성인은 고정된 마음이 없이 융통성이 있다. 이 장은 집착이 없어 백성을 무욕의 상태로 만드는 성인에 대해 말한다. 세속에서는 선과 불선, 신과 불신을 구별하지만 성인은 이분법을 초월한다. 성인은 선한 사람을 선한 사람으로, 남들이 선하지 않다고 하는 사람도 선한 사람으로 본다. 성인은 만물이 각각 저마다 뛰어남을 지닌다고 본다. 성인은 모두를 어린아이로 여겨 모두를 포용한다. 나누어서 다른 사람, 다른 사물을 버리지 않는다.

| 필사하기 |

● 善者(선자)를 吾善之오선지)하고 不善者(불선자)를 吾亦善之(오역선지)하니 德善(덕선)이라.

*善(착할 선), 吾(나 오), 亦(또 역), 德(덕 덕)

【선한 사람을 나는 선하다고 하고 선하지 않은 사람도 선하다 하니 덕의 선함이다.】

■『논어』「팔일」子謂韶(자위소), 盡美矣(진미의)요 又盡善也(우진선야)라. 謂武(위무), 盡美矣(진미의)나 未盡善也(미진선야)라.

*謂(이를 위), 韶(순임금 때 음악 소), 盡(다할 진), 善(착할 선), 武(굳셀 무, 주나라 무왕 때 악곡 무)

【공자가 소에 대해 말하였다. 지극히 아름답고 또한 지극히 선하구나. 무에 대해 말했다. 지극히 아름다우나 지극히 선하지는 않구나.】

『도덕경』과 『논어』로 우리 삶의 균형 찾기

노자는 선한 사람과 선하지 않은 사람을 모두 선하다고 말한다. 성인은 모두를 어린아이로 보며 나누어 평가하지 않는다. 인간은 자연을 나누어서 말할 존재가 아니다. 은촛대를 훔친 장발장을 주교가 옹호하여 변화를 가져오듯이 용서가 선하지 않은 사람을 선하게 만든다. 공자는 선과 그렇지 않은 것을 분명히 구분한다. 노자처럼 구분하지 않으면 때로 선하지 않은 사람을 기르게 되고, 공자처럼 구분하면 선하지 않은 행동을 한 사람을 개선시킬 싹을 자를 수 있다. 선과 악을 나누는 기준을 누가 만드는가? 섣불리 판단하지 않아야 한다. 신조차 판단하지 않는데 하물며 인간의 잣대로 판단하는 것은 인간이 신이 되려는 일이며 신을 거역하는 일이다.

제50장 삶에 집착하면 오히려 죽는다

스트레스는 지나친 초조와 집착의 아들이며
다이어트는 욕망의 무절제한 흡입이다.
승진은 더 많은 할큄의 기회가 되고
돈에 대한 지나친 욕심은 현재마저 무너뜨린다.
스트레스가 몸을 갉아 먹는 암이다.

| 본문 |

出生入死(출생입사)하니	삶에서 나와 죽음으로 들어가니
生之徒十有三(생지도십유삼)이요	삶의 무리가 열에 셋이고
死之徒十有三(사지도십유삼)이요	죽음의 무리가 열에 셋이며
人之生動之死地(인지생동지사지)가	삶에서 죽을 자리로 가는 무리가
亦十有三(역십유삼)이니	또한 열에 셋이다.
夫何故(부하고)인고?	어찌 그러한가?
以其生生之厚(이기생생지후)라.	그 삶이 삶에 집착하기 때문이다.
蓋聞善攝生者(개문선섭생자)는	들건대 섭생을 잘하는 사람은
陸行不遇兕虎(육행불우시호)하고	육지로 다녀도 외뿔소나 호랑이를 만나지 않고
入軍不被甲兵(입군불피갑병)하니라	군대에 들어가도 갑옷과 무기를 착용하지 않는다.
兕無所投其角(시무소투기각)하고	외뿔소가 뿔을 들이대지 않고
虎無所措其爪(호무소조기조)하며	호랑이가 발톱을 할퀴지 않으며
兵無所用其刃(병무소용기인)이니라.	병기로 칼날을 사용하지 않는다.
夫何故(부하고)인고?	어찌 그러한가?
以其無死地(이기무사지)니라.	죽을 자리가 없기 때문이다.

| 해석과 감상 |

삶의 욕심이 지나치면 죽음이 가까워지고 초연하면 제 명대로 산다. 이 장은 삶과 죽음에 초연해야 참삶을 산다고 말한다. 앞부분의 해석이 분분하다. 삶을 생각하는 삶, 죽음을 생각하는 삶, 삶에서 죽음을 생각하며 사는 삶으로 해석하기도 하며, 오래 사는 자, 젊어서 죽은 자, 살 수 있는데 죽을 자리로 향하는 자 등으로 풀이하기도 한다. 섭생을 잘하거나 전쟁하지 않으면 죽지 않는다. 앞에 비중을 두는 이들은 양생법으로 해석하고, 후자에 비중을 두는 이들은 무위자연의 정치 도덕으로 해석한다. 집착하지 않음으로써 죽음의 자리로 가지 않아야 함을 말한다.

| 필사하기 |

● 出生入死(출생입사)

*出(날 출), 생(날 생), 入(들 입), 死(죽을 사)

【삶에서 나와 죽음으로 들어간다.】

■『논어』「옹야」孔子對曰(공자대왈), 有顔回者好學(유안회자호학)하여 不遷怒(불천노)하며 不貳過(불이과)하더니 不幸短命死矣(불행단명사의)니라.

*對(대답 대), 顔(얼굴 안), 回(돌 회), 好(좋을 호), 學(배울 학), 遷(옮길 천), 怒(성낼 노), 貳(두 이), 過(지날 과), 幸(다행 행), 短(짧을 단), 命(목숨 명), 死(죽을 사)

【공자가 대답하길, 안회가 배움을 좋아하여 노여움을 옮기지 않고 잘못을 되풀이하지 않았는데 불행히도 명이 짧아 죽었다.】

『도덕경』과 『논어』로 우리 삶의 균형 찾기

노자는 삶에 집착하면 죽거나 죽음으로 간다고 보고, 공자는 죽음을 운명이라고 본다. 노자는 죽음을 벗어나는 방법을 말하고, 공자는 죽음을 체념적으로 받아들인다. 공자는 아침에 도를 들으면 저녁에 죽어도 좋다며 도를 죽음보다 앞세운다. 공자는 안회가 죽자 하늘이 나를 버렸다(죽였다)며 탄식한다(『논어』「선진편」顔淵死. 子曰, 噫! 天喪予! 天喪予!).

제51장 도가 낳고 덕이 기르니 베풀 뿐이다

베풀되 바라지 않고
베풀되 기억조차 없다.
베풀되 주관하지 않으니
자연의 도는 그윽하다.
왼손이 한 일을 오른손이 모르게 하라.
단지 베풀고 사랑할 뿐이다.

| 본문 |

道生之(도생지)하고	도가 만물을 낳고
德畜之(덕축지)하며	덕이 만물을 기르며
物形之(물형지)하고	물(物)이 만물을 형태로 나타내고
勢成之(세성지)라.	형세가 만물을 이룬다.
是以萬物(시이만물)은	이런 까닭에 만물은
莫不尊道而貴德(막부존도이귀덕)하니	도를 존중하고 덕을 귀히 여기지 않을 수 없으니
道之尊(도지존)과	도의 높음과
德之貴(덕지귀)는	덕의 귀함은
夫莫之命而常自然 (부막지명이상자연)이라.	이것이 명에 의한 것이 아니라 언제나 스스로 그렇게 된다.
故道生之(고도생지)하고	그러므로 도는 만물을 낳고
德畜之(덕축지)하며	덕은 이를 기르며
長之育之(장지육지)하고	만물을 자라게 하고 양육하며

亭之毒之(정지독지)하며	만물을 안정시키고 충실하게 하며
養之覆之(양지복지)니라.	만물을 먹여 주고 덮어준다.
生而不有(생이불유)하며	낳으나 소유하지 않으며
爲而不恃(위이불시)하고	이루되 의지하지 않고
長而不宰(장이부재)하니	기르나 주관하지 않으니
是謂玄德(시위현덕)이라.	이것이 그윽한(현묘한) 덕이다.

| 해석과 감상 |

이 장은 도와 덕의 존귀함이 자연히 그렇게 됨을 말하고 있다. '이런 까닭에 만물은'으로 보아 지(之)는 만물을 지칭한다. 생이불유(生而不有), 위이불시(爲而不恃)의 해석이 다양하다. 『도덕경』 10장의 처음과 끝 구절, 『장자』 「달생편」의 편경자 이야기에 '위이불시 장이부재' 구절이 그대로 실려 있다.

자연처럼 눈치 못 채게 하는 덕치론을 자연주의 정치론, 자연주의 교육론, 자연주의 인생론 등으로 표현한다. 진정한 덕은 행하고도 드러내지 않는 것이다. 곧, 불교의 무주상보시(無住相布施, 왼손이 한 일을 오른손이 모르는 베풂)처럼 주고도 주었다는 생각조차 갖지 않는 것이다. 부모는 자연처럼 자식에게 사랑을 한없이 베풀면서 베풂을 느끼거나 자랑하지 않는다. 진정한 덕, 진정한 사랑은 바라지 않고 단지 베풀고 사랑할 뿐이다.

| 필사하기 |

● 生而不有(생이불유)하며 爲而不恃(위이불시)하고 長而不宰
(장이부재)하니라.

*生(날 생), 有(있을 유), 恃(의지할 시), 長(길 장), 宰(주관할 재)

【낳으나 소유하지 않으며 행하되 의지하지 않고 기르나 주관하지 않는다.】

■ 『논어』 「옹야」 子曰(자왈), 中庸之爲德也(중용지위덕야) 其至矣乎(기지의호)로다! 民鮮久矣(민선구의)니라.

*庸(쓸 용, 일정하여 변하지 않는다), 爲(할 위), 德(덕 덕, 큰 덕), 至(이를지), 鮮(고울 선, 적을 선), 久(오랠 구)

【공자 가로되, 중용이 덕이 되었으니 지극하구나, 사람들이 (중용을 실천함이) 오래도록 드물구나.】

『도덕경』과 『논어』로 우리 삶의 균형 찾기

노자는 덕(德)이 도(道)를 기른다고 말한다. 공자는 중용이 덕이 되었다고 말한다. 노자의 덕은 만물을 먹여 주고 덮어주면서 드러내지 않는다. 공자의 덕은 치우치지 말라 한다. 노자의 덕은 만물을 기르니 조화롭다. 공자가 중용이 덕이 되었다고 한 것은 덕(德)은 득(得)이라는 말로 중간의 위치에서 평범함을 취하라는 실리적인 처세술에 가깝다. 노자는 무위자연의 삶이고 공자는 모나지 않는 삶이다.

제52장 이목구비, 칠규에 빠지지 않아야 몸에 재앙이 없다

아름다운 경치로 눈이 멀고
아름다운 소리로 귀가 먹으며
맛있는 음식으로 입맛 잃고
짙은 향기로 일상을 냄새 맡지 못한다.
맛집, 황홀한 음악, 아름다운 경관, 향기로운 냄새에 빠지면 그것이 재앙이다.

강렬한 햇볕은 오래 쬘 수 없다.

하루 이틀 사이에 불붙은 사랑은 금세 다 타기 쉽다.

담담함이 영원하다.

| 본문 |

天下有始(천하유시)하여　　　천하에 처음[79]이 있는데

以爲天下母(이위천하모)라.　　처음이 천하의 어머니이다.

旣得其母(기득기모)하여　　　원래 천하의 어머니를 얻어

復知其子(복지기자)하니　　　다시 그 아들을 아니

旣知其子(기지기자)하고　　　원래 그 아들을 알고

復守其母(복수기모)이면　　　다시 그 어머니를 지키면

沒身不殆(몰신불태)니라.　　　몸이 다할 때까지 위태롭지 않다.

塞其兌(새기태)하고　　　　　그 감각기관[80]을 막고

閉其門(폐기문)하면　　　　　그 문을 닫으면

終身不勤(종신불근)이라.　　　몸이 다하도록 근심이 없다.

開其兌(개기태)하고　　　　　그 칠규(일곱 구멍)[81]를 열고

濟其事(제기사)하면　　　　　그 일을 이루려면

終身不救(종신불구)니라.　　　종신토록 구하지 못한다.

見小曰明(견소왈명)이요　　　작은 것을 보고 밝다고 하고

---

79. 시(始)는 도를 의미한다.

80. 태(兌)는 구멍으로 이목구비 등 감각기관을 뜻한다.

81. 칠규(七竅)는 눈, 코, 입, 귀 등 일곱 개의 구멍을 말한다.

守柔曰强(수유왈강)이니	부드러움을 지키는 것을 강하다 하니
用其光(용기광)하여	그 빛을 사용하여
復歸其明(복귀기명)하면	그 밝음에 복귀하면
無遺身殃(무유신앙)이니	몸에 재앙이 남지 않는다.
是謂習常(시위습상)이니라.	이것을 일러 습상[82]이라 한다.

| 해석과 감상 |

만물의 생성자인 어머니로 복귀하여 욕망을 막고 유연성을 지니면 재앙이 없다. 『장자』 내편7 「응제왕」에 칠규가 나온다. 남해의 황제 숙, 북해의 황제 홀이 중앙의 황제 혼돈을 찾아가 극진히 대접받자 그들이 상의하여 혼돈에게는 일곱 개의 구멍이 없다며 구멍을 뚫어주자 혼돈은 죽는다. 숙과 홀은 모두 빠르다는 뜻으로 인간을 비유하고, 혼돈은 차별이 없는 무질서, 미분화의 상태를 의인화한 것으로 풀이한다. 곧, 일곱 가지 감정이 일어나자 무위자연, 자기 모습을 상실한다. 짧지만 유명한 우화이다. 이 장을 『하상공 본』에서는 '귀원장(歸元章)'이라 한다.

현대에는 오감을 위한 삶에 매달린다. 좋은 차를 타고 이름난 맛집을 찾아다닌다. 귀에 이어폰을 끼고 아름다운 음악 속에 온종일 빠지며, 아름다운 경치를 보려고 인천공항 출국장이 붐빈다. 아름다운 향기를 위해 찻집을 찾고 좋은 향수와 화장품을 구하려고 면세점은 북적인다. 마약 등 오감을 지나치게 자극하는 것들은 인간의 몸과 정신을 해친다.

---

82. 상도에 들어간다, 영원을 배운다.

● 見小曰明(견소왈명)**이요** 守柔曰强(수유왈강)**이라.**

*見(볼 견), 明(밝을 명), 守(지킬 수), 柔(부드러울 유), 强(굳셀 강)

【작은 것을 보고 밝다고 하고 부드러움을 지키는 것을 강하다고 한다.】

■『**논어**』「**위령공**」 子曰(자왈), 君子不可小知而可大受也(군자불가소지이가대수야)**요** 小人不可大受而可小知也(소인불가대수이가소지야)**니라.**

*君(임금 군), 可(옳을 가), 受(받을 수), 知(알 지)

【공자 가로되, 군자는 작은 것은 알 수 없어도 큰 것을 받아들일 수 있고, 소인은 큰 것을 받아들일 수 없어도 작은 것은 알 수 있다.】

■『**논어**』「**위령공**」 子曰(자왈), 人無遠慮(인무원려)**면** 必有近憂(필유근우)**니라.**

*遠(멀 원), 慮(생각할 려), 近(가까울 근), 憂(근심할 우)

【공자 가로되, 사람이 멀리 생각함이 없으면 반드시 가까이 근심이 있다.】

『도덕경』과 『논어』로 우리 삶의 균형 찾기

　노자는 작은 것과 부드러움을 긍정적으로 보고, 공자는 큰 것을 긍정적인 것으로 본다. 노자는 작은 것의 출발점을 보고, 공자는 큰 것의 수용을 능력으로 본다. 노자는 감각의 문을 닫고 본질을 보라 하고, 공자는 작은 것보다 큰 것을 보라 한다.

제53장 큰길은 평평한데 백성은 지름길을 좋아한다

자랑으로 사는 사람은
도둑질도 자랑으로 삼는다.
자연은 뽐낼 것 천지이나
스스로 존재할 뿐이다.
사람들은 높은 자리에서 누렸던 호화를 자랑하나
자랑질하는 화려는 도둑질이기 십상이다.
피땀 흘려 모은 돈은 쌈지에서 나오지 않으려 하고
거저 얻은 돈은 자랑하며 거저 나가길 좋아한다.

| 본문 |

使我介然有知(사아개연유지)면	만약 나에게 잠시 앎이 있다면
行於大道(행어대도)하여	큰길을 행하는데
唯施是畏(유시시외)라.	오직 이를 버릴까[83] 두렵다.
大道甚夷(대도심이)거늘	큰 길은 매우 평탄하거늘
而民好徑(이민호경)이라.	백성은 지름길을 좋아한다.
朝甚除(조심제)면	조정이 너무 덜어내면[84]
田甚蕪(전심무)하고	밭에는 잡초가 무성하고

---

83. 시(施)를 베풀다, 버리다, 옳지 않다 등의 뜻에서 '큰길에서 벗어날까 두렵다'로 해석한다. 이는 백성이 지름길을 좋아하고, 조정이 사치를 좋아하는 것은 도가 아니라는 전체 문맥을 고려한 해석이다. 이를 '베풀다, 행하다'로 해석한다면 '내가 오직 도를 두려움으로 펼친다'가 될 것이다. 그러나 노자는 베풀거나 행하지 않는다는 점을 고려하여 후자보다 전자의 해석을 취한다.

84. 부패하면.

倉甚虛(창심허)니라.	창고는 텅텅 빈다.
服文綵(복문채)하고	문양과 채색이 있는 옷을 입고
帶利劍(대리검)하며	예리한 칼을 차며
厭飮食(염음식)하되	싫도록 마시고 먹되
財貨有餘(재화유여)면	재화가 남아돌면
是謂盜夸(시위도과)니라.	이를 일러 '도둑 자랑, 도둑 사치'라 한다.
非道也哉(비도야재)로다.	이는 도가 아니다.

| 해석과 감상 |

이 장은 위정자의 부패와 타락을 비판한다. 제9장, 제31장도 이와 관련한 내용이다. 민(民)이 지름길을 가는 것처럼 조(朝, 조정, 왕조, 위정자) 또한 지름길이라고 여기는 행동을 한다. 이것은 도가 아니다. 큰길은 자연의 큰 도이며, 백성들의 지름길은 좁고 힘든 길, 자잘한 도이다. 사아개연유지(使我介然有知)에서 하상공은 개(介)를 '크다'로 해석하고 대부분 노자 해설서는 '작다'로 풀이한다. 유시시외(唯施是畏)에서 시(施)를 한비자는 '사악하다'로 해석한다. 이민호경(而民好徑)의 경(徑)을 왕필과 하상공은 '비탈길'로 풀이하고 한비자는 '크다'로 해석한다. 이 글에서는 경을 '비탈진 길, 지름길'로 해석한다. 지름길은 비탈진 길이지만 빨리 갈 수 있다는 유혹의 길이다. 지름길은 도가 가는 길이 아니다. 큰길은 도를 행하는 자가 걷는 길이다. 큰길을 걸으며 두려워할 일은 사악한 길에 대한 유혹이다.

● 大道甚夷(대도심이)**거늘** 而民好徑(이민호경)**이라.**

*道(길 도), 甚(심할 심), 夷(오랑캐 이, 평평할 이), 好(좋을 호), 徑(지름길 경)

【큰 길은 매우 평평하거늘 백성은 지름길을 좋아한다.】

■『논어』「위령공」子曰(자왈), 君子學道則愛人(군자학도칙애
인)**이요,** 小人學道則易使也(소인학도칙이사야)**라.**

*學(배울 학), 道(길 도), 則(곧 즉), 愛(사랑 애), 易(쉬울 이), 使(하여금 사)

【공자 가로되, 군자는 도를 배우면 남을 사랑하고, 소인이 도를 배우면
부리기 쉽다.】

『도덕경』과 『논어』로 우리 삶의 균형 찾기

노자는 큰 도는 평탄하지만 행하기 어렵다고 말하고, 공자는 군자가 도
를 배우면 남을 사랑한다고 말한다. 노자는 백성들이 큰길 대신 지름길을
좋아한다고 말하고, 공자는 소인이 도를 배우면 남을 부리기 쉽다고 말한
다. 노자의 도는 매우 평평하며 느리어 성인조차 행하기 어려우나, 공자의
도는 배우는 사람에 따라 쓰임이 달라진다.

제54장 잘 품으면 빠져나가지 않는다

잘 세우면 뽑히지 않고
잘 품으면 빠져나가지 않는다.
잘 세워 뽑히고 싶지 않은 버팀목은 하늘을 향한다.
잘 품어 빠져나가고 싶지 않으면 사랑이다.
잘 품으면 달걀이 병아리 된다.

| 본문 |

善建者不拔(선건자불발)하고　　　　　잘 세운 것은 뽑히지 않고

善抱者不脫(선포자불탈)하니　　　　　잘 품은 것은 빠지지 않으니

子孫以祭祀不輟(자손이제사불철)이라.　자손이 이로써 제사를 멈추지
　　　　　　　　　　　　　　　　　　　않는다.

修之於身(수지어신)하면　　　　　　　몸에서 이[85]를 닦아 행하면

其德乃眞(기덕내진)이요　　　　　　　그 덕이 곧 참되고

修之於家(수지어가)하면　　　　　　　집에서 도를 행하면

其德乃餘(기덕내여)요　　　　　　　　그 덕이 곧 여유가 있고

修之於鄕(수지어향)하면　　　　　　　마을에서 도를 행하면

其德乃長(기덕내장)이요　　　　　　　그 덕이 곧 자라고

修之於國(수지어국)하면　　　　　　　국가에서 도를 행하면

其德乃豊(기덕내풍)이요　　　　　　　그 덕이 곧 풍성해지고

修之於天下(수지어천하)면　　　　　　천하에서 도를 닦아 행하면

其德乃普(기덕내보)라.　　　　　　　　그 덕이 곧 두루 미친다.

故以身觀身(고이신관신)하고　　　　　그러므로 몸으로써 몸을 보고

以家觀家(이가관가)하며　　　　　　　가정으로써 가정을 보며

以鄕觀鄕(이향관향)하고　　　　　　　마을로써 마을을 보고

以國觀國(이국관국)하며　　　　　　　국가로써 국가를 보며

以天下觀天下(이천하관천하)하니　　　천하로써 천하를 보니

吾何以知天下然哉(오하이지천하연재)　내가 어찌 천하가 그러함을

---

85. 도(道).

리오.	알겠는가?
以此. (이차)로다.	이(도)로써 안다.

| 해석과 감상 |

도를 닦고 실천해야 함을 말하고 있다. '몸으로써 몸을 보고' 다음 문장은 해석이 다양하다. 맥락을 따라야 할 것이다. 앞의 몸, 가정, 마을, 국가, 천하는 도가 실천되는 기준이며 뒤의 몸, 가정, 마을, 국가, 천하는 현실 속의 세계이다. 앞의 기준으로 뒤의 현실을 보면 그 세계가 도의 세계인지 알수 있다. 이 장은 『맹자』 『대학』 등 유가의 내용과 유사하다. 『대학』의 '수신제가 치국평천하'와 연관하여 읽을 수 있다.

잘 세우고 잘 품으면 자손이 끊어지지 않는다. 이렇게 도를 몸에서, 가정에서, 마을에서, 국가에서, 천하에서 닦아 실천하면 덕이 두루 미치게 된다. 도로써 세상을 보면 세상을 제대로 알 수 있다. 못을 잘못 박아 빠지면 못을 박은 사람 탓이다.

| 필사하기 |

● 善建者不拔(선건자불발)하고 善抱者不脫(선포자불탈)하니라.
*善(착할 선), 建(세울 건), 拔(뺄 발), 抱(안을 포), 脫(벗을 탈, 빠질 탈)
【잘 세운 것은 뽑히지 않고 잘 품은 것은 빠지지 않는다.】

■ 『논어』 「학이」 有子(유자) 가로되, 君子務本(군자무본)이니 本立而道生(본립이도생)이요, 孝弟也者(본립이도생)는 其爲仁之本與(기위인지본여)인저!
*務(힘쓸 무), 本(근본 본), 孝(효도 효), 弟(공경할 제), 與(어조사 여)
【유자 가로되, 군자는 근본에 힘쓰니 근본이 서면 도가 나온다. 효도와

공경이라는 것은 인의 근본이구나!】

노장으로 삶의 균형 갖추기

노자는 잘 세우고 잘 품는 것이 도라고 말하고, 공자는 효도와 공경이 도이며 근본이라 말한다. 두사람 모두 근본을 강조하고 있으나 근본을 바라보는 시각은 다르다.

제55장 두텁게 덕을 품은 사람은 갓난아이와 같다

아이는 부드러우나 쥐는 힘이 강하고
종일 울어도 목이 쉬지 않으니
쓸데없이 힘쓰지 아니하여 조화롭기 때문이다.
새싹은 부러지지 않고 마른 땅을 뚫고 나오며
나뭇잎은 바람에 자신을 부드럽게 맡기며 즐긴다.
힘을 빼야 내 손 안에서 공이 자유롭다.
조화가 영원이며 도이다.

| 본문 |

含德之厚(함덕지후)를	두텁게 덕을 품은 사람을
比於赤子(비어적자)니	갓난아이에 견주니
蜂蠆虺蛇不螫(봉채훼사불석)하고	벌, 전갈, 독사가 쏘지 않고
猛獸不據(맹수불거)하며	맹수가 덤벼들지 않으며
攫鳥不搏(확조불박)이다.	사나운 새가 낚아채지 않는다.
骨弱筋柔而握固(골약근유이악고)하고	뼈가 약하고 근육이 부드러우나 쥐는 힘은 강하고

未知牝牡之合而全作
 (미지빈모지합이전작)은
精之至也(정지지야)며
終日號而不嗄(종일호이불사)는
和之至也(화지지야)니라.
知和曰常(지화왈상)이요
知常曰明(지상왈명)이요
益生曰祥(익생왈상)이요
心使氣曰强(심사기왈강)이니라.

物壯則老(물장즉노)하니
謂之不道(위지부도)니라.
不道早已(부도조이)로다.

남녀의 교합을 아직 모르나
온전히 자라나는 것은
정기가 지극하기 때문이며
종일 울어도 목이 쉬지 않는 것은
조화가 지극하기 때문이다.
조화를 아는 것을 영원이라 하고
영원을 아는 것을 밝음이라 한다.
삶을 더하는 것을 재앙이라 하고
마음이 기를 부리는 것을
강하다고 한다.
만물이 장성(壯盛)하면 노쇠하니
이를 일러 도가 아니라고 한다.
도가 아니면 일찍 그친다(죽는다).

| 해석과 감상 |

조화가 지극하여 근육이 부드러우나 쥐는 힘이 강하고, 종일 울어도 목이 쉬지 않는 어린아이의 모습이 도의 형상으로 무위자연의 모습이다. 아이들은 놀다가 넘어져도 잘 다치지 않는다. 그러나 노인은 넘어지면 크게 다치거나 사망으로 이어진다. 이 장은 예로부터 유명하다. 갓난아기는『도덕경』과『장자』에서 여러 번 반복하여 등장한다. 술에 취한 이는 수레에서 떨어져도 크게 다치지 않는다.『장자』제19편 달생(達生)에 나오는 이야기다. 술에 취한 이가 수레에서 떨어져도 다치지 않는 것은 종일 울어도 목이 쉬지 않은 어린아이의 모습과 같다. 골프 칠 때 힘을 빼라고 한다. 배드민턴 칠 때도 힘을 빼고 휘두르다가 맞는 순간 톡 친다. 힘을 빼고 필요할 때

만 필요한 부분에 힘을 쓰면 도통한 사람이다.

| 필사하기 |

● 含德之厚(함덕지후)를 比於赤子(비어적자)니라.

*含(품을 함), 德(덕 덕), 厚(두터울 후), 比(견줄 비), 赤(붉을 적)

【두텁게 덕을 품은 사람을 갓난아이에 견준다.】

■『논어』「헌문」原壤夷俟(원양이사). 子曰(자왈), 幼而不孫弟(유이불손제)하고, 長而無述焉(장이무술언)하며, 老而不死(노이불사)하면, 是爲賊(시위적)이니라. 以杖叩其脛(이장고기경)하니라.

*原(근원 원), 壤(흙 양), 夷(걸터앉을 이), 俟(기다릴 사), 幼(어릴 유), 孫(공손할 손), 弟(공경할 제), 述(저술 술), 賊(도둑 적), 杖(지팡이 장), 叩(두드릴 고), 脛(정강이 경)

【원양이 걸터앉아 기다렸다. 공자 가로되, 어려서 불손하고, 장성해서 공적이 없으며, 늙어서 죽지 않으면 이를 도적이라 한다. 지팡이로 원양의 정강이를 쳤다.[86]】

---

86. 원양은 공자의 친구이다. 『예기』와 『공자가어』(제37편 「굴절해」)에 따르면 장자가 자기 부인이 죽자 노래를 불렀던 것처럼 원양이 모친상을 당하자 노래를 불렀다고 한다. 그런 원양에게 공자가 상가의 예법으로 대하자 자로가 공자의 행동을 말린다. 그러자 공자는 말한다. "내가 듣기로는 친한 사람은 친함을 끊지 않고, 오래 사귄 사람은 오랜 사귐을 끊지 않는다." 이런 내용까지 종합하여 위의 내용을 파악해야 한다. 공자는 노자와 같은 삶을 지향하는 친구에게 공자의 관점에서 충고하거나 자기 생각을 말한 것으로 파악해야 할 것이다. 공자에 따르면 어렸을 때는 공손하고 공경하며, 장성해서는 업적을 남길 수 있도록 해야 하고, 노인이 되어서는 남들에게 피해를 주지 않아야 한다. 피해만 줄 것 같으면 일찍 죽어 남들로부터 도둑이라는 소리를 듣지 않아야 한다고 말한다.

■『논어』「양화」子曰(자왈), 年四十而見惡焉(연사십이견오언)이면 其終也已(기종야이)니라.

*惡(미워할 오), 終(끝날 종)

【공자 가로되 나이 사십에 미움을 받는다면 끝난 것이다.】

노장으로 삶의 균형 갖추기

노자는 아직 자연성이 그대로 보존된 어린아이가 덕을 품은 사람이라고 한다. 공자는 어린아이는 공손하고 공경해야 하는 사람으로 규정한다. 노자는 아직 인생의 때가 묻지 않은 사람을 추구하고 공자는 예절이 밝은 사람을 추구한다. 노자는 어린이의 순수함을 보고, 공자는 어린이를 미숙한 존재로 보아 윗사람을 공경해야 하는 대상으로 본다. 노자는 갓난아이 같은 삶을 따르고자 하고, 공자는 어려서는 공경하고 장성해서는 업적을 이루고, 늙어서는 남에게 피해를 주지 않는 삶을 강조한다. 공자는 나이 사십에 남들의 미움을 받는다면 끝난 것이라며 나이 40이 되기 전에 자기의 허물을 고치라고 말한다. 어린이의 잠재력을 길러주기 위해서는 노자가 도움이 되고, 인간관계와 성취를 위해서는 공자의 방법이 도움이 된다.

제56장 지지불언, 아는 자는 말하지 않는다

전보다 나이 들어 많이 안다고
전보다 새로운 경험이 많다고
스스로 착각하는 이들은 쉴 새 없이 떠든다.
이 맛 저 맛을 다 본 사람은
어느 맛이 좋은지 말하지 못하고

이곳저곳 모든 곳을 구경한 이는

어느 경치가 더 낫단 말을 아끼나

하나를 맛보고 하나를 구경한 이는

입이 피곤한 줄 모르고 자랑한다.

천하 모두를 귀하게 여기면 감각기관을 닫는다.

| 본문 |

知者不言(지자불언)하고	아는 사람은 말하지 않고
言者不知(언자부지)니라.	말하는 사람은 알지 못한다.[87]
塞其兌(색기태)하고	그[88] 감각기관의 구멍을 막고
閉其門(폐기문)하며	그 문을 닫으며
挫其銳(좌기예)하고	그 날카로움을 꺾고
解其紛(해기분)하며	그 얽힘을 풀며

---

87. 백거이(白居易, 중국 당나라 시인, 772~846)의 讀老子(독노자)라는 시는 노자의 이 구절을 풍자하는 시이다. 言者不知知者默(언자부지지자묵) 此語吾聞於老君(차어오문어로군) 若道老君是知者(약도로군시지자) 緣何自著五千文(연하자저오천문). 말하는 자는 알지 못하고, 아는 자는 말하지 않는다. 이 말을 노자에게 들었네. 만약 노자가 아는 사람이라면 어찌 오천 자(도덕경)를 지었는가! 백거이가 노자를 비판한 말이다. 아마도 노자는 이런 까닭에 짧게 말하지 않았을까 생각해 본다.

88. '기(其)'를 대명사로 볼 수 있고, 강조의 조사로 해석할 수 있다. '기(其)'를 강조의 조사로 보면 군이 해석할 필요 없다. 지시대명사로 본다면 '기(其)'가 가리키는 대상은 무엇인가? 앞에 나온 구절은 '知者不言(지자불언) 言者不知(언자부지)'이다. 그 중에 그 또는 그것으로 볼 수 있는 것은 지자(知者)와 언자(言者)이다. 문맥상 앞의 지자(知者)를 지칭하는 것으로 볼 수 있다. 이를 줄여서 '자(者)', 곧 사람으로 해석하면 무리가 없을 듯하다. 그럴 때 同其塵(화기진)의 해석은 혼란이 따른다. 앞 구절들은 관형어로 '사람의'라고 해석하고, 이를 여기에도 그대로 적용하여 사람의 티끌과 같다로 해석하면 문맥상 의미가 모순이 없는가의 문제가 남는다.

和其光(화기광)하고	그 빛을 모으고
同其塵(화기진)하니	그 티끌과 같아지니
是謂玄同(시위현동)이니라	이를 신비스러운 동화(同和)라 한다.
故不可得而親(고불가득이친)이요	그러므로 가까이할 수 없고
不可得而疎(불가득이소)며	멀리할 수 없으며
不可得而利(불가득이리)요	이롭게 할 수 없고
不可得而害(불가득이해)며	해롭게 할 수 없으며
不可得而貴(불가득이귀)요	귀하게 할 수 없고
不可得而賤(불가득이천)이니	천하게 할 수 없으니
故爲天下貴(고위천하귀)니라	그러므로 천하가 귀하게 여긴다.

| 해석과 감상 |

이 장은 대립이 아니라 조화와 합일을 강조한다. '지자불언, 언자부지'는 유명하여 많이 인용되는 문장이다. 도(道)를 아는 자는 애써 말하지 않고, 말하려는 자는 도를 모른다. 많은 경전이 이와 비슷한 말을 한다. 온갖 부정적인 것들을 막고 다듬으며, 빛을 조화롭게 드러내고, 티끌과 같게 만드는 것을 현묘한 동화라 한다. 아는 사람은 말하지 않기 때문에 신비스럽게 동화하며, 천하가 귀하게 여긴다. 아는 사람은 말하지 않으니 모든 것을 닫고 하나로 동화되게 한다. 그러면 친소(親疏), 이해(利害), 귀천(貴賤)이 없어 천하가 귀하게 여긴다.

| 필사하기 |

● 知者不言(지자부언)하고 言者不知(언자부지)니라.

*知(알 지), 者(사람 자), 言(말씀 언)

【아는 사람은 말하지 않고 말하는 사람은 알지 못한다.】

■ 『논어』「위령공」 子曰(자왈), 知之爲知之(지지위지지), 不知爲不知(부지위부지)면 是知也(시지야)니라.

*知(알 지), 爲(할 위), 是(이 시, 옳을 시)

【공자 가로되, 아는 것을 안다고 하고, 모르는 것을 모른다고 하는 것, 이것이 아는 것이다.】

■ 『논어』「위령공」 子曰(자왈), 可與言而不與之言(가여언이불여지언)이면 失人(실인)이오, 不可與言而與之言(불가여언이여지언)이면, 失言(실언)이니라. 知者不失人(지자불실인)하며, 亦不失言(역불실언)하니라.

*與(줄 여), 失(잃을 실), 亦(또 역)

【더불어 말을 할 수 있는데 말을 하지 않으면 사람을 잃고, 말을 할 수 없는데 말을 하면 말을 잃는다. 아는 자는 사람을 잃지 않고, 또한 말을 잃지 않는다.】

「도덕경」과 「논어」로 우리 삶의 균형 찾기

노자는 아는 사람은 말하지 않는다고 하며, 공자는 아는 것을 안다고 하는 것이 아는 것이라 말한다. 노자는 알고도 말하지 않음의 유익에 대해 말하고, 공자는 모른다고 고백한 후에 이루어질 배움에 대해 말한다. 노자는 입을 다물라 말하고, 공자는 사람도 잃지 않고 말도 잃지 않도록 말하라고 한다.

제57장 법령이 도드라지면 도둑이 많아진다

법으로 사람을 다스리면 법법자가 많아지고
법으로 잡으려면 법을 뛰어넘는 도둑이 나타난다.
담장은 도둑을 막지 못하며
풀을 맨다고 풀이 사라지지 않는다.
언제나 배가 부르면 욕심도 쉰다.
자연처럼 햇빛의 바름으로 다스려야
나무와 풀이 제 품성대로 자란다.

| 본문 |

以正治國(이정치국)하고	바름으로 나라를 다스리고
以奇用兵(이기용병)하며	기이함으로 군대[89]를 일으키며
以無事取天下(이무사취천하)하니라.	일이 없음으로써 천하를 얻는다.
吾何以知其然哉(오하이지기연재)리오?	어찌 내가 그러함을 아는가?
以此(이차)로다.	이 때문이다.
天下多忌諱(천하다기휘)면	천하에 꺼리는 것[90]이 많으면
而民彌貧(이민미빈)하고	백성은 더욱 가난해지고
民多利器(민다리기)면	백성이 이로운 기물(器物)[91]이 많으면

---

89. 기병은 정병(正兵)과 대를 이루는 용어이다. 군대를 정상적으로 사용하는 것이 아니라 불가피한 상황에서 어쩔 수 없이 사용한다는 뜻으로 해석한다.

90. 금하는 것.

91. 자기를 이롭게 하는 물건.

國家滋昏(국가자혼)하고	국가가 더욱 혼란해지고
人多伎巧(인다기교)면	사람이 기교(지혜)가 많으면
奇物滋起(기물자기)하고	기이한 물건[92]이 더욱 일어나고
法令滋彰(법령자창)하면	법령이 더욱 도드라지면[93]
盜賊多有(도적다유)하니라.	도적이 많아진다.
故聖人云(고성인운)하되	그러므로 성인이 말하기를
我無爲而民自化(아무위이민자화)하고	내가 무위라서 백성이 스스로 교화되고
我好靜而民自正(아호정이민자정)하며	내가 고요함을 좋아하니 백성이 스스로 바르게 되며
我無事而民自富(아무사이민자부)하고	내가 일을 없애면 백성이 저절로 부유해지고
我無欲而民自樸(아무욕이민자박)이라.	내가 욕심을 없애면 백성이 저절로 통나무가 된다.

| 해석과 감상 |

이 장은 도가의 통치술을 서술한다. 무위의 통치와 유위의 통치를 대조하여 설명한다. 28장과 마찬가지로 통나무는 소박함을 비유한다. 노자를 처음으로 풀이한 한비자는 법가이다. 법으로 세상을 통치하려 했다는 점에서 노자의 사상과 반대된다. 한비자는 자신의 사상을 펼치기 위해 노자

---

92. 금과 옥으로 꾸미고 화려한 색을 칠하는 것, 또는 교묘한 거짓 등 폐해.
93. 근본을 고치지 않고 끝을 다스린다는 뜻이다. 근본 문제를 해결하지 않고 법령을 강화하여 다스리면 어쩔 수 없이 법을 어기는 사람이 많아진다.

를 자기식으로 해석하고 있음을 볼 수 있다. 법령보다 근본을 바르게 해야 세상이 다스려진다. 제약을 최소화하고 삶을 풍족하게 해야 사람들이 바르게 생활한다. 법으로 다스려지는 세상은 융통성이 없다. 인간의 상식을 벗어나지 않는 법이 성문법이 아닌 불문법이다. 불문법은 관습법이며 판례법이 중심이다.

토머스 모어(1478~1535)는 도둑질을 막으려면 법령을 강화할 것이 아니라 그들이 도둑을 하지 않도록 먹고 살게 해주어야 한다고 강조한다. 그러면서 16세기 영국에서 양이 농민을 잡아먹는다는 '인클로저'를 비판한다. 토머스 모어는 잉글랜드 왕국의 법률가, 저술가, 사상가, 정치가, 기독교의 성인으로 덕망 높은 인문주의자이다. 헨리 8세의 이혼을 반대한 죄로 사형에 처해졌다. 에라스무스는 토머스 모어의 집에서 『우신예찬』을 쓰고 이에 자극받아 토머스 모어는 『유토피아』를 쓴다. 사형 집행인에게 했다는 유명한 말을 제목으로 하는 『내 목은 짧으니 조심해서 자르게』(1999. 박원순)라는 책이 있다.

| 필사하기 |

● 法令滋彰(법령자창)하면 盜賊多有(도적다유)하니라.

*法(법 법), 令(규칙 령), 滋(불을 자), 彰(드러날 창), 盜(훔칠 도), 賊(도둑 적)

【법령이 더욱 도드라지면 도적이 많아진다.】

■ 『논어』「요왈」謹權量(근권량)하며 審法度(심법도)하며 修廢官(수폐관)하신대 四方之政(사방지정)이 行焉(행언)하니라.

*謹(삼갈 근), 權(저울추 권), 量(헤아릴 량), 審(살필 심), 法(법 법), 度(법도 도), 修(닦을 수), 廢(폐할 폐), 官(벼슬 관), 政(정사 정), 焉(어조사 언)

【도량형을 바로 하며 법과 제도를 살펴 정비하고, 없어진 관직을 수리하

니 사방의 정치가 잘 행해졌다. 】

『도덕경』과 『논어』로 우리 삶의 균형 찾기

노자는 법령을 도드라지게 하면 도둑이 많다고 하고, 공자는 법령을 바르게 하면 세상이 잘 다스려진다고 말한다. 노자는 법령을 최소화함을 말하고, 공자는 올바른 법을 강조한다.

제58장 나랏일이 지나치게 꼼꼼하면 숨 막힌다

성적 걱정은 학생인데 부모가 볼 때마다 한마디 하고
결혼 걱정은 당사자인데 주변 눈초리가 더 날카롭다.
하나하나 따지고 들어
꼼꼼히 재촉하면 숨 막힌다.

바름이 기이함이 되고
착함이 요사함이 되니
성인은 나누지 않고
빛나되 그 빛으로 눈 못 뜨게 하지 않는다.
청렴하되 청렴하지 않은 자도 부끄럽게 하지 않는다.

| 본문 |

其政悶悶(기정민민)하면	그 정사(政事)가 어리숙하면
其民淳淳(기민순순)하고	그 백성이 매우 순박하고
其政察察(기정찰찰)하면	그 정사가 지나치게 꼼꼼하면
其民缺缺(기민결결)하니라.	그 백성이 매우 이지러진다.

禍兮福之所倚(화혜복지소의)로다.	화여, 복이 의지하는 바이고
福兮禍之所伏(복혜화지소복)이로다.	복이여, 화가 숨는 바이니
孰知其極(숙지기극)이리오?	누가 그 끝을 아는가?
其無正(기무정)이면	그것에는 올바름이 없다.[94]
正復爲奇(정복위기)하고	바름은 다시 기이함이 되고
善復爲妖(선복위요)하니	착함은 다시 요사함이 되니
人之迷(인지미)가	사람의 미혹함이
其日固久(기일고구)라.	날로 굳어진 지 오래다.
是以(시이)로	이런 까닭에
聖人方而不割(성인방이불할)하고	성인은 모가 나되 나누지 않고
廉而不劌(염이불귀)하며	청렴하되 상처를 입히지 않으며
直而不肆(직이불사)하고	곧되 방자하지 않고
光而不燿(광이불요)하니라.	빛나되 눈부시게 하지 않는다.

| 해석과 감상 |

이 장은 어리숙한 정치가 백성을 순박하게 한다고 말한다. 명쾌함이 나
누고 상처를 입혀 오히려 위험하다. 정치가 지나치게 꼼꼼하면 모가 나면
서 나누게 되고, 청렴하면서 상처를 입히고, 곧되 방자하며, 빛나되 눈부

---

94. '그것에 올바름이 없다' 또는 '그것이 올바름이 아니면'으로 해석한다. 그 선택의 기준은
문맥이다. 여기서는 전자를 택한다. 이유는 그 끝을 알 수 없고 그것에 올바름이 없기
때문에 바로 아래 문장에서 바름이 다시 기이함으로 바뀔 수 있기 때문이다. 올바름이
있다면 그곳에서 멈추고 바름은 기이함이 될 수 없다. 올바름이 없기에 사람은 미혹된
다. 그래서 성인은 청렴을 칭찬하되 그렇지 못한 이에게 상처를 입히지 않는다. 모두를
포괄하고 판단하더라도 우열을 가리지 않는다.

시게 한다. 좋은 것이 좋은 것으로 이어지려면 어리숙하고 순박해야 한다. 절대적인 선악, 미추, 시비는 존재하지 않는다. 오히려 이치를 따지지 않고 대범하고 흐리멍덩한 것이 나을 수 있다. 지금 옳다고, 곧다고, 깨끗하다고 잣대를 들이대며 자르고 깎고 자랑해서는 안 된다. 그 부작용으로 나누고, 상처입고, 방자하고, 눈부시다.

| 필사하기 |

● 其政悶悶(기정민민)**하면 其民淳淳**(기민순순)**하고, 其政察察** (기정찰찰)**하면 其民缺缺**(기민결결)**하니라.**

*政(정사 정), 悶(어두울 민), 淳(순박할 순), 察(살필 찰), 缺(이지러질 결)

【정사(政事)가 어리숙하면 백성이 매우 순박하고 정사가 지나치게 꼼꼼하면 백성이 매우 이지러진다.】

● 光而不燿(광이불요)**하니라.**

*光(빛 광), 燿(빛날 요)

【빛난다고 눈부시게 하지 않는다.】

■ 『논어』「안연」孔子對曰(공자대왈), 政者(정자)**는 正也**(정야) **니라.**

*對(대답할 대), 政(정사 정), 者(것 자), 正(바를 정)

【공자가 대답하여 가로되, 정사란 바름이다.】

■ 『논어』「자로」葉公問政(섭공문정). 子曰(자왈), 近者說(근자 열)**하며 遠者來**(원자래)**니라.**

*葉(잎 엽, 땅이름 섭), 政(정사 정), 近(가까울 근), 說(기쁠 열), 遠(멀 원)

【섭공이 정치에 관해 묻자 공자 가로되, 가까이 있는 사람은 기쁘게 하고 멀리 있는 자는 오게 하는 것이다.】

노자의 정치는 어리숙함이고, 공자의 정치는 바름의 실천이다. 노자는 나눔으로써 갈등을 일으키는 정치를 경계한다. 공자는 사람들을 기쁘게 하여 멀리서도 오게 하는 적극적인 정치를 주문하지만 찾아오는 자로 한정한다. 노자는 사람의 판단이 미혹으로 굳어졌다며 빛나는 사람으로 인해 그 빛으로 눈멀게 하는 어리석음을 경계한다. 공자는 올바름으로 모두를 기쁘게 하려 한다. 분명한 것은 노자는 상처 입을 사람까지 배려한다는 점이다.

제59장 검소해야 오래 간다

곡식을 거두어 근본이 쌓이면
못하는 것이 없고
그 끝을 알지 못한다.

| 본문 |

治人事天(치인사천)은	사람을 다스리고 하늘을 섬김은
莫若嗇(막약색)이라.	아낌[95]만한 것이 없다.
夫唯嗇(부유색)은	대저 오직 아낌이란
是以早服(시이조복)이라.	일찍 따르는 것이다.
早服(조복)은	일찍 따르는 것은

---

95. 검소함, 아낌은 욕망을 덜어내는 일로 도를 일찍(빨리) 따르는 일이며 덕을 쌓는 일이다.

謂之重積德(위지중적덕)이니	이를 거듭 덕을 쌓는 것이라 한다.
重積德(중적덕)이면	거듭 덕을 쌓으면
則無不克(즉무불극)하고	이기지 못하는 것이 없고
無不克(무불극)이면	이기지 못하는 것이 없으면
則莫知其極(즉막지기극)하고	그 끝을 알지 못한다.
莫知其極(막지기극)이면	그 끝을 알지 못하면
可以有國(가이유국)이고	가히 나라를 보유할 수 있고
有國之母(유국지모)이면	나라의 어머니가 있으면
可以長久(가이장구)니라.	가히 장구할 수 있다.
是謂深根固(시위심근고저)하여	이를 뿌리가 깊고 견고하여
長生久視之道(장생구시지도)니라.	오래 살고 오래 보는 도라 한다.

| 해석과 감상 |

검소, 아낌의 정치가 나라를 보유하고 장구하게 한다. 이 장은 색(嗇)의 정치로 장생구시, 즉 장생불사의 도를 서술한 문장으로 유명하다. 색(嗇) 은 곡식을 거둬들여 저장한다는 의미에서 농민들의 검소를 뜻한다. 왕충 은 이 장이 황로학의 핵심 사상을 보여준다고 설명한다. 왕필은 근본을 받 들어 말단을 세운다고 해석한다.

| 필사하기 |

● 治人事天(치인사천)은 莫若嗇(막약색)이라.

*治(다스릴 치), 事(섬길 사), 天(하늘 천), 莫(없을 막), 若(같을 약), 嗇(아낄 색,
곡식 거둘 색)

【사람을 다스리고 하늘을 섬기는 것은 아낌만한 것이 없다.】

● 重積德(중적덕)이면 則無不克(즉무불극)하니라.

*重(거듭 중), 積(쌓을 적), 德(덕 덕), 則(곧 즉), 克(이길 극)

【거듭 덕을 쌓으면 이기지 못하는 것이 없다.】

● 長生久視(장생구시).

*長(길 장), 生(날 생), 久(오랠 구), 視(볼 시)

【오래 살고 오래 본다.】

■ 『논어』「위정」 子曰(자왈), 爲政以德(위정이덕)이 譬如北辰(비여북신)이 居其所而衆星共之(거기소이중성공지)니라.

*政(정사 정), 德(덕 덕), 譬(비유할 비), 辰(별 이름 신), 居(있을 거), 星(별 성)

【공자 가로되, 정치를 덕으로 하는 것은 비유하면 북극성이 머무르고 이를 많은 별이 떠받드는 것 같다.】

『도덕경』과 『논어』로 우리 삶의 균형 찾기

노자는 덕을 아끼는 일에 견주고, 공자는 덕을 북두칠성에 비유한다. 노자는 덕을 오래 살고 오래 보는 것이라 말하고, 공자는 덕을 모두가 떠받드는 것이라 말한다. 노자는 개인의 행복한 삶에 시선을 두고, 공자는 남들을 의식하는 삶에 관심을 둔다.

제60장 나라를 다스림은 작은 생선을 굽는 것과 같다

작은 생선은 가끔 뒤집어야
부스러지지 않고 먹기 좋게 잘 익는다
잘 익은 고기는 신령조차 감동시킨다.
뿌리 있는 식물을 자주 옮기면 뿌리를 해친다.
법령을 자주 바꾸면 많은 백성이 상처 입는다.
진득해야 복이 달아나지 않는다.
그렇다고 술자리에 오래 앉아 있으면 건강조차 달아난다.

| 본문 |

治大國(치대국)은	큰 나라를 다스리는 것은
若烹小鮮(약팽소선)이라.	작은 생선을 굽는 것과 같다.
以道莅天下(이도리천하)면	도로써 천하를 다스리면
其鬼不神(기귀불신)이라.	그 귀신이 신령스럽지 못하다.
非其鬼不神(비기귀불신)이라	그 귀신이 신령하지 못함이 아니라
其神不傷人(기신불상인)이요	그 신령함이 사람을 해치지 못한다.
非其神不傷人(비기신불상인)이라	그 신령함이 사람을 해치지 못하는 것이 아니고
聖人亦不傷人(성인역불상인)이요	성인이 또한 사람을 해치지 않는다.
夫兩不相傷(부양불상상)이면	무릇 둘이 서로 해치지 않으면
故德交歸焉(고덕교귀언)이니라.	덕이 서로에게 돌아간다.

| 해석과 감상 |

백성들에게 상처를 내지 않으려면 작은 생선을 굽듯이 도로써 천하를 다스려야 한다. 이 장은 노자의 정치철학을 작은 물고기 굽는 일에 비유하여 설명한다. 작은 생선을 구울 때는 자주 뒤집어도 안 되며 내팽개쳐 두어도 안 된다. 도로써 천하를 다스리면 귀신과 성인이 서로 상처를 입히지 않고 덕을 주고받으며 돌아간다. 『장자』「천도편」「선성편」에 유사한 내용이 있다.

| 필사하기 |

●治大國(치대국)은 若烹小鮮(약팽소선)이라.

*治(다스릴 치), 國(나라 국) 烹(삶을 팽), 若(같을 약), 鮮(생선 선)

【큰 나라를 다스리는 것은 작은 생선을 굽는 것과 같다.】

■『논어』「자로」子曰(자왈), 無欲速(무욕속)하며 無見小利(무견소리)니 欲速則不達(욕속즉부달)하고 見小利則大事不成(견소리즉대사불성)이니라.

*欲(하고자 할 욕), 速(빠를 속), 利(이로울 리), 達(통달할 통), 成(이룰 성)

【(자하가 거보의 재상이 되어 정사를 물으니) 공자 가로되, 빠르고자 하지 말며, 작은 이익을 보려 하지 말라. 빠르게 하려면 통달하지 못하고, 작은 이익을 보면 큰일을 이루지 못한다.】

『도덕경』과 『논어』로 우리 삶의 균형 찾기

노자는 상처를 주지 않는 정치를 주문하고, 공자는 정사에서 작은 이익에 매달리지 말라고 말한다. 노자는 작은 생선 굽는 정치를 말하고, 공자는 큰일을 이루고자 통달하는 정치를 이야기한다.

제61장 위하(爲下), 얻으려면 낮은 자세로 섬겨야 한다

어머니가 아이를 돌보듯
자식이 부모를 모시듯
낮은 자세로 서로 섬겨야 모두를 얻는다.
낮은 곳에 있어야 모두를 담는다.
고요함이 서로를 담는다.
노자왈 공자 왈 옳다 하나
나라와 나라 사이가 고요한 적이 있었던가!

| 본문 |

大國者下流(대국자하류)니	큰 나라는 강의 하류이니
天下之交(천하지교)요	천하의 사귐이요
天下之牝(천하지빈)이라.	천하의 여인이다.
牝常以靜勝牡(빈상이정승모)하고	여성(음)은 언제나 그 고요함으로 남성(양)을 이기고
以靜爲下(이정위하)라	고요함으로 아래가 된다.
故大國以下小國(고대국이하소국)이면	그러므로 큰 나라가 작은 나라 아래가 되면
則取小國(즉취소국)하고	작은 나라를 얻는다.
小國以下大國(소국이하대국)이면	작은 나라가 큰 나라 아래가 되면
則取大國(즉취대국)하니	큰 나라를 얻는다.
故或下以取(고혹하이취)하고	그러므로 한 쪽(대국)은 아래로써

	얻고[96]
或下而取(혹하이취)니라.	다른 한쪽(소국)은 아래에 있어 얻는다.[97]
大國不過欲兼畜人(대국불과욕겸축인)이요	큰 나라가 겸하여 남을 기르려 하고
小國不過欲入事人(소국불과욕입사인)이니	작은 나라가 들어가 남을 섬기려 하니,
夫兩者各得其所欲(부량자각득기소욕)이면	무릇 둘 다 하고자 하는 바를 얻으려면,
大者宜爲下(대자의위하)니라.	큰 나라가 마땅히 아래가 된다.

| 해석과 감상 |

작은 나라는 아래에 처하여 스스로를 보전하고, 큰 나라가 아래에 처하는 미덕을 발휘하면 천하가 들어오게 된다. 이 장에서 노자는 유약의 정치론을 펼친다. 소국과민(小國寡民)과 함께 후세 사람들이 첨가했다는 논란이 있다. 작은 나라는 큰 나라에 의지하고, 큰 나라는 작은 나라를 거느리기를 바랄 뿐이다. 대국을 다스리면서 소국을 섬기는 자는 하늘의 이치를 즐거워하는 자이며, 소국을 다스리면서 대국을 섬기는 자는 하늘의 이치를 경외하는 자이다. 전자는 천하를 보전할 수 있고, 후자는 나라를 보전할 수 있다. 큰 나라가 작은 나라를 취하면 큰 나라 방식으로 다스림으로써 작은 나라가 차별을 받을 수 있다. 차별 없이 연방국으로 인정이 된다면 평

---

96. 소국의 신뢰를.

97. 대국의 신뢰를.

화를 유지하는 하나의 방법이 될 수 있다. 『맹자』「양혜왕 장구 하편」과 함께 읽어 볼 수 있는 장이다.

| 필사하기 |

● 大者宜爲下(대자의위하)**니라.**

*者(사람 자), 宜(마땅할 의), 爲(할 위)

【큰 것, 큰 사람이 마땅히 아래에 처해야 한다.】

■ 『논어』「학이」 子曰(자왈), 道千乘之國(도천승지국)**하되 敬事而信**(경사이신)**하고 節用而愛人**(절용이애인)**하며 使民以時**(사민이시)**하니라.**

*乘(탈 승), 敬(공경할 경), 信(믿을 신), 節(마디 절), 使(시킬 사)

【공자 가로되, 천 대의 전차[98]를 가진 나라를 이끌어가는 방법은 일을 경건하게 처리하고 믿으며, 비용을 절약하고 사람을 사랑하며, 백성을 때에 맞춰서 부리는 것이다.】

『도덕경』과 『논어』로 우리 삶의 균형 찾기

노자는 큰 나라와 작은 나라가 싸우지 않고 지내는 방법을 말하고 있고, 공자는 제후국을 다스리는 정치를 말한다. 국가 관계가 이익을 내세움으로써 노자나 공자의 방식 모두 그 실천 사례를 찾기 어렵다. 대부분 큰 나라가 작은 나라를 호시탐탐 침략해 왔다는 역사적 사례가 이를 말해 준다.

---

98. 만승(萬乘)지국은 천자의 나라, 천승지국은 제후의 나라, 백승지국은 대부의 영지를 말한다. 이들은 전쟁이 날 경우 만 대, 천 대, 백 대의 전차를 내놓았다.

제62장 도는 선하지 않아도 만물을 감싸 안는다

도는 만물의 근원이어서
선하지 않다고 버리지 않는다.
도를 귀하게 여기면 죄조차 면할 수 있으니
큰 구슬이나 사두마차를 앞세울지라도 나을 것이 없다.
천하는 모두를 귀하게 여겨
착하지 않은 사람조차 보호하니
가진 귀한 것을 내세우지 말라.
착함만을 감싸지 말라.

| 본문 |

道者(도자)는 萬物之奧(만물지오)요
善人之寶(선인지보)이며
不善人之所保(불선인지소보)니라.
美言可以市(미언가이시)하고
尊行可以加人(존행가이가인)하나

人之不善(인지불선)이라고
何棄之有(하기지유)리오?
故立天子(고립천자)하고
置三公(치삼공)하되
雖有拱壁以先駟馬
(수유공벽이선사마)라도
不如坐進此道(불여좌진차도)니라.

도라는 것은 만물의 깊은 안방이고
착한 사람의 보배이며
착하지 않은 사람의 보호소이다.
아름다운 말이 장사를 할 수 있고
존귀한 행동이 남에게 보탬을 줄 수
있으나

사람이 착하지 않다고
어찌 버릴 수 있는가?
그러므로 천자를 세우고
삼공을 임명할 때는
비록 공벽이라는 큰 구슬을
갖고 사두마차를 앞서게 하더라도
앉아서 이 도로 나가는 것만 못하다.

古之所以貴此道者(고지소이귀차도자)	옛날부터 이 도를 귀하게 여기는
何(하)인고?	까닭이 무엇인가?
不日以求得(불왈이구득)이요	구하면 얻고
有罪以免邪(유죄이면사)인가?	죄가 있으면 면한다고 말하지
	않는가?
故爲天下貴(고위천하귀)니라.	그러므로 천하를 귀히 여긴다.

| 해석과 감상 |

이 장은 선한 사람, 선하지 않은 사람을 가리지 않고 한결같이 감싸 안는다는 도의 포용성을 말한다. 무엇보다도 도보다 귀한 것은 없다. 도로써 구하면 죄도 면한다고 옛말을 인용한다. 아름다운 말은 장사할 때 쓰이며, 존귀한 행위는 남의 이목을 끄는 모습으로 이 둘은 자신의 이익을 위한 행동들일 수 있다. 아름다운 말이나 훌륭한 행위가 겉으로 나타나는 표면적인 모습이며 실제로는 기만적인 모습일 수 있다. 유가의 예의 바른 행동에 대한 비판으로 해석할 수 있다. 천자를 세우거나 삼공을 임명할 때는 큰 구슬이나 사두마차 같은 선물보다 도의 가르침이 낫다. 도는 만물의 근원이어서 선하거나 선하지 않거나 죄조차 면하니, 도로써 구하면 세상이 귀하게 여기지 않는 것이 없다.

생명은 공생한다. 자연 생태계는 좋은 것도 없고 나쁜 것도 없다. 생태계는 존재함으로써 그 자체가 지속 가능한 공간이다. 생명은 순환이다. 생명체는 세균조차도 생명에 도움이 된다. 무균 상태에서 동물들은 감염된 동물보다 음식과 물을 더 많이 필요로 한다고 한다. 건강한 생명체는 세균이 감염된 상태에서 평형을 유지하는 상태이다. 세균에 반복적으로 감염됨으로써 우리 몸은 면역 세포가 자기 역할을 다하고, 그 결과 건강을 유지한다. 무티우스 박사는 어린 시절에 세균에 노출된 정도와 천식 발생률 사이에 반비례 관계가 있다는 연구 결과를 발표했다(『감염』, 제럴드 N. 캘러헌, 강병철 옮김). 지저분한 환경에서 자란 아이들이 면역력이 높았다. 지구에는 환경과 생물이 공조하며 자기 항상성을 유지해 왔다. 이 항상성은 다양한 생물들이 서로 유기적인 관계 속에서 유지되어 왔다. 세균조차 항상성을 유지하는 요소이다. 죽은 사체를 분해하는 세균이 없다면 지구에는 동물들의 사체로 쌓여 있을 것이다. 인간세계도 자연 생태계와 같다. 인간이 이를 깨닫지 못할 뿐이다. 인간의 기준으로 착하고 착하지 않음을 판단하지 말고, 각각의 역할로 존중해야 인간 생태계가 건강해질 것이다.

| 필사하기 |

● 人之不善(인지불선)이라고 何棄之有(하기지유)리오.

*善(착할 선), 何(어찌 하), 棄(버릴 기), 有(있을 유)

【사람이 착하지 않다고 어찌 버릴 수 있는가?】

■『논어』「학이」子曰(자왈), 君子不重(군자부중)이면 則不威(칙불위)하니 學則不固(학칙불고)니라. 主忠信(주충신)하고 無友不如己者(무우불여기자)하며 過則勿憚改(과칙물탄개)니라.

*重(무거울 중), 威(위엄 위), 固(굳을 고), 過(허물 과), 勿(말 물), 憚(꺼릴 탄), 改(고칠 개)

【공자 가로되, 군자가 무겁지 않으면 위엄이 없으니 배워도 견고하지 못하다. 충과 신을 중심으로 하고 자기만 못한 사람을 벗으로 사귀지 않으며 허물이 있으면 고치기를 꺼리지 않는다.】

■『논어』「자한」子曰(자왈), 子曰, 主忠信, 毋友不如己者, 過則勿憚改.

『도덕경』과 『논어』로 우리 삶의 균형 찾기

노자는 착하지 않은 사람을 보호하며 버리지 않는다고 말하나, 공자는 자기만 못한 사람을 벗으로 사귀지 않는다고 말한다. 노자는 죄가 있는 사람조차 죄를 면하게 해 준다고 하고, 공자는 자기보다 나은 사람을 통해 배우라고 말한다. 노자의 도는 천하를 귀하게 여겨 죄가 있는 사람에게조차 가능성을 준다.

제63장 쉽고 작은 일에서 시작해야 끝에 어려움이 없다

억지로 무리하게 하지 말고
잔재주로 행하지 말라.
강렬한 맛을 버려야
본래의 맛을 안다.
맛없는 맛을 보라
모든 것은 쉽고 작은 데서 시작한다.
쉽게 허락하면 믿음이 부족하고
너무 쉽게 다가가면 어려운 일이 닥치니
오히려 쉬운 것도 어렵게 하여야
마지막에 어려움이 없다.

| 본문 |

爲無爲(위무위)하고	무위로 행하고
事無事(사무사)하고	일함이 없는 일을 하고
味無味(미무미)하니라	맛없는 것을 맛본다.

大小多少(대소다소)하며 　　　큼이 작음이고 많음이 적음이며[99]

報怨以德(보원이덕)하고 　　　원한을 덕으로 보답하고

圖難於其易(도난어기이)하며 　어려운 일을 쉬운 데서 도모하며

爲大於其細(위대어기세)니라. 　큰일을 작은 데서 한다.

天下難事(천하난사)는 　　　세상의 어려운 일은

必作於易(필작어이)요 　　　반드시 쉬운 일에서 시작하고,

天下大事(천하대사)는 　　　세상의 큰일은

必作於細(필작어세)니라. 　　반드시 작은 일에서 시작한다.

是以聖人終不爲大 　　　성인은 끝내 큰일을 하지
(시이성인종불위대)하니 　않으니

故能成其大(고능성기대)니라. 　그래서 큰일을 이룰 수 있다.

夫輕諾必寡信(부경낙필과신)이요 　무릇 가볍게 수락하면 반드시
　　　믿음이 적고,

多易必多難(다이필다난)이라. 　너무 쉬우면 반드시 어려운 일이
　　　많다.

是以聖人猶難之(시이성인유난지)라 　이로써 성인이 오히려 일을
　　　어렵게 하는지라,

故終無難矣(고종무난의)니라. 　그러므로 끝에 가서 어려운 일이
　　　없다.

---

99. 다른 해석은 1) 크거나 작거나 많거나 적거나, 2) 큼이 작음이요 많음이 적음이다. 맥락을 고려하여 여기서는 후자를 택한다. 이는 구체적으로는 큰 것은 작은 데서, 많은 것은 적은 데서 시작한다는 의미로 보아야 할 것이다.

| 해석과 감상 |

언제나 무슨 일이든 처음처럼 행해야 한다. 그러면 끝에 가서 어려운 일이 생기지 않는다. 이 장은 무위(無爲)의 기술을 서술한다. '천릿길도 한 걸음부터'이다. 기본으로 돌아가라. '원한을 덕으로 보답한다.'는 문맥상 원한을 남김없이 해소한다는 의미로 해석한다. 그것이 무위, 무사, 무미의 상태이며 거기에서 하는 출발이 쉽고 작은 것이다. 그 종착지는 끝에 가서 어려움이 없는 경지이다. 곧, 대(大)와 다(多), 원한과 어려운 일, 큰일이 같은 계열을 이루고 소(小)와 소(少), 덕, 쉬움, 작음이 같은 계열을 이룬다.

| 필사하기 |

● 天下難事(천하난사)는 必作於易(필작어이)요 天下大事(천하대사)는 必作於細(필작어세)니라.

*難(어려울 난), 事(일 사), 必(반드시 필), 作(지을 작), 易(쉬울 이), 細(가늘 세)

【세상에서 어려운 일은 반드시 쉬운 데서 시작하고, 세상에서 큰일은 반드시 작은 데서 시작한다. 】

제64장 천릿길도 발밑에서 시작한다

천릿길도 한걸음부터이나
그 한걸음은 도착할 때도 같아야 하니
끝까지 신중하지 않으면
넘어지고 상처난다.
언제나 실패는 성공할 즈음이다.
시간이 지날수록 되돌아보아야 할 것은,

‘처음’이다.
세속의 욕심을 버리고
잘못된 배움을 버려야
패하지 않고 잃지 않는다.

| 본문 |

其安易持(기안이지)요   안정된 상태일 때 유지하기 쉽고

其未兆易謀(기미조이모)며   조짐이 없는 때 꾀하기 쉬우며

其脆易泮(기취이반)이요   무를 때 녹이기 쉽고

其微易散(기미이산)이라.   미세할 때 흩어지기 쉽다.

爲之於未有(위지어미유)하라.   일이 생기기 전에 하라.

治之於未亂(치지어미란)하라.   어지럽기 전에 다스려라.

合抱之木(합포지목)도   한아름 되는 나무도

生於毫末(생어호말)하며   털끝에서 나오고

九層之臺(구층지대)도   구층의 누각도

起於累土(기어누토)하며   흙을 쌓는 데서 일어나며

天理之行(천리지행)도   천릿길도

始於足下(시어족하)라.   발밑에서 시작된다.

爲者敗之(위자패지)요   인위로 하는 자는 실패하고

執者失之(집자실지)라.   잡으려는 자는 잃으니

是以聖人(시이성인)은   이런 까닭에 성인은

無爲故無敗(무위고무패)요   무위하여 패하지 않고

無執故無失(무집고무실)이라.   잡지 아니하여 잃지 않는다.

民之從事(민지종사)면	백성(사람)이 일을 하면
常於幾成而敗之(상어기성이패지)니라.	항상 성공할 즈음에 실패한다.
愼終如始則無敗事	끝이 시작처럼 신중하면
(신종여시칙무패사)니라.	실패 하는 일이 없다.
是以聖人(시이성인)은	이런 까닭에 성인은
欲不欲(욕불욕)하여	욕심 없는 욕심이 있어
不貴難得之貨(불귀난득지화)하며	얻기 어려운 재화를 귀히 여기지
	않으며
學不學(학불학)하여	배움 없는 배움이 있어
復衆人之所過(복중인지소과)하며[100]	많은 사람의 잘못을 회복하며
以輔萬物之自然(이보만물지자연)하여	만물의 자연을 도움으로써
而不敢爲(불감위이)라.	감히 인위로 하지 않는다.

| 해석과 감상 |

성인은 욕망이 없는 상태를 욕망하고, 인위의 배움이 없는 상태를 배운다. 이 장은 무위의 인생 태도를 서술하고 있다. 欲不欲(욕불욕)에서 불욕

---

100. 復衆人之所過을 여러 가지로 해석할 수 있다. 1) 많은 사람이 허물로 여기는 것으로 돌아간다. 2) 많은 사람이 지나간 것으로 돌아간다. 3) 많은 사람들의 과오를 보충한다. 4) 많은 사람의 잘못을 제거한다. 이들을 어떻게 해석하든 재화를 귀하게 여기지 않고, 인위로 하지 않는다는 앞뒤의 문장과 맥락이 같아야 한다. 잘못된 욕심이 재화를 귀하게 여긴다와 같이 잘못된 배움으로 많은 사람이 잘못(허물, 과오)를 한다가 될 것이다. 이의 부정은 노자식의 욕심이 재화를 귀하게 여기지 않고, 노자식의 배움이 많은 사람의 잘못을 덜어낸다, 보충한다가 된다. 복(復)은 회복하다, 돌아가다, 되돌리다, 보충하다, 뒤집다, 덜다, 제거하다, 면제하다 등의 뜻이 있다.

(不欲)은 욕망이 없는 상태, 學不學(학불학)에서 불학(不學)은 배움이 없는 상태로 이 둘은 자연을 뜻한다. 일이 다 되어갈 때 처음과 같은 마음이 사라지고 긴장이 풀리면서 실패한다. 최고의 선수들은 흔들리면 처음으로 돌아간다. 류시화는『좋은지 나쁜지 누가 아는가』라는 그의 산문집에 있는 「마법을 일으키는 비결」이란 글에서 인도의 피리 연주자 하리프라사드 초우라시아 이야기를 한다. 초우라시아는 40대에 이미 살아 있는 전설로 불리기 시작했는데 80세인 지금도 그의 연주를 능가할 사람이 없다. 그는 80세에 한국까지 긴 비행시간 후에 40분의 연주를 위해 쉬라고 해도 쉬지 않고 연습한다. 바로 전날 연주회를 했는데 오늘 같은 연주를 하기 위해서 점심을 먹는 둥 마는 둥 연습하는 모습을 지켜본 이야기를 소개한다.

| 필사하기 |

● 爲之於未有(위지어미유)하라. 治之於未亂(치지어미란)하라.

*爲(할 위), 未(아닐 미), 有(있을 유), 治(다스릴 치), 亂(어지러울 란)

【일이 생기기 전에 하라. 어지럽기 전에 다스려라.

● 天里之行(천리지행)도 始於足下(시어족하)라.

*天(하늘 천), 里(마을 리), 行(갈 행), 始(처음 시), 足(발 족)

【천 리 길도 발밑에서 시작된다.】

● 愼終如始則無敗事(신종여시칙무패사)니라.

*愼(삼갈 신), 終(끝날 종), 如(같을 여), 始(처음 시), 則(곧 즉), 敗(패할 패)

【끝이 시작과 같이 신중하면 실패하는 일이 없다.】

■ 『논어』「자장」子夏聞之(자하문지) 曰(왈) 有始有卒者(유시유

졸자)는 **其唯聖人乎**(기유성인호)**로다!**[101]

*夏(여름 하), 聞(들을 문), 始(처음 시), 卒(마칠 졸), 唯(오직 유), 聖(성스러울 성)

【자하가 이를 듣고 가로되 처음과 끝이 있는 사람은 오직 성인뿐이구나!】

『도덕경』과 『논어』로 우리 삶의 균형 찾기

노자는 시작의 중요성과 함께 마지막까지 일관된 태도를 말한다. 공자는 처음과 끝이 같아야 한다는 일관성을 중시한다. 노자와 공자 모두 끝에서도 처음과 같은 자세여야 한다는 점에서 같다. 성인은 처음부터 끝까지 같은 마음이다. 처음은 쉽지만 그 처음의 마음가짐으로 끝에 도달하기는 쉽지 않다. 용두사미(龍頭蛇尾)는 끝맺음의 중요성을 강조하는 말이다.

제65장 큰 질서는 지혜가 없다

소박함이 현란함보다 아름답고
어리석음이 똑똑함보다 낫다.
침묵이 수다보다 진실하다.
총명함은 또 다른 총명함으로 나아가고
지혜 또한 또 다른 지혜를 낳는다.
또 다른 총명과 지혜는
인간의 욕심 보따리를 터트려
인간의 사지를 환형(轘刑)처럼 찢는다.

---

101. 『논어』에는 성인에 대한 구체적 언급이 거의 없다.

| 본문 |

古之善爲道者(고지선위도자)는
非以明民(비이명민)하고
將以愚之(장이우지)하니라.
民之難治(민지난치)는
以其智多(이기지다)라.
故以智治國(고이지치국)은
國之賊(국지적)이요
不以智治國(불이지치국)이
國之福(국지복)이라.
知此兩者亦稽式(지차량자역계식)
이니
常知稽式(상지계식)을
是謂玄德(시위현덕)이라.
玄德深矣遠矣(현덕심의원의)라
與物反矣(여물반의)라
然後乃至大順(연후내지대순)이니라.

옛날 도를 잘 닦은 사람은
백성을 총명[102]하게 하지 않고
오히려 어리석게[103] 했다.
백성을 다스리기 어려움은
지혜가 많기 때문이다.
그러기에 지혜로 나라를 다스리면
나라의 적이 되고
지혜로 나라를 다스리지 않으면
나라의 복이 된다.
이 둘을 아는 것이 또한 하늘의
법도이니
언제나 하늘의 법도를 아는 것을
이를 그윽한 덕이라 한다.
그윽한 덕이 깊구나! 멀도다!
만물과 함께 되돌아가는구나!
그런 후에 대순[104]에 이른다.

| 해석과 감상 |

큰 질서(大順)는 도(道)에 크게 순응하는 무위의 경지이다. 이 장은 성인

---

102. 총명은 덕을 해치는 것으로 부정적 의미이다.

103. 여기서 어리석음은 도와 가까운 것이다.

104. 大順, 큰 질서.

의 현덕의 정치를 설명한다. 우(愚, 어리석음)는 노자가 말하는 통나무이다. 통나무는 소박함이며 가공하기 이전의 모습이다. 백성들이 지혜로우면 다스리기 어렵다. 노자가 말하는 지혜가 백성들에 있으면 하늘의 법도에 어긋하게 되어 나라의 적이 된다. 백성이 지혜가 많으면 꾀가 많아 교묘히 속이려 들어 다스림도 꾀로 해야 하고 그 결과 나라가 해악으로 가득하다. 『한비자』「해로(解老)」편과『장자』「천지」편에도 나온다.

| 필사하기 |

● 不以智治國(불이지치국)이 國之福(국지복)이라.

*智(슬기 지), 治(다스릴 치), 國(나라 국), 福(복 복)

【지혜 없이 다스리는 것이 나라의 복이다.】

제66장 낮춤의 철학은 다툼이 없다

낮추어야 높아지고
뒤에 서야 앞서게 된다.
자랑하지 않는 사람이
자랑스럽고
말 없는 사람이
말 많은 사람보다 말에 무게 있다.

| 본문 |

江海所以能爲百谷王者
(강해소이능위백곡왕자)는
以其善下之(이기선하지)라

강과 바다가 모든
골짜기의 왕이 될 수 있는 까닭은
아래에 잘 머물기 때문이다.

故能爲百谷王(고능위백곡왕)이라.	그러기에 모든 골짜기의 왕이 될 수 있다.
是以欲上民(시이욕상민)이면 必以言下之(필이언하지)하고	이런 까닭에 백성 위에 서려면 반드시 말로써 아래에 머물러야 한다.
欲先民(욕선민)이면 必以身後之(필이신후지)하니라. 是以聖人處上(시이성인처상)이나 而民不重(이민부중)하고 處前而民不害(처전이민불해)하니라.	백성을 앞서려면 반드시 몸을 뒤에 두어야 한다. 이런 까닭에 성인은 위에 처하나 백성이 무겁다 하지 않고 앞에 있어도 백성이 방해로 여기지 않는다.
是以(시이)로 天下樂推而不厭(천하낙추이불염)하고	이런 까닭에 천하는 즐거이 추대하고 싫어하지 않는다.
其不爭(이기부쟁)이라 故天下莫能與之爭(천하막능여지쟁)이라.	그(성인)는 다투지 않아 천하가 그와 다툴 줄 모른다.

| 해석과 감상 |

이 장은 다투지 않는 덕, 낮춤의 철학을 말하고 있다. 국민 위에 있더라도 국민이 전혀 무게를 느끼지 않아야 훌륭한 정치가이다. 훌륭한 정치가는 국민과 다툼이 없어 다스리는 나라가 평화롭다. 상민(上民)을 '백성을 높인 다'로도 해석할 수 있다. 그러나 성인처상(聖人處上)을 고려하면 '백성 위에 선다'로 보아야 모순이 없다. 낮추어야 높아지고 뒤에 서야 앞서게 된다.

| 필사하기 |

● 欲先民(욕선민)**이면** 必以身後之(필이신후지)**하니라.**

*欲(하고자 할 욕), 先(앞 선), 民(백성 민), 必(바드시 필), 身(몸 신), 後(뒤 후)

【백성을 앞서려면 반드시 몸을 뒤에 두어야 한다.】

■『**논어』「자장」** 子夏曰(자하왈), 君子信而後勞其民(군자신이
후로기민), 未信則以爲厲己也(미신즉이위려기야). 信而後諫(신
이후간), 未信 則以爲謗己也(미신즉이위방기야).

*信(믿을 신), 後(뒤 후), 勞(일할 로), 厲(괴로울 려), 諫(간할 간), 謗(헐뜯을 방)

【자하가 말하기를, 군자가 믿음이 있은 후에 백성을 부리고, 믿음이 없
으면 자기를 괴롭힌다고 여긴다. 신임을 얻은 후에 간하고, 믿음이 없다
면 자기를 비방한다고 여긴다.】

『도덕경』과 『논어』로 우리 삶의 균형 찾기

노자는 자기를 낮춰서 백성 뒤에 몸을 두어야 앞선다고 말하고, 공자는
믿음이 있어야 백성을 부리거나 임금에게 간언할 수 있다고 말한다. 노자
는 아래에 머물러야 한다고 말하고, 공자는 믿음이 있어야 한다고 말한다.
노자는 말과 몸을 낮추라고 하고, 공자는 나서서 신뢰를 얻으라 한다.

제67장 삼보(三寶), 자애, 검소, 그리고 앞이 되지 않는 것

자애, 검소, 세상의 앞이 되지 않는 것,
그중에 자애가 제일이라.
자애는 용기이며
자애는 베풂이다.

자애는 잘 쌓은 성이다.

공자는 이를 서(恕)라 하고

예수는 이를 사랑이라 하며

부처는 이를 자비라 한다.

| 본문 |

天下皆謂我道大(천하개위아도대)나	세상 모두 이르기를 나의 도는 크지만
似不肖(사불초)라 하고[105]	닮지 않은 것 같다고 한다.
夫唯大(부유대)라	대체로 오직 크기 때문에
故似不肖(고사불초)하니라.	닮지 않은 것 같다.
若肖(약초)[106]면	만약 닮았다면
久矣其細也夫(구의기세야부)로다.	오래 되어 세세했겠구나.
我有三寶(아유삼보)하여	내게 세 가지 보물이 있어
持而保之(지이보지)하니	이를 지니고 보존하니
一曰慈(일왈자)요	첫째는 자애
二曰儉(이왈검)이요	둘째는 검소

---

105. 불초(不肖)는 '닮지 않았다'라는 뜻에서부터 '아버지를 닮지 않았다는 뜻으로, 못나고 어리석은 사람을 이르는 말로 쓰이며, '아들이 부모를 상대하여 자기를 낮추어 이르는 일인칭 대명사'로 쓰인다. 주로 예전에 '불초 소자', '불초자', '불초남' 등을 썼다.

106. 약초(若肖), 구의기세야부(久矣其細也夫)와 약초구의(若肖久矣), 기세야부(其細也夫) 두 가지로 해석한다. 후자는 '닮아서 똑똑한 것이 오래되었다면 그것은 자잘하구나'가 된다. 의(矣)와 부(夫)를 감탄 어조사로 보면 이 글처럼 전자의 방식으로 띄어 읽고 해석한다.

三曰不敢爲天下先.

(삼왈불감위천하선)이라

慈故能勇(자고능용)하고

儉故能廣(검고능광)하며

不敢爲天下先(불감위천하선)하니

故能成器長(고능성기장)이라.

今舍慈且勇(금사자차용)하고

舍儉且廣(사검차광)하고

舍後且先(사후차선)하면

死矣(사의)로다.

夫慈以戰則勝(부자이전즉승)하고

以守則固(이수즉고)하니라.

天將救之(천장구지)하니

以慈衛之(이자위지)니라.

셋째는 감히 세상의 앞이

되지 않음이다.

자애롭기에 용감할 수 있고,

검소하기에 넓어질 수 있으며,

감히 세상에 앞서지 않으니

그릇의 으뜸이 될 수 있다.

이제 자애를 버린 채 용감하고

검약을 버린 채 넓히고

뒤를 버린 채 앞서면

죽는다.

자애로 싸우면 이기고

자애로 지키면 튼튼하다.

하늘이 이를 구하고자 하니

자애로 이를 호위한다.

| 해석과 감상 |

도가의 삼보(三寶)는 '자애, 검약, 세상에 앞서지 않는 것'이다. 이 장은 삼보(三寶)의 장으로 잘 알려져 있다. 세상 사람들이 이르기를 노자의 도는 크지만 도를 닮지 않은 것 같다고 말한다. 이는 도를 도라고 하면 도가 아니라는 제1장의 맥락과 같다. 도는 커서 이른바 사람들이 말하는 도가 아닌 것처럼 보인다. 세상 사람들이 말하는 도 같았다면 오래전에 그 도는 자질구레한 도, 사람들이 세세하게 설명하는 도가 되었을 것이다. 이 도는 노자의 도가 아니다. 노자의 도는 세세하게 말할 수 있는 도가 아니다. 노자에게 보물은 자애, 검소, 세상의 앞이 되지 않음이다. 어머니의 자애는 자식을 위해 어머니를 용감하게 하고 검소함은 부유하게 하며 앞서지 않기에 모든 것의 으뜸이 된다.

| 필사하기 |

● 一曰慈(일왈자)요 二曰儉(이왈검)이요 三曰不敢爲天下先 (삼왈불감위천하선)이라.

*慈(사랑 자), 儉(검소할 검), 敢(감히 감), 爲(할 위), 天(하늘 천), 先(앞 선)

【첫째는 자애, 둘째는 검소, 셋째는 감히 세상의 앞이 되지 않는 것이다.】

■『논어』「위령공」子貢問曰(자공문왈), 有一言而可以終身 行之者乎(유일언이가이종신행지자호)니까? 子曰(자왈), 其恕乎 (기서호)로다! 己所不欲(기소불욕)을 勿施於人(물시어인)이니 라.

*貢(바칠 공), 問(물을 문), 終(끝날 종), 身(몸 신), 恕(용서할 서, 어짊, 사랑), 己 (자기 기), 欲(하고자 할 욕), 勿(말 물), 施(베풀 시)

【자공이 묻기를 한 마디로 종신토록 행할 수 있는 것이 있습니까? 공자 가로되, 그것은 서(恕, 사랑)이다. 내가 하고 싶지 않은 바를 남에게 베풀 지 말라.】

『도덕경』과 『논어』로 우리 삶의 균형 찾기

노자는 자애를 제일로 꼽고, 공자는 서(사랑)를 첫째로 꼽는다. 두 사람 모두 사랑을 가장 중시했다. 예수도 같다. 노래 가사에도 사랑이 넘친다. 사람은 그만큼 인간 삶의 기본이다. 그러나 그만큼 깨지기 쉽기 때문에 사 랑을 자주 말하는지 모른다.

제68장 싸움을 잘하는 사람은 노하지 않는다

진정으로 이기는 자는
싸우지 않고 이긴다.
싸움을 잘하는 사람은 노하지 않는다.
드러내지 않아도 드러나는 자가 도사이다.

| 본문 |

善爲士者不武(선위사자불무)하고	훌륭한 무사는 무력을 사용하지 않고
善戰者不怒(선전자불노)하며	싸움을 잘하는 자는 노하지 않으며
善勝敵者不與(선승적자불여)하고	적을 잘 이기는 자는 맞붙지 않고
善用人者爲之下(선용인자위지하)니	남을 잘 부리는 자는 아래가 된다.
是謂不爭之德(시위부쟁지덕)이며	이를 다툼 없는 덕이라 하며
是謂用人之力(시위용인지력)이고	남을 부리는 힘이라 하고
是謂配天(시위배천)이니	하늘의 짝이라 하는데
古之極(고지극)이라.	옛날의 지극함이다.

| 해석과 감상 |

　드러내지 않아도 드러남이 있을 때 도사이다. 이 장은 도와 하나 되어 이기는 완전함을 이야기한다. 훈련사가 다른 닭이 소리쳐도 꿈쩍하지 않도록 훈련시키자 다른 닭이 싸우지 않고 달아난다. 잘 익은 벼 이삭은 고개를 숙인다. 빈 수레가 요란하다. 싸우지 않고 이기는 자가 가장 잘 싸우는 자이다. 『열자』에 싸움닭을 훈련하는 이야기가 나온다.

　『손자병법』제3편「모공(謀攻)」편에 "용병의 방법은 적국을 온전히 하는 것을 상책으로 삼고, 적국을 깨트리는 것을 다음으로 한다. 적의 군대를 온전히 하는 것을 상책으로 삼고, 적의 군대를 깨트리는 것을 다음으로 한다. 이런 까닭에 백번 싸워 백번 이기는 것이 최상의 방법이 아니며, 싸우지 않고 적의 군대를 굴복시키는 것이 최상이다.”라고 하였다. 승리를 예상할 수 있는 상황이 다섯 가지가 있기에 “상대방을 알고 나를 알면 백 번 싸워도 위태롭지 않고, 상대를 모르고 나만 알면 한 번 이기고 한 번 패한다. 상대도 모르고 나도 모르면 매번 싸움에서 반드시 위태롭다.”[107]라고 하였다. 싸움에서 최상의 방법은 싸우지 않고 적국과 적군을 온전한 상태로 보존하면서 이기는 것이다.

| 필사하기 |

● 善戰者不怒(선전자불노)하며 善用人者爲之下(선용인자위지하)니라.

*善(착할 선), 戰(싸울 전), 者(사람 자), 怒(성낼 노), 用(쓸 용), 爲(할 위)

【싸움을 잘하는 자는 노하지 않고, 남을 잘 부리는 자는 아래가 된다.】

---

107. 孫子曰: 凡用兵之法, 全國爲上, 破國次之; 全軍爲上, 破軍次之; 全旅爲上, 破旅次之; 全卒爲上, 破卒次之; 全伍爲上, 破伍次之. 是故百戰百勝, 非善之善者也; 不戰而屈人之兵, 善之善者也. (중략) 故曰: 知彼知己, 百戰不殆; 不知彼而知己, 一勝一負; 不知彼不知己, 每戰必殆.

제69장 전쟁은 슬퍼하는 자가 이긴다

침범한 전쟁은 살상이다.
승리해도 전범이다.
알렉산더, 칭기즈칸, 나폴레옹 발아래 죽은 자들은
그들을 도척 같은 살인자라 하니
이순신 장군이나 안중근 의사처럼
자기 생명을 지키기 위해 일어설 때 영웅이다.
전쟁은 사람을 살리기 위해 하는 것,
정당방위로 팔을 휘두를지라도
자애로운 마음으로 죽어가는 이들을 슬퍼하는 자가 이긴다.

| 본문 |

用兵有言(용병유언)하니	군사를 부림에 이런 말이 있다.
不敢爲主而爲客(오불감위주이위객)하고	감히 주인으로 앞서지 말고
	손님이 되어 나서고
不敢進寸而退尺(불감진촌이퇴척)하니	감히 한 치를 나아가려 말고
	한 자를 물러선다.
是謂行無行(시위행무행)이요	이를 나아감에 나아감이
	없다 하고
攘無臂(양무비)요	물리침에 팔이 없다고 하며
執無兵(집무병)이요	잡음에 병기가 없다 하고
扔無敵(잉무적)이라.	쳐부숨에 적이 없다고 한다.
禍莫大於輕敵(화막대어경적)이니	화는 적을 가볍게 여기는
	것보다 큰 것이 없으니

輕敵幾喪吾寶(경적기상오보)라.　　　적을 가볍게 여기면 나의
　　　　　　　　　　　　　　　　　보물을 거의 잃는다.

故抗兵相加(고항병상가)에　　　　그러므로 군사를 일으켜 서로
　　　　　　　　　　　　　　　　　싸울 때는

哀者勝矣(애자승의)니라.　　　　　슬퍼하는 자가 이긴다.

| 해석과 감상 |

　이 장은 병가의 말을 끌어들여 용병의 비결을 전쟁에 마지못해 응해 전쟁의 손님이 되는 것, 전진보다 후퇴하는 것, 적을 얕잡아 보지 않는 것, 전쟁을 슬퍼하는 것 등이라고 말한다. 행군하지 않고 싸우며, 물리치는 데 팔을 쓰지 않고, 싸움에 무기를 잡지 않고, 적을 무자비하게 쳐부수지 않아야 한다. 行無行(행무행) 攘無臂(양무비) 執無兵(집무병) 扔無敵(잉무적)의 해석은 맥락으로 보아 슬퍼하는 자가 이긴다는 내용이어야 한다. 곧, 전쟁에서는 주인이 아니라 손님이 되어야 하고, 나아가려 말고 물러서야 한다. 마지못해 싸우는 모습을 형용한 표현이다. 물리침에 팔이 없다는 말은 방어하기 위해 팔을 휘둘러 물리치지만 적을 무자비하게 쳐부수지 않는 모습에 대한 노자의 표현이다. 적을 가볍게 여기고 팔을 무섭게 휘저으며 무기를 잡고 쳐부수어야 할 대상으로 볼 때 큰 화가 미친다. 차라리 한 치를 나아가려 말고 한 자를 물러나려는 자세가 전쟁에서 나를 지키는 방법이다. 세계사에서 크게 부각된 나라들은 적을 무자비하게 쳐부수었을지라도 적을 포용하며 그들의 문화와 사상을 인정했다. 로마는 모든 점령지의 국민을 로마 시민이 될 수 있게 하고, 칭기즈칸은 종교까지 인정하여 대제국을 이루었다. 노자 식으로 말하면 슬퍼하는 마음이 있었다. 반대로 항우

와 유방의 싸움에서 막강한 힘을 가졌던 항우는 힘으로만 이끌면서 유방에게 패한다. 항우는 양성 전투에서 분풀이로 성안에 사는 사람 오천 명을 구덩이에 파묻어 죽인다. 이로써 항우는 사람들의 신뢰를 잃기 시작한다. 진나라를 멸망시킨 항우는 뤄양시(낙양)의 신안에서 20만의 진나라 군 포로들을 생매장한다. 의제 시해, 신안 대학살 등은 항우의 관중 포기와 함께 파멸의 원인이 된다. 무력보다 포용이 더 힘이 크다는 것을 역사가 보여준다. 일제 강점기에 일본군이 남경에서 20만 명을 죽이고, 일본제국주의 통계에 의하면 3.1운동 당시에 비폭력 만세 운동에 참가한 한국인 7,500명을 살해했다고 한다. 이는 유럽이 아메리카를 지배하기 시작하면서 원주민을 살해한 것과 같이 비난받을 일이다.

| 필사하기 |

● 抗兵相加(항병상가)에 哀者勝矣(애자승의)니라.

*抗(겨룰 항), 兵(군사 병), 相(서로 상), 加(더할 가), 哀(슬플 애), 勝(이길 승)

【군사를 일으켜 서로 싸울 때는 슬퍼하는 자가 이긴다.】

■ 『논어』「안연」子曰(자왈), 足食足兵(족식족병)이면 民信之矣(민신지의)니라.

*足(발 족), 食(먹을 식), 兵(군사 병), 民(백성 민), 信(믿을 신)

【공자 말씀하시길 먹을 것을 풍족히 하고 군사가 충분하며 백성이 믿음이 있어야 한다.[108]】

---

108. 자공이 공자에게 이어서 묻는다. 먼저 버릴 것이 군사이고, 다음이 먹을 것을 버리라고 말한다. 백성의 믿음을 잃지 않아야 한다.

『도덕경』과 『논어』로 우리 삶의 균형 찾기

노자는 적을 가볍게 여기지 말며 싸움에서는 슬퍼하는 자가 이긴다고 말한다. 공자는 군비를 충분히 갖추는 것이 정치이지만 가장 먼저 버려야 할 것이라고 말한다. 둘 다 춘추전국시대를 살아가는 방법을 제시하고 있다. 전쟁은 앞서서 나설 것이 아니다.

제70장 내 말은 매우 알기 쉽고 행하기 쉽지만 행하지 않는다

진리는 양념하지 않은 배추처럼 담백하고
맑은 생수는 아무것도 더함이 없다.
세상의 도는
양념 더할 것 없고
화려한 색칠 덧댈 것 없어
알기 쉽고 행하기 쉽지만
세상 사람들이
말과 일의 으뜸을 알지 못하니
별미, 별종, 별것을 찾아 헤맨다.

| 본문 |

吾言甚易知(오언심이지)하고   내 말은 매우 알기 쉽고
甚易行(심이행)이나   매우 행하기 쉽지만
天下莫能知(천하막능지)하고   천하가 능히 알지 못하고
莫能行(막능행)하니라.   행할 수 없다.
言有宗(언유종)하고   말에 으뜸이 있고

事有君(사유군)이나	일에 군주가 있으나
夫唯無知(부유무지)하니	대체로 알지 못할 뿐이니
是以不我知(시이불아지)라.	이 때문에 나를 알지 못한다.
知我者希(지아자희)하고	나를 아는 사람이 드물고
則我者貴(측아자귀)하니	나를 본받는 사람이 귀하니[109]
是以(시이)로	이런 까닭으로
聖人被褐懷玉(성인피갈회옥)이라.	성인은 삼베옷[110]을 입으나
	구슬을 품는다.

| 해석과 감상 |

이 장은 무위자연의 도가 알기 쉽고 행하기 쉽지만 이를 행하지 못한다고 말한다. 도의 말에는 기준이 있고 도의 일에는 중심이 있다. 그러나 세상 사람들은 이를 알지 못해 행하지 못한다. 언유종(言有宗)에서 종(宗)은 일의 기준, 으뜸, 근본, 일의 근원이다. 도의 말이 기준이며 으뜸이고 근본, 근원이다. 사유군(事有君)에서 군(君)은 다스리는 자, 통솔하는 자로 일의 중심을 의미한다. 불아지(不我知)는 일반 세상 사람들보다 높은 차원의 사람들이 느낀 감정이다. 노자뿐 아니라 공자, 부처, 예수 등이 그러하였다.

---

109. '내가 귀해진다'로 해석하면 노자는 귀함을 추구하는 사람이 되어 그의 전체 사상과 모순된다. 드물고 귀한 까닭으로 성인은 마음으로 구슬을 품는다.

110. 굵은 삼베옷은 가난한 사람들이 입던 옷이다.

● 知我者希(지아자희)**하고** 則我者貴(칙아자귀)**하니라.**

*知(알 지), 我(나 아), 希(바랄 희, 드물 희), 則(곧 즉, 본받을 칙), 貴(귀할 귀)

【나를 아는 사람이 드물고 나를 본받는 사람이 귀하다.】

■『논어』「위령공」子曰(자왈), 已矣乎(이의호)**라!** 吾未見好德
(오미견호덕)**을** 如好色者也(여호색자야)**로다.**

*已(그칠 이), 吾(나 오), 未(아닐 미), 好(좋아할 호), 德(덕 덕), 色(색 색)

【어쩔 수 없구나! 나는 덕을 좋아하는 것을 여색 좋아하듯 하는 사람을
보지 못했다.】

「도덕경」과 「논어」로 우리 삶의 균형 찾기

노자는 도를 본받는 사람이 귀하다고 하며, 공자는 덕은 이성을 좋아하
듯 좋아하는 사람을 보지 못했다고 말한다. 노자와 공자 모두 세상 사람들
이 도와 덕을 따르지 않음을 탄식한다.

제71장 알지 못한다는 사실을 아는 것이 첫째다

병을 병으로 여겨야 병이 아니다.
모르는 사람들이 안다고 소리 높이고
안다는 사람들은 설명하기 어려워 소리 내지 않는다.
병원에 가득한 환자처럼
세상은 목소리 높은 환자 천지이다.
모르면서 아는 체하면 병이고
모른다는 사실을 모를 때도 병이다.

| 본문 |

知不知上(지부지상)이요	알면서 모른 체하면 상이고
不知知病(부지지병)이라.	모르면서 아는 체하면 병이다.[111]
夫唯病病(부유병병)이라	오로지 병을 병으로 여길 때라야
是以不病(시이불병)이니라	이것이 병이 아니다.
聖人不病(성인불병)이라.	성인은 병이 없다.
以其病病(이기병병)이라	병을 병으로 여겨서
是以不病(시이불병)이니라.	그래서 병이 없다.

| 해석과 감상 |

이 장은 부지(不知)와 지(知)에 대해 말하는 장이다. 특히 앞 두 구절은 많이 인용되는 글이다. '지부지(知不知)'는 자기가 알지 못한다는 사실을 아는 것, 알 수 없는 것을 아는 것 등으로 해석하며, 알면서 모르는 체하는 것으로도 해석한다. 병을 병으로 알면 병이 아니라는 내용으로 보아 모르면 모른다고 할 수 있으면 병이 아니다.

'너 자신을 알라'는 말은 소크라테스 때문에 유명하다. 이 말은 자신이 모

---

111. '알지 못한다는 사실을 아는 것이 최상이고, 알지 못하면서 아는 체하는 것이 병이다'로 해석하면 무난하다. 그러나 이는 知不知와 不知知가 대구로 이루어져 있어 동일한 형식으로 해석해야 한다. 이를 동일하게 동사(앞의 知, 뒤의 不知) + 목적어(앞의 不知, 뒤의 知)의 관계로 보면 '알지 못한다는 사실을 안다, 안다는 사실을 알지 못한다.'로 해석해야 일관성이 있다. 곧, '알지 못한다는 사실을 아는 것이 상이고, 안다는 사실을 알지 못하는 것이 병이다.'가 된다. 이 경우 안다는 사실을 모르는 것, 알면서 모르는 체 하는 것이 병이라는 말은 이해하기 어렵다. 知不知와 不知知를 동사+동사의 관계로 보아 '알면서 알지 못한다. 알지 못하면서 안다.'로 해석하면 '알면서 모르는 체하는 것이 상이고, 모르면서 안다고 하는 것이 병이다.'가 된다. 이 경우 알면서 모르는 체하는 것이 상이라는 말이 이해하기 어려울 수 있으나 앞의 해석보다 낫다.

른다는 사실을 알라는 의미를 포함한다. 아폴론 신은 예언의 신이다. '너 자신을 모른다면' 하고 경고하는 신탁이다. 신은 인간들이 자신을 모른다며 너 자신을 알라고 조언한다. 고대 헬라스의 오이디푸스는 자기 자신을 몰라 일어나는 비극의 주인공이다. 병을 병으로 여겨야 병이 아니다. 병을 병이 아니라 하면 병이다. 모르는데 안다고 하면 병이다.

| 필사하기 |

● 知不知上(지부지상)**이요** 不知知病(부지지병)**이라.**

*知(알 지), 病(병 병)

【모른다는 사실을 아는 것이 첫째이고 아는 것을 모르는 체하는 것은 병이다.】

■ **『논어』 「위정」** 子曰(자왈), 由(유)! 誨女知之乎(회녀지지호)! 知之爲知之(지지위지지), 不知爲不知(부지위부지), 是知也(시지야)

*由(말미암을 유), 誨(가르칠 회), 女(여자 녀, 2인칭), 爲(할 위), 是(이 시)

【공자 말씀하시되 유야, 너에게 안다는 것을 가르쳐 주겠다. 아는 것을 안다고 하고, 모르는 것을 모른다고 하는 것, 이것이 아는 것이다.】

「도덕경」과 「논어」로 우리 삶의 균형 찾기

노자는 모른다는 사실을 아는 것이 첫째라 하고, 공자는 알거나 모르거나를 아는 것이 아는 것이라 한다. 노자와 공자는 모른다는 겸손함으로 돌아가야 함을 강조한다. 대부분 안다고 나서서 병이다.

제72장 백성들의 삶을 싫증나게 하지 말아야 한다

아파트 값 폭등이 폭등을 낳고
주택 전세 값 위엄이 위엄을 낳으니
싫증이 삶으로 나아간다.
사람들이 싫증을 내어
폭정을 두려워하지 않으면
더 큰 폭정이 등장한다.
위엄은 위엄을 낳고
폭정은 폭정을 낳는다.
싫증나지 않게 해야 싫증내지 않는다.

| 본문 |

民不畏威(민불외위)면	백성이 위엄을 두려워하지 않으면
則大威至(칙대위지)니라.	큰 위엄이 도래한다.
無狎其所居(무압기소거)하고	백성들의 거처를 업신여기지 말고
無厭其所生(무염기소생)하라.	그들 삶을 싫증나게 하지 말아야 한다.
夫唯不厭(부유불염)하니	대저 오로지 억압하지 않으니
是以不厭(시이불염)이라.	이 때문에 싫증을 내지 않는다.
是以聖人(시이성인)은	이런 까닭에 성인은
自知不自見(자지부자현)하고	스스로 알면서 스스로 드러내지 않는다.
自愛不自貴(자애부자귀)라.	스스로 사랑하면서 스스로 귀하다고 하지 않는다.
故去彼取此(고거피취차)하니라.	그러므로 저것(억압)을 버리고 이것(사랑)을 취한다.

| 해석과 감상 |

이 장은 백성을 사랑해야 함을 말하고 있다. 형벌의 정치가 아니라 사랑의 정치이다. 첫 문장은 해석이 분분하다. 사람들이 폭정을 두려워하지 않아 이에 저항하면 더 큰 폭정으로 억압하려 한다. 그러나 노자는 사람들을 업신여기지 말고 싫증이 나지 않도록 하여 사랑해야 한다고 말한다. 스스로 알면서 스스로 드러내지 않는 이유나 스스로 사랑하면서 스스로 귀하다고 하지 않는 이유는 그렇지 않은 결과가 백성들을 싫증이 나게 하기 때문이다.

| 필사하기 |

● 自知不自見(자지부자견)하고 自愛不自貴(자애부자귀)라.

*自(스스로 자), 知(알 지), 見(볼 견), 愛(사랑 애), 貴(귀할 귀)

【스스로 알되 스스로 드러내지 않고 스스로 사랑하되 스스로 귀하다고 여기지 않는다.】

■『논어』「위정」子曰(자왈), 道之以政(도지이정)하고 齊之以刑(제지이형)이면 民免而無恥(민면이무치)니라. 道之以德(도지이덕)하고 齊之以禮(제지이례)이면 有恥且格(유치차격)이니라.

*政(정사 정), 齊(가지런할 제), 免(면할 면), 恥(부끄러워할 치), 格(바로잡을 격)

【공자 가로되, 법으로 이끌고 형벌로 다스리면 백성이 면하기만 하고 부끄러움이 없다. 덕으로 이끌고 예로 다스리면 백성이 부끄러움이 있고 또한 착하게 된다.】

『도덕경』과 『논어』로 우리 삶의 균형 찾기

노자와 공자가 바라보는 정치는 같다. 억누르지 않고 덕과 예로 백성을 대해야 한다. 억누르면 싫증을 낸다. 세계사에서 혁명은 억압이 만든 결과이다. 스스로 알고 스스로 드러내지 않을 때 질서와 평화가 유지된다. 현재도 세계 곳곳에는 억압이 존재한다.

제73장 하늘의 그물은 성글지만 놓치지 않는다

하늘이 알아서 처리하니
하늘에 맡기라.
하늘은 그물이 성글다고 놓치지 않는다.
거리마다 카메라가 찍고 있어도
범죄는 숨어서 일어나지만
하늘에는 눈이 없는 곳이 없어
성글어서 작은 것은 눈감아주면서도
검은 가슴의 죄까지 놓치지 않는다.

| 본문 |

勇於敢則殺(용어감즉살)이요	감행하는데 용감하면 죽고
勇於不敢則活(용어불감즉활)이라.	감행하지 않는데 용감하면 산다.
此兩者或利或害(차양자혹리혹해)나	이 두 가지 중 어떤 것은 이롭고
	어떤 것은 해로우나
天之所惡(천지소오)를	하늘이 싫어하는 바를
孰知其故(숙지기고)리오?	누가 그 까닭을 아는가?

是以聖人猶難之[112](시이성인유난지)니라.　이 때문에 성인도 오히려
　　　　　　　　　　　　　　　　　그것을 어려워한다.

天之道(천지도)는　　　　　　　　하늘의 도는
不爭而善勝(부쟁이선승)하고　　　다투지 않아도 잘 이기고
不言而善應(불언이선응)하며　　　말하지 않아도 잘 응답하며
不召而自來(불소이자래)하고　　　부르지 않아도 스스로 오고
繟然而善謀(천연이선모)이니　　　느긋하게 해도 잘 도모한다.
天網恢恢(천망회회)하여　　　　　하늘의 그물은 넓고 커서
疏而不失(소이부실)하니라.　　　 성글지만 놓치지 않는다.

| 해석과 감상 |

　하늘은 성근 그물일지라도 하늘의 도, 하늘의 정의를 모두 실현한다. 하늘의 도는 숭숭 구멍이 뚫려 사소한 것들은 빠져나갈 수 있지만 하늘이 거르고자 하는 것들은 그 그물이 커서 어떠한 것도 빠져나가지 못한다. 인간 세상에서는 법을 교묘히 피해 가면서도 살아갈 수 있지만 하늘의 법은 하늘이 성글게 짜서 빠져나가게 한 것을 제외하고는 모두 잡아낼 수 있으니 하늘의 정의가 실현된다. 하늘이 알아서 처리하니 하늘에 맡기라! 하늘은 눈이 없는 곳이 없다.

---

112. 之(지)를 天之所惡(천지소오)로 보면 하늘이 싫어하는 까닭을 아는 자가 없으니 성인도 모른다는 말이다. 감행하는데 용감하거나 용감하지 않은 것이 이롭거나 해로운데 하늘이 미워하는 까닭을 알 수 없다고 말한다. 그러니 성인도 그 이유를 알기 어렵다. 성인도 어렵다고 말하고 나서 하늘의 도에 대해 말한다.

| 필사하기 |

● 天之道(천지도)는 不爭而善勝(부쟁이선승)하니라.

*天(하늘 천), 道(길 도), 爭(다툴 쟁), 善(착할 선), 勝(이길 승)

【하늘의 도는 다투지 않아도 잘 이긴다.】

● 天網恢恢(천망회회)하여 疏而不失(소이부실)하니라.

*網(그물 망), 恢(넓을 회), 疏(트일 소, 성길 소), 失(잃을 실)

【하늘의 그물은 넓고 커서 성글지만 놓치지 않는다.】

■ 『논어』「공야장」 子貢曰, 夫子之言性與天道(부자지언성여천도)는 不可得而聞也(불가득이문야)니라.

*貢(바칠 공), 性(성품 성), 與(더불 여), 道(길 도), 得(얻을 득), 聞(들을 문)

【자공이 말하길, 공자께서 본성과 천도에 대해 말씀하시는 것을 얻어들을 수 없었다.[113]】

■ 『논어』「팔일」 子曰(자왈), 不然(불연)하다. 獲罪於天(획득어천)이면 無所禱也(무소도야)니라.

*然(그러할 연), 獲(얻을 획), 罪(허물 죄), 無(없을 무), 禱(빌 도)

【공자 가로되, 그렇지 않습니다. 하늘에 죄를 지으면 빌 곳이 없습니다.】

『도덕경』과 『논어』로 우리 삶의 균형 찾기

노자는 하늘의 도는 다투지 않아 잘 이긴다고 말한다. 공자는 본성과 하늘의 도가 심오해 이에 대해 말하지 않았다. 노자는 하늘의 도는 성글지만

---

113. 〈논어주소〉에는 성(性)은 사람이 하늘에서 받아 태어난 것이고, 천도(天道)는 나날이 새로워지는 도로 그 이치가 심오하고 정미하다고 풀이하고 있다. 이러한 이유로 공자는 성과 천도를 함부로 말하지 않은 것이다.

놓치지 않는다고 말하고, 공자는 하늘에 죄를 지으면 빌 곳이 없다고 말한다. 하늘은 절대 기준이다. 하늘은 우주이고 자연이며 자신의 양심이다.

제74장 사형제도는 인간이 하늘을 제친 행위이다

인간 생사여탈권은 하늘에 있다.
사람이 하늘을 대신하여
사형 제도를 만들고 시행하면
다치지 않는 이가 드물다.
누가 감히 하늘을 대신하겠는가!
독재자여,
헛된 영웅이어.
사이비 종교 지도자여,
교활한 해바라기 사이비 언론이여,
누가 감히 하늘이라 외치려 하는가!
하늘도 아니면서 어찌 감히 인간의 정신을 살상하고
하늘도 아니면서 어찌 감히 인간의 육신을 다치게 하는가!

| 본문 |

民不畏死(민불외사)면　　　　사람들이 죽음을 두려워하지 않으면

奈何以死懼之(나하이사구지)리오?　어찌 죽음으로 두렵게 하겠는가?

若使民常畏死(약사민상외사)하고　만약 사람들에게 항상 죽음을
　　　　　　　　　　　　　　　두렵게 하고

而爲奇者(이위기자)면　　　　이상한 일을 하는 자가 있으면

吾得執而殺之(오득집이살지)니　내가 그를 잡아 죽일 수 있다.

孰敢(숙감)이리오?	누가 감히 하겠는가?
常有司殺者殺(상유사살자살)하니	늘 죽이는 일을 맡은 사람을 두어 죽이니
夫代司殺者殺(부대사살자살)이면	무릇 죽이는 일을 맡은 사람을 대신해서 죽이면
是謂代大匠斲(시위대대장착)하니	이를 큰 목수를 대신해서 깎는다 하니
夫代大匠斲者(부대대장착자)는 希有不傷其手矣(희유불상기수의)니라.	큰 목수를 대신해서 깎는 사람은 그 손을 다치지 않는 사람이 드물다.

| 해석과 감상 |

이 장은 사형을 하늘에 맡겨야 한다고 말한다. 72장에서 형벌정치를 비판하고 73장에서 하늘의 심판을 말하고 이어서 이 장에서는 죽음으로 위협하는 정치를 비판하고 있다. 죽이는 일을 맡은 사람, 큰 목수가 누구를 뜻하는가? 하늘이다. 하늘이 사람을 낳고 사람을 죽인다. 그런데 하늘을 대신해서 사형시키는 것은 하늘의 질서로서 사람을 죽이는 행위가 아니라 사람이 인위로 죽이는 억지 행위이다. 사람이 사형 제도를 만들어 사람을 죽인다면 하늘을 거스르는 일이다. 큰 목수를 제치고 대신해서 깎는 사람은 다치게 된다. 사람을 죽이는 일은 하늘뿐이다. 하늘의 뜻을 아는 듯하거나 하늘의 뜻을 빙자해서 사람을 죽이는 사람은 다친다. 인간 생사여탈권은 하늘에 있다. 사람이 하늘을 대신하여 사형 제도를 만들고 시행하면 다치지 않는 이가 드물다. 사람의 판단은 그 누구도 하늘처럼 절대적이지 못하다. 인간은 감히 하늘을 대신할 수 없다.

● 夫代大匠斲者(부대대장착자)는 希有不傷其手矣(희유불상기수의)니라.

* 代(대신할 대), 匠(장인 장), 斲(깎을 착), 希(드물 희), 傷(상처 상), 手(손 수)

【큰 목수를 대신해서 깎는 사람은 그 손을 다치지 않는 사람이 드물다.】

제75장 사람들이 굶주리는 것은 윗사람의 농간 때문이다

산적은 세금이 무서워 숨은 자들이고
해적은 육지에서 살기 어려운 자들이다.
그들이라고 도둑질하고 싶겠는가!
세금은 나라 일을 위한 돈,
나랏돈을 교묘히 자기 주머니,
자기 부인 명품 가방에 넣고
자식들에게 이리저리 법망을 피해 옮겨 놓으니
그들 농간은
물건 값 깎듯 노동자들 품삯은 할인한다.

| 본문 |

民之饑(민지기)는 사람들이 굶주리는 것은
以其上食稅之多(이기상식세지다)이니 위에서 먹는 세금이 많아서이다.
是以饑(시이기)라. 이런 까닭에 굶주린다.
民之難治(민지난치)는 백성이 다스리기 어려운 것은
以其上之有爲(이기상지유위)니 위의 거짓 꾸밈(억지 일) 때문이니
是以難治(시이난치)라. 이런 까닭에 다스리기 어렵다.

民之輕死(민지경사)는
以其上求生之厚(이기상구생지후)니

사람들이 죽음을 가벼이 하는 것은
위에서 부자의 삶을 탐하기
때문이다.

是以輕死(시이경사)라.
夫唯無以生爲者(부유무이생위자)는
是賢於貴生(시현어귀생)이라.

이런 까닭에 죽음을 가벼이 한다.
대저 오직 삶에서 무위하는 사람은
삶을 귀하게 여기는 것보다
현명하다.

| 해석과 감상 |

이 장은 윗사람(上)을 비판하고 있다. 위정자의 가혹한 세금으로 백성이 굶주리고, 위정자의 '거짓 꾸밈 또는 농간(弄奸)[有爲]' 때문에 사람들을 다스리기 어렵고, 위정자의 부에 대한 탐욕으로 사람들이 힘들어서 죽음을 가볍게 여긴다. 『예기』에서 공자가 가정맹어호(苛政猛於虎)를 말했다. 가혹한 정치가 호랑이보다 더 사납다. 폭정이 일상화된 나라에서 난민으로 떠도는 사람들이 그 예이다.

| 필사하기 |

● 夫唯無以生爲者(부유무이생위자)는 是賢於貴生(시현어귀생)이라.

*夫(발어사 부), 唯(오직 유), 無(없을 무), 是(이 시), 賢(어질 현), 貴(귀할 귀)

【대체로 오직 삶에서 무위하는 사람은 삶을 귀하게 여기는 사람보다 현명하다.】

●『예기』부자(夫子) 왈(曰) 가정맹어호야(苛政猛於虎也)[114]

*苛(매울 가), 政(정사 정), 猛(사나울 맹), 於(어조사 어), 虎(범 호)

【공자 가로되 가혹한 정치가 호랑이보다 무섭다.】

노장과 공자의 언어로 삶의 균형 갖추기

노자는 억지로 일을 하는 정치의 폐해가 죽음을 가볍게 한다고 말한다. 공자는 가혹한 정치가 사람을 잡아먹는 호랑이보다 더 사납다고 한다. 수많은 사람이 가혹한 정치에 항거하며 죽어갔고 죽어가고 있다. 지배자들의 권력 싸움으로 백성이 죽어간다.

제76장 유약(柔弱), 살아 있는 것은 부드럽고 연하다

힘을 빼야 윙크를 보낸다.
힘을 빼야 골프공이 바르게 날아가고
힘을 빼야 얼굴에 웃음꽃이 핀다.
잠을 잘 때 힘이 빠지고
힘 빠진 자리에 나른한 행복이 들어온다.
강하다는 것은 죽음의 증거이다.
뻣뻣하다는 것은

---

114. 『예기』「단궁하편」에서 공자는 태산 옆을 지나다가 어떤 부인이 무덤에서 곡을 하며 슬퍼하는 모습을 보았다. 자로를 시켜 물었더니 지난날 시아버지가 호랑이에게 물려 죽고, 남편도 호랑이에게 물려 죽었는데, 이번에는 아들이 호랑이에게 물려 죽었다고 말한다. 왜 떠나지 않느냐고 묻자, 이곳은 가혹한 정치가 없다고 답한다. 이에 공자가 제자들에게 명심하라며 가혹한 정치가 호랑이보다 사납다고 말한다. 춘추시대 말기 노나라의 실세였던 계손자가 세금을 무겁게 거둬들여 백성들이 고통스러웠던 시기의 이야기이다.

죽음에 가깝다거나

죽었음의 다른 표현이다.

씹어서 부드러워야 소화된다.

| 본문 |

人之生也柔弱(인지생야유약)이나 　　사람이 날 때는 부드럽고 약하나

其死也堅强(기사야견강)하며 　　죽으면 단단하고 강해진다.

萬物草木之生也柔脆 　　만물 초목이 날 적에

(만물초목지생야유취)나 　　부드럽고 연하나

其死也枯槁(기사야고고)니 　　죽으면 말라 뻣뻣해진다.

故堅强者死之徒(고견강자사지도)요 　　그러므로 단단하고 강한 것은

　　죽음의 무리이고

柔弱者生之徒(유약자생지도)니 　　부드럽고 약한 것은 삶의 무리이다.

是以兵强則不勝(시이병강즉불승)하고 　　그러므로 군대가 강하면 이기지

　　못하고

木强則兵(목강즉병)하니 　　나무가 강하면 곧 꺾인다(상한다).

强大處下(강대처하)하고 　　강하고 큰 것은 아래에 놓이고

柔弱處上(유약처상)하니라. 　　부드럽고 약한 것은 위에 놓인다.

| 해석과 감상 |

이 장은 계강(戒强)의 장, 강함을 경계하라는 장이다. 부드러워야 삶이
다. 모든 유연한 것이 승리하여 우위에 선다. 힘을 쓰는 것처럼 보이는 모
든 운동에서조차도 힘을 빼고 부드러워야 승리한다. 제36장, 제40장, 제
43장, 제55장 제78장도 지극한 부드러움, 부드럽고 약함 등을 일관되게

진술한다. 성경은 '온유한 자는 복이 있나니'라고 했다. 항우처럼 강한 군대가 난폭한 짓을 할 때 그 군대는 이기지 못한다. 뼈는 부러지기 쉬워 근육으로 감싸 보호한다. 유연한 관절이 몸의 건강을 유지하게 한다. 굳기 시작하면 죽어가기 시작하는 증거이다. 생각도 그렇고 육체도 그렇고 사람 관계도 그렇다.

| 필사하기 |

● 堅强者死之徒(견강자사지도)요 柔弱者生之徒(유약자생지도)니라.

*堅(굳을 견), 强(굳셀 강), 死(죽을 사), 徒(무리 도), 柔(부드러울 유), 弱(약할 약)

【단단하고 강한 것은 죽음의 무리이고 부드럽고 약한 것은 삶의 무리이다.】

제77장 하늘의 도는 활을 당기는 것, 가난한 자가 떠받든다

남으면 덜어내고
부족하면 채워주는 것이 이치다.
당기고 눌러주어야 활시위를 매고
자루가 넘치면 덜 찬 자루에 덜어야 한다.
자기도 부족한 것을 덜어내어
가난한 백성은 원님의 공덕비를 세우며
남아도는 부자를 채워준다.
선물이라지만 가난한 자들이 뇌물을 바치고
힘없는 사람들이 십시일반 모아서 가진 자의 한입에 털어넣는다.
오로지 자연이 남는 것으로 부족함을 채워준다.

| 본문 |

天之道(천지도)는	하늘의 도는
其猶張弓與(기유장궁여)니라.	오히려 활에 시위를 매는 것 같다.
高者抑之(고자억지)하고	(활의) 높은 것은 눌러주고
下者擧之(하자거지)하여	아래 것은 들어주어
有餘者損之(유여자손지)하고	남으면 이를 덜어내고
不足者補之(부족자보지)니라.	부족하면 이를 보충해 준다.
天之道(천지도)는	하늘의 도는
損有餘而補不足(손유여이보부족)거늘	남으면 덜어내어 부족함을 채워주나
人之道則不然(인지도즉불연)하여	사람의 도는 그렇지 않아
損不足以奉有餘(손부족이봉유여)니	부족한 것을 덜어내어 남는 것을 떠받드니
孰能有餘以奉天下 (숙능유여이봉천하)리오?	누가 남은 것으로 천하를 떠받들 수 있겠는가?
唯有道者(유유도자)로다.	오직 도가 있는 사람이다.
是以聖人(시이성인)은	이런 까닭에 성인은
爲而不恃(위이불시)하고	행하면서 자랑하지 않고
功成而不處(공성이불처)하며	공을 이루나 자리에 앉지 않으며
其不欲見賢(기불욕현현)이라.	그 현명함을 보이지 않으려 한다.

| 해석과 감상 |

하늘의 도는 남는 것을 덜어내어 부족한 사람에게 채워준다. 활에 활의 줄, 곧 시위를 매려면 활의 높은 곳은 누르고 아래는 받쳐주어 올리며 남거나 부족하지 않게 해야 한다. 하늘의 도는 활에 시위를 매는 것처럼 남거나 부족하지 않게 한다. 그런데 사람들은 부족한 것을 덜어내어 남는 것을 떠받드니 활에 시위를 맬 수 없다. 사람은 자기도 부족한 것을 덜어 내어 남는 사람에게 바친다. 부족함으로 남는 것을 채우는 인간사를 활을 만들지 못하는 상황에 비유하여 비판한다. 이 장은 정치와 사회에 대해 비판한다. 빈익빈(貧益貧) 부익부(富益富)의 인간 사회를 규탄하고 있다. 사람들은 못 가진 자가 가진 자에게 선물이라며 바친다. 부자가 기부하면 세금이건 자기광고이건 무언가 혜택을 얻는다. 없는 자들은 얻는 것도 없이 피해를 보지 않으려고 권력이나 돈을 가진 자들에게 떠받들며 바친다. 남으면 덜어내고 부족하면 보태주어야 한다. 사람들은 자기도 부족한 것을 덜어내어 남아도는 부자를 채워주며 떠받든다. 오로지 자연이 남는 것으로 부족함을 채워준다.

  인간사는 부족한 것으로 남는 것을 떠받든다. 이런 모순을 해결하려고 많은 종교가 노력한다. 소외된 자들에게 드러내지 않고 베푸는 사람들, 이름 없는 기부 천사 등이 그렇다. 베풂은 자랑을 위해서가 아니다. 공을 이루는 것은 그 공으로 많은 이들이 혜택을 입도록 하기 위한 것이 본질이다. 스스로 자랑하지 않아도 남들이 알아준다.

| 필사하기 |

● 爲而不恃(위이불시)하고 功成而不處(공성이불처)하니라.
*爲(할 위), 恃(믿을 시, 의지할 시), 功(공 공), 成(이룰 성), 處(살 처)
【행하고도 자랑하지 않으며 공을 이루나 자리에 앉지 않는다.】

제78장 수덕(水德), 강함을 치는데 물보다 나은 것이 없다

훈김으로도 따뜻해지고
이삼 도 높아지는 온도에 빙하가 녹는다.
부드러운 풀이 태풍을 이기고
골골한 사람이 강건한 사람보다 오래 산다.
부드러운 연골이 없으면
뼈가 닳고
물 없이 먹는 밥에 체한다.
감미로운 사랑의 말이
경직된 무거운 얼굴을 녹인다.

| 본문 |

天下莫柔弱於水(천하막유약어수)로되	천하에 물보다 부드럽고 약한 것은 없다.
而攻堅强者(이공견강자)에는	그러나 굳고 강한 것을 치는 데에는
莫之能勝(막지능승)하니	물을 이길 수 없으니,
以其無以易之(이기무이역지)니라.	물을 대신할 것이 없다.
弱之勝强(약지승강)하고	약함이 강함을 이기고,
柔之勝剛(유지능강)하니라.	부드러움이 단단함을 이긴다.
天下莫不知(천하막부지)하되	천하에 모르는 이가 없지만,
莫能行(막능행)하니	실행하는 사람은 없다.
是以聖人云(시이성인운)	그러므로 성인은 말한다.
受國之垢(애국지후)를	나라의 치욕을 받는 것을

是謂社稷主(시위사직주)요	사직의 주인이라 하고,
受國不祥(애국불상)을	나라의 상서롭지 못한 일을 받는 것을
是謂天下王(시위천하왕)이니	천하의 왕이라 한다.
正言若反(정언약반)이니라.	바른말은 반대와 같이 들린다.

| 해석과 감상 |

이 장은 유약(柔弱)의 덕을 물에 비유하여 설명한다. 나라의 치욕을 받는 사람이 임금이고, 좋지 못한 일을 맡는 사람을 왕이라고 한다. 더럽고 궂은일을 떠맡아 처리하는 사람이 임금으로 이는 물의 정화작용과 같다. 물처럼 부드럽고 약하여 그 결과 자기가 높아진다. 모든 성자(聖者)가 그렇다. 그러므로 바른말은 반대처럼 보인다. 물을 이용해서 철과 다이아몬드를 자른다. 부드러운 강함이 물이다. 어머니의 부드러움이 자식을 위해서는 무엇보다 강하다. 난초처럼 외유내강(外柔內剛)해야 부드러운 듯 강하고, 강한 듯 부드러워 물의 속성을 모두 지닌다.

| 필사하기 |

● 正言若反(정언약반)이니라.
*正(바를 정), 言(말씀 언), 若(같을 약), 反(되돌릴 반)
【바른말은 반대인 것처럼 들린다.】

제79장 커다란 원한은 화해하더라도 앙금이 남는다

큰 원한은 화해하더라도
큰 흉터로 남는다.
큰 화는 거두더라도
자기 가슴에 돌로 남는다.
남을 행복하게 하는 말은
그때마다 자기 가슴에서도 행복이 자란다.

| 본문 |

和大怨(화대원)이라도   커다란 원한은 화해하더라도

必有餘怨(필유여원)이니   반드시 앙금이 남는다.

安可以爲善(안가이위선)이리오?   어찌 잘했다고 하겠는가?

是以聖人執左契(이성인집좌계)하여   이 때문에 성인은 좌측 어음을 잡고[115]

而不責於人(이불책어인)하니라.   남에게 독촉하지 않는다.

有德司契(유덕사계)하고   덕이 있는 사람은 계약을 살피고

無德司徹(무덕사철)이라.   덕이 없는 사람은 세법을 살핀다.

天道無親(천도무친)하여   하늘의 도는 친함이 없이

常與善人(상여선인)하니라.   항상 선한 사람과 함께 한다.

---

115. 빚진 자의 입장에 서고.

이 장은 무위자연의 처세를 서술하고 있다. 天道無親(천도무친) 常與善
人(상여선인)은 옛날부터 유명하다. 계(契)는 신용으로 거래하는 어음 결제
이고, 철은 가혹하게 현물로 징수하는 세금이다. 대나무를 쪼개어 계약을
쓰고 채무자는 좌측을 채권자는 우측을 나누어 소지했다. 덕이 있는 사람
은 신용을 믿고, 덕이 없는 사람은 계약서를 내민다. 덕이 있는 사람은 그
사람을 믿고, 덕이 없는 사람은 사람이 처한 상황을 고려하지 않고 빚을 갚
으라고 요구한다. 하늘의 도는 친함과 친하지 않음보다 선한 사람과 함께
한다.

| 필사하기 |

● 天道無親(천도무친)하여 常與善人(상여선인)하니라.

*天(하늘 천), 道(길 도), 親(친할 친), 常(항상 상), 與(더불 여), 善(착할 선)

【하늘의 도는 친함이 없이 항상 선한 사람과 함께 한다.】

■ 『논어』「이인」子曰(자왈), 放於利而行(방어리이행)이면 多怨
(다원)이니라.

*放(놓을 방), 利(이로울 리), 行(갈 행), 多(많을 다), 怨(원망할 원)

【공자 가로되, 이익에 의지하여 행동하면 원한이 많다.】

「도덕경」과 「논어」로 우리 삶의 균형 찾기

노자는 원한은 앙금을 남긴다고 하고, 공자는 이익이 원한을 만든다고
말한다. 노자는 원한의 결과를 말하고, 공자는 원한의 원인을 말한다.

제80장 소국과민, 작은 나라에 적은 백성

남을 부러워 말고
이웃 나라 좋다고 넘보지 않는다.
이웃과 비교하지 않으면
좋은 차와 비싼 집이 없어도
소박함으로 행복하다.
비행기 타고 다녀온 나라도 부러워할 것 없다.
지나가며 보는 보리밭은 풍경이지만
밭에 들어가면 껄끄러운 보리 이삭이 옷 속으로 파고들어
꺼내려 할수록 깊이 할퀴며 들어간다.

| 본문 |

小國寡民(소국과민)하여	작은 나라에 적은 백성은
使有什佰之器而不用	가령 열 가지 백 가지
(사유십백지기이불용)하고	기계가 있으나 쓰지 않고,
使民重死而不遠徙	백성 죽음을 중히 여기면
(사민중사이불원사)하라.	멀리 이사하지 않는다.
雖有舟輿(수유주여)이나	비록 배와 수레가 있어도
無所乘之(무소승지)요	이를 타는 일이 없고
雖有甲兵(수유갑병)이나	비록 갑옷과 무기가 있어도
無所陳之(무소진지)하니라.	이를 진열(사용)할 곳이 없다.
使人復結繩而用之	사람들이 다시 노끈을 매어
(사인부결승이용지)면	(소박하게) 쓰면
甘其食(감기식)하고	음식을 달게 먹고

美其服(미기복)하며	옷을 아름답게 하며
安其居(안기거)하고	거처를 편안히 하고
樂其俗(락기속)하니라.	풍속을 즐긴다.
隣國相望(린국상망)하고	이웃 나라가 서로 바라보고
鷄犬之聲相聞(계견지성상문)하되	닭 우는 소리 개 짖는 소리가 서로 들리지만
民至老死不相往來(민지로사불상왕래)	사람들이 늙어 죽을 때까지니라. 서로 (만족하여) 왕래가 없다.

| 해석과 감상 |

소국과민은 노자가 이상사회로 묘사한 말로 유명하다. 다시 노끈을 매어 쓴다는 것은 통나무의 소박함으로 돌아가라는 의미로 해석한다. 노끈을 매어 쓰는 것은 결승문자로 간단하게 셈하는 소박함을 의미한다. 마지막 문장에서 왕래가 없다는 것은 부정적인 측면이 아니라 긍정적인 측면을 이야기하는 내용이다. 다른 나라의 지식이나 문물 등을 배우기 위해 서로 왔다 갔다 할 필요가 없는 사회가 이상사회라는 의미이다. 이웃 마을, 이웃 나라에 유명한 학자를 찾아가 배우러 왕래하거나 하지 않고 자연의 순박성이 넘치는 자연 공동체 생활이 이루어지는 사회를 이상사회로 보고 있다. 나를 잊고 하루 종일 무언가를 배우러 다니고, 일 년 내내 고향을 떠나 여행으로 살아가며 인생을 허비하는 사람들에 대한 경계로 읽을 수 있다. 남을 부러워 말고, 이웃 나라 좋다고 넘보지 않는다. 플라톤의 『국가』도 작은 나라를 지향하고, 토마스 모어의 『유토피아』도 작은 나라이다.

현대 세계화 시대와 정반대이다. 현대는 가장 앞서가는 학문과 문물을 받아들이고 세계 곳곳을 비행기와 배를 타고 여행한다. 나라의 이익을 위해 핑계를 만들어 전쟁한다. 현대에 행복한 나라의 소국과민은 모나코, 태평양에 있는 작은 섬나라, 부탄, 스위스, 아이슬란드, 덴마크, 네덜란드 등인가? 전쟁에 휘말리지 않고 행복하게 사는 나라를 노자는 꿈꾸고 있다. 춘추전국시대를 거치면서 대국을 지향하고 그 과정에서 사람의 행복이 사라진 시대를 배경으로 하고 있다.

| 필사하기 |

● 小國寡民(소국과민).

*國(나라 국), 寡(적을 과), 民(백성 민)

【나라는 작고 백성은 적다.】

■ 『논어』「학이」 子曰(자왈), 君子食無求飽(군자식무구포), 居無求安(거무구안).

*食(밥 식, 먹을 식), 求(구할 구), 飽(배부를 포), 居(있을 거), 安(편안할 안)

【공자 가로되 군자는 먹는데 배부름을 구하지 않고, 거처하는데 편안함을 구하지 않는다.】

『도덕경』과 『논어』로 우리 삶의 균형 찾기

노자는 몸이 편안한 행복을 꿈꾸고, 공자는 육신을 절제하며 얻는 정신적 행복을 꿈꾼다. 노자는 작은 나라에서 적은 백성들이 다른 나라를 부러워하지 않고 몸 편히 사는 것을 꿈꾸며, 공자는 몸을 바르게 하는 것을 먼저 내세운다.

제81장 성인(聖人), 겨루지 않으며 주면 자기가 더 많아진다

진실은 소박하고
아름다움은 수수하다.
남을 위하는 것이
자기를 위함이 되고
남에게 주면
자기가 더 많아진다.
겨루지 않으면 모두 이롭다.

| 본문 |

信言不美(신언불미)하고	믿음직스러운 말은 아름답지 않고
美言不信(미언불신)이라.	아름다운 말은 믿음직스럽지 못하다.
善者不辯(선자불변)하고	선한 사람은 변론하지 않고
辯者不善(변자불선)이라.	변론하는 사람은 선하지 않다.
知者不博(지자불박)하고	아는 사람은 넓지 못하고
博者不知(박자부지)이라.	넓은 사람은 알지 못한다.
聖人不積(성인부적)하여	성인은 쌓지 않고
旣以爲人(기이위인)이나	이미 남을 위하지만
己愈有(기유유)요	자기는 더욱 많이 있게 되고
旣以與人(기이여인)이나	이미 남들에게 주지만
己愈多(기유다)니라.	자기는 더욱 많아지게 된다.
天之道(천지도)는	하늘의 도는
利而不害(리이불해)하고	이롭게 하고 해로움이 없다.
聖人之道(성인지도)는	성인의 도는

爲而不爭(위이부쟁)하니라.   하는 일이 있더라도 겨루지 않는다.

| 해석과 감상 |

미사여구(美辭麗句), 웅변적인 논증이나 달변(達辯), 박식(博識), 자신을 위한 독점(獨占), 남들과 싸움 등을 버리고 무위자연으로 돌아가야 한다. 진실은 단순하다. 진실은 꾸밀 필요가 없다. 진실은 수수하다. 수식은 꾸 밈이다. 꾸밈은 본질의 포장이다. 그 꾸밈은 본질만큼만 해야 한다. 자연은 스스로 그러함, 스스로 존재함, 스스로 자신을 위함이다. 또한 자연은 언제나 줄 뿐이다. 진실은 소박하고 아름다움은 수수하다. 남을 위하는 것이 자기를 위함이 되고 남에게 주면 자기가 더 많아진다. 『도덕경』81장 중 마지막 결론에 해당한다. 제35장, 제45장, 제48장을 참조하면 좋다.

참고로 『에피쿠로스의 쾌락』을 노자와 견주어 읽어 볼 수 있다. 평정심을 통해 행복에 이르는 길을 제시하는 에피쿠로스를 서양의 '노자'라고 한다.

| 필사하기 |

● 信言不美(신언불미)하고 美言不信(미언불신)이라.

*信(믿을 신), 言(말씀 언), 美(아름다울 미)

【믿음직스러운 말은 아름답지 않고 아름다운 말은 믿음직스럽지 못하다.】

● 旣以與人(기이여인)이나 己愈多(기유다)니라.

*旣(이미 기), 與(줄 여), 己(자기 기), 愈(나을 유, 더욱 유), 多(많을 다)

【남들에게 주지만 자기는 더욱 많아진다.】

제 3 장

『열자』
읽기

『열자』와 열자

책 이름 『열자』

『열자』는 『도덕경』, 『장자』와 함께 도가사상을 대표하는 책이면서 사람 이름이다. 『열자』에는 재미있는 우화가 많이 실려 있으며 잡다한 성격의 글이 섞여 있다. 그중 도가사상이 중심을 이룬다. 도가사상은 도교(道敎)로 발전한다. 유불선(儒佛仙)의 선(仙)은 신선 사상인 도교를 뜻한다. 동양의 문학에는 한 작품에 유불선이 섞여 있다. 열자라는 인물은 『장자』에 '열자' '열어구'로 나타난다.

『열자』는 현재 8편이 전해지고 있다. 제1편 천서(天瑞, 하늘이 내린 상서로운 징조), 제2편 황제(黃帝), 제3편 주목왕(周穆王), 제4편 중니(仲尼, 공자), 제5편 탕문(湯問, 탕 임금의 물음), 제6편 역명(力命, 절대적인 운명), 제7편 양주(楊朱), 제8편 설부(說符, 하늘의 도에 들어맞음) 등이다. 이 『열자』에는 『장자』에 나오는 이야기가 10여 편 넘게 동일하게 실려 있다. 많은 부분이 후대의 위작으로 여겨진다. 그러나 이 책에서 위작 논쟁은 독자의 판단에 맡긴다. 무엇이 위작인지 살피는 일도 독서의 하나이다.

노자(대략 B.C. 500년 전후. 공자보다 20살 위), 공자(B.C. 551~B.C. 479), 열자(B.C. 400년 전후), 장자(B.C. 370~B.C. 280), 사마천(B.C. 145~B.C. 85) 등의 연대순을 고려하면『장자』에 똑같이 실려 있는 글은『열자』의 내용을 그대로 옮겼다고 볼 수 있다.『열자』의 글이 열자가 쓴 글 외에 후대에 덧붙여지지 않았다면『열자』에 나오는 관포지교의 내용은 그 출처가 오로지『열자』라고 보아야 한다. 열자가 살았던 시기보다 2~3세기 후에 살았던 사마천이 쓴『사기열전』은『열자』에 나오는 이야기를 상세히 서술한다.

열어구의 생애

성은 열(列), 이름은 어구(禦寇)라 한다. 열자는 열어구를 높여서 부르는 이름이다. BC 4세기 전국시대 정나라 사람으로 생몰 연대 등 자세한 기록이 없다.『장자』에는 열자가 바람을 타고 날아다녔다고 한다.『열자』의 책 속에 위작이 있는 것으로 밝혀져 사마천은『사기열전』에서 그를 기록하지 않았다. 그에 대한 기록이 거의 없어 그가 실존 인물인지에 대해서도 후대에 의문을 제기한다. 후에 출간된『장자』에는「잡편」에「열어구」가 실려 있다.

『열자』의 첫머리에는 열자에 관한 이야기가 나오는데 아무도 알아보는 이가 없었다고 한다. 그가 역사서에 거의 등장하지 않는 이유이다.

「열자」속 고사성어

『열자』에는 유명한 고사 6편이 전한다. 제1편「천서」에 기우(杞憂), 제2편「황제」에 화서지몽(華胥之夢), 제5편「탕문」에 우공이산(愚公移山), 백아와 종자기의 지음(知音), 제6편「역명(力命)」에 관포지교(管鮑之交)를 서술한다.

제8편 「설부(說符)」에 망양다기(亡羊多歧)가 실려 있다. 이들은 모두 매우 많이 알려진 고사성어이다.

열자의 중심 사상과 양주

『열자』를 꿰뚫고 있는 내용은 노자의 『도덕경』이나 장주의 『장자』와 반복된다. 도와 덕에 관한 이야기, 죽음, 쓸모없는 나무의 쓸모 있음, 말과 활, 수영과 배의 운용, 공자와 성인, 도둑 등의 소재가 유사하다. 불경의 이론도 함께 섞여 있다고 장잠은 『열자』 서문에서 언급하고 있다.

『장자』에 내용이 거의 그대로 또는 완전히 똑같이 실려 전하는 글이 제2편 「황제」에 12개로 가장 많다. 1) 술에 취한 사람을 통해 지인(至人)의 경지를 말하고 있는 글은 『장자』 「달생」편에 실려 있다. 2) 열자의 활쏘기는 「전자방」편에 실려 있다. 3) 호랑이 기르는 법, 4) 배 다루는 법, 5) 소용돌이 속에서 헤엄치는 법, 6) 매미를 줍듯이 잡는 법 등이 「달생」편에 실려 있다. 7) 사람의 관상에 대한 글은 『장자』 「응제왕」편에 실려 있다. 8) 열자의 사람 따르게 하는 법은 「열어구」편, 9) 홀로 잘난 체하는 사람과 모든 사람과 잘 어울리는 사람은 「우언(寓言)」편, 10) 여관의 미인과 못생긴 여자 이야기는 「산목(山木)」편, 11) 조삼모사는 「제물」편, 12) 기성자가 기른 싸움닭은 「달생」편에 실려 있다.

양주는 중국 전국시대 위나라 사람으로 철저한 개인주의와 쾌락주의자이다. 그는 자연주의의 옹호자이다. 맹자는 그를 '털 하나를 뽑아 온 천하가 이롭게 된다고 하더라도 그렇게 하지 않는다.'라는 위아설을 제창했다며 비난했다. 양주의 개인주의는 유가들의 사회규범이나 형식을 비판하고자 하는 의도가 담긴 것으로 풀이한다. 제7편에 「양주」 항목을 독립적으로 할애하고 있는 점을 보면 열자와 양주는 같은 계열로 묶을 수 있다.

『열자』의 판본과 주해서

장잠(張湛)의 『열자(列子)』, 은경순(殷敬順)의 『열자석문(列子釋文)』이 있던 것을 후에 와서 이를 합쳐 한 책으로 간행하였다. 이것이 현대에 주로 통용되는 판본이다.

주요 본문 내용

제1편 천서(天瑞), 하늘이 내린 상서로운 징조

우주의 순환을 자연의 상서로운[116] 조짐이라 표현한다. 전체 주제를 제목으로 삼았다. 천지의 원리와 특성을 언급하면서 인간의 삶과 죽음도 우주의 순환 원리에 따라 전개된다고 말한다. 곧, 삶이란 길을 떠나는 것이며 죽음이란 집으로 돌아오는 것이다. 모든 것은 '무'로 돌아간다. 생성과 변화가 하늘이 행하는 상서로움이다. 도가의 허정(虛靜, 텅 비고 고요함)의 표현이다.

도, 텅 빈 오묘한 암컷

스스로 생성하고 스스로 변화한다.
저절로 지혜로워지니
끼어들지 말고 가르치려 말라.
본래 그냥 두어도 잘하게 된다.

---

116. 상서(祥瑞)롭다: 복되고 길한 일이 일어날 조짐이 있다.

가르쳐서 잘하는 게 아니다.

자연은 아무것도 하지 않지만 모든 것을 이룬다.

열자처럼 알아보는 자가 없어야 신선에 가깝다.

| **본문** | 열자[117]는 정나라 포 땅에서 40년을 살았는데 남들이 알아보는 자가 없었다. 나라의 임금이나 경대부들이 그를 보고 일반 서민과 같이 여겼다.

나라에 흉년이 들어 위나라로 가려 하자 제자가 말했다.

"선생님께서 가시면 돌아올 기약이 없습니다. 제자가 감히 여쭙고자 하는 말씀은 선생님께서 무엇을 가르치려 하시려는 것입니까? 선생님께서는 호구자림의 말씀을 듣지 않으셨습니까?"

열자가 웃으며 말했다.

"호자께서 무엇을 말씀하셨는가? 비록 그렇더라도 호자께서 일찍이 백혼무인에게 말씀하신 것을 내가 옆에서 들었는데 자네에게 잠시 말해 보겠다.

그분이 말씀하시길 생성하는 것과 생성하지 않는 것이 있고, 변화하는 것과 변화하지 않는 것이 있다. 생성하지 않는 것은 생성하는 것을 잘 생성하도록 하고, 변화하지 않는 것은 변화하는 것을 변화할 수 있게 한다. 생성하는 것은 생성하지 않을 수 없으며, 변화하는 것은 변화하지 않을 수 없다. 그러므로 항상 생성하고 항상 변화한다. 항상 생성하고 항상 변화하는 것은 때가 없이 생성하고 때가 없이 변화한다. 음과 양이 그렇고 사계절이

---

117. 자열자: 앞의 자(子)는 존칭이다.

그렇다. 생성하지 않는 것은 응당 독특하고 변화하지 않는 것은 갔다가 돌아온다. 그 끝이 마침이 없고 독특한 그 도가 다함이 없다.

『황제서』에 이르기를 '골짜기의 신은 죽지 않으니 이를 현묘한 암컷이라 한다. 현묘의 문은 하늘과 땅의 뿌리라 하는데 면면히 존재하여 이를 써도 근심[근(勤)]하지 않는다.'라고 하였다.

그러므로 만물을 생성하는 것은 생성하지 않고 만물을 변화하는 것은 변화하지 않는다. 스스로 생성하고 스스로 변화한다. 스스로 형태가 되고 스스로 색이 이루어진다. 저절로 지혜롭고 저절로 힘을 쓴다. 저절로 소멸하고 저절로 호흡한다. 이를 일러 생성하고 변화하며, 형체를 이루고 색이 되며, 지혜롭고 힘을 쓰며, 소멸하고 호흡한다고 하는 것은 잘못이다."

| 해석과 감상 |

제자가 무엇을 가르치시려 하는가를 묻자 열자는 답한다. 우주는 스스로 생장하고 변화한다. 생성과 변화는 저절로 이루어진다. 인위로 이루어지는 것은 없다. 도의 원리대로 우주는 움직인다. 열자가 그렇게 살았기 때문에 열자는 40년 동안 남들이 알아보는 자가 없었다.

현묘의 문은 끊임없이 언제나 면면히 존재하여 써도 줄지 않는다. 그 순환 속에서 인간은 살아간다. 걱정할 것 없다.

| 필사하기 |

● 自生自化(자생자화), 自形自色(자형자색), 自智自力(자지자력), 自消自息(자소자식)이라.

*化(될 화), 形(모양 형), 色(빛 색), 智(슬기 지), 消(사라질 소), 息(숨 쉴 식)

【스스로 생성하고 스스로 변화한다. 스스로 형태가 되고 스스로 색이 이

루어진다. 저절로 지혜롭고 저절로 힘을 쓴다. 저절로 소멸하고 저절로 호흡한다.】

죽음, 길을 걷다가 집으로 돌아가는 것

삶은 길을 걷는 여행이다.
여행길에서 돌아와 쉬는 것이 죽음이다.
여행이 지루하면 집을 생각하고
여행이 즐거우면 여행을 즐긴다.
집은 언젠가는 돌아가야 하는 삶의 휴식처이다.

너는 먼지이니 먼지로 돌아가리라
성경은 창세기에서 말한다.
이 세상의 부나 권력이 이겨내지 못하는 한계, 그것이 죽음이다
호라티우스는 죽음 앞에 모든 것은 부질없다고 말한다.
몇 날을 더 살아 보았댔자 무엇하는가.
루크레티우스는 더 살아도 죽는다고 말한다.
최상의 죽음이란 미리 예기치 않은 죽음이다
몽테뉴는 죽음이 우리를 구속에서 해방한다고 덧붙인다.
젊은이도 죽을지 모른다, 그러나 늙은이는 피할 길이 없다.
롱펠로는 죽음이 언제 다가올지 모르지만 피할 수 없다고 말한다.
죽음을 제외하고서는 아무것도 우리 것이라고 부를 수 없다.
셰익스피어는 인간의 소유물은 죽음뿐이라 말한다.
인간의 삶에서 단 하나 확실한 것은 프롬의 말처럼
죽음이다.
대문 밖이 저승이니 죽음은 삶과 한 몸이다.

| 본문 | 안자가 말했다.

"훌륭하구나, 옛날부터 있는 죽음이여! 어진 사람은 휴식을 취하고, 어질지 않은 사람은 복종한다. 죽음이란 것은 덕의 귀환이다. 옛날에는 죽은 사람을 돌아가신 분이라 했다. 죽은 사람을 돌아가신 분이라고 말하면 산 사람은 길을 가는 사람이 된다. 길을 걷는 사람이 돌아갈 줄 모르면 집을 잃은 사람이다. 한 사람이 집을 잃으면 한세상이 이를 책망하고, 천하가 집을 잃으면 책망할 줄을 모른다. 사람이 고향을 떠나 육친(부모, 형제, 처자)과 이별하고 가업을 팽개쳐 사방으로 유람하고 돌아가지 않는 것은 어떠한가? 세상에서는 반드시 이를 미치광이 방탕한 사람이라 말한다. 또 세상을 현명하게 살며 교묘한 능력을 자랑하고, 명예를 닦아 세상에 지나치게 뽐내면서 그칠 줄을 모르는 사람은 어떤 사람인가? 세상은 반드시 이를 지혜와 꾀가 있는 선비라 할 것이다. 이 두 사람은 모두 벗어난 사람이다. 세상은 하나와 함께 하면서 다른 하나와 함께 하지 않는다. 오직 성인이 함께할 줄 알고, 버릴 줄도 안다."

| 해석과 감상 |

삶은 집을 나서 길을 걷는 것과 같다. 길을 걷다가 집으로 돌아간다. 그 집이 죽음이다. 죽음은 휴식이다. 죽음은 덕이 돌아온 것이다. 원래 자리로 돌아가는 것이라서 사람이 죽으면 돌아가셨다고 표현한다. 죽음은 삶의 한 과정이다. 잘 산다는 것은 잘 죽는다는 표현으로 대체할 수 있다. 헤로도토스의 『역사』에는 리뒤아의 마지막 왕 크로이소스가 아테네의 솔론에게 행복에 관해 묻는 장면이 나온다. 솔론은 명예롭게 죽은 사람, 효도를 다 하고 죽은 아들을 이야기한다. 솔론은 누군가 죽기 전에는 그를 행복하다고 부르지 말아야 한다고 말한다. 솔론에게 자신의 보물창고를 구

경시켜 준 다음에 '누가 가장 행복하냐?'라고 물었던 크로이소스는 포로가
되고 나라는 멸망한다. 행복에 관한 가장 오래된 유명한 일화이다. 죽음은
삶의 마무리이다.

| 필사하기 |

● 死也者(사야자)는 德之徹也(덕지요야)니라.

*死(죽을 사), 德(덕 덕, 클 덕, 복 덕), 徹(돌 요, 순찰할 요)

【죽음이란 것은 덕의 귀환이다.】

기우(杞憂), 쓸데없는 걱정

하늘이 무너지고
땅이 꺼지는 것을 걱정하지만
태어날 때 죽음을 알지 못하듯
마음에 담아 둘 일이 아니다.
아직 오지 않은 내일을 걱정할 일 아니다.
세상은 인간의 힘으로 알 수 없는 우연이 지배한다.
걱정은 연출과 감독의 일이지 배우의 일이 아니다.
오직 지금, 여기에 충실할 뿐이다.

| 본문 | 기(杞)나라의 어떤 사람이 천지가 무너져 몸 둘 곳이 없게 될 것
을 걱정해서 잠도 못 자고 밥도 먹지 못했다. 또 한 사람은 그가 걱정하는
것을 걱정했다. 그래서 그를 찾아가 깨우쳐 주려고 말했다.

"하늘은 기운이 쌓여 있을 뿐이어서 기운이 없는 곳이 없소. 만약 몸을
굽혔다 폈다 하고 호흡을 하면서 종일 하늘 가운데에서 움직이고 멈추고

하는데 어찌하여 무너질 것을 걱정하시오?"

그 사람이 말했다.

"하늘이 정말 기운이 쌓인 것이라면, 해와 달과 별들은 어찌 떨어지지 않습니까?"

이를 깨우치려는 사람이 말했다.

"해와 달과 별들은 또한 기운이 쌓인 가운데에서 빛이 있습니다. 단지 그 것이 떨어진다고 하더라도, 또한 맞아서 상처를 입지 않소."

그 사람이 말했다.

"땅이 무너지는 것은 어떻게 합니까?"

깨우치려는 사람이 말했다.

"땅은 흙이 쌓인 것이오. 사방 빈 곳에 꽉 차 있어서 흙이 없는 곳이란 없소. 걷고 뛰고 종일 땅 위에서 움직이고 멈추는데 어찌 그 무너짐을 걱정하시오?"

그 사람이 의심이 사라져 크게 기뻐하고, 그를 깨우치려는 사람도 역시 후련한 듯 크게 기뻐했다. 장려자가 그 이야기를 듣고 웃으면서 말했다.

"무지개, 구름과 안개, 바람과 비, 사계절 등과 같은 것은 기운을 쌓아 하늘이란 것을 이루었다. 산과 봉우리, 강과 바다, 쇠와 돌, 불과 나무 같은 것은 형체가 이루어져 땅에 쌓인 것이다. 기운이 쌓인 것임을 알고 흙이 쌓인 것임을 안다면 어찌 무너지지 않는다고 말할 수가 있는가? 대저 하늘과 땅이란 공허한 가운데 있는 하나의 세세한 물건 가운데에서 가장 큰 것이어서 끝도 어렵고 다하기도 어렵다. 이것은 본래 그런 것이다. 헤아리기도 어렵고 알기도 어려운데, 이는 본래 그런 것이다. 그것이 무너질까 걱정하는 사람은 진실로 너무나 멀리까지 생각하는 것이요, 그것이 무너지지 않는다고 말하는 사람도 역시 옳지 않다. 하늘과 땅은 무너지지 않을 수가 없으니 언젠가는 무너지게 될 것이다. 그것이 무너질 때를 만나면 어찌 걱정하지 않을 수가 있겠는가?"

열자가 이를 듣고서 웃으며 말했다.

"하늘과 땅이 무너질 것이라고 말하는 사람도 잘못이지만, 하늘과 땅이 무너지지 않을 것이라고 말하는 사람도 역시 잘못이다. 무너질지 무너지지 않을지 나로서는 알 수가 없는 일이다. 비록 그렇다 하더라도 저것도 하나요, 이것도 하나이다. 그러므로 태어날 적에는 죽음을 알지 못하고, 죽을 때는 태어나는 것을 알지 못한다. 올 때는 가는 것을 알지 못하고, 갈 때는 오는 것을 알지 못한다. 무너지고 안 무너지는 일에 대해 내 어찌 마음을 담아 두겠는가?"

| 해석과 감상 |

쓸데없는 걱정이란 뜻의 기우(杞憂)의 출전이 『열자』 「천서(天瑞)」 편이다. 우리는 수없이 쓸데없는 걱정을 한다. 걱정한다고 걱정이 해결되는 것도 아니고, 걱정하지 않는다고 해서 심각해지는 것도 아니다. 쓸데없는 걱정은 수도자들에게도 나타난다. 명상을 하는 사람에게 원숭이를 생각하지 말라고 하면 원숭이만 내내 생각하고, 원숭이만 생각하라고 하면 고양이나 개 등 원숭이 아닌 온갖 것이 머리에 꼬리를 문다고 한다. 농사일처럼 욕심을 버리고 자기 일에 빠져들 때 잡념에서 벗어난다. 결과보다 과정을 행복하다고 할 때 행복하다.

● 來不知去(래부지거), 去不知來(거부지래)니라.

*來(올 래), 知(알 지), 去(갈 거)

【올 때는 갈 때를 모르고, 갈 때는 올 때를 모른다.】

공정한 도둑질과 사사로운 도둑질

공정한 도둑과 사사로운 도둑,
모두가 도둑이나
하늘의 재물을 도둑질하면 부자가 되고
사람의 재물을 도둑질하면 재앙이 된다.
하늘의 때를 빌리면 지혜롭고
인간의 기교를 빌리면 재앙을 맞이한다.
지지직 잡음이 많은 사회,
시대에 따라서는 배움과 지위가 공정한 도둑이 된다.

| 본문 | 제나라 국씨는 부자였고 송나라 상씨는 가난했다. 송나라로부터 제나라로 가서 그 재주를 물었다. 국씨가 그에게 말했다.

"나는 도둑질을 잘합니다. 처음 내가 도둑이 되어 일 년이 되자 먹는 것이 갖추어지고 이 년이 되자 풍족해지고 삼 년이 되자 큰 부자가 되었습니다. 이때부터 가서 마을에 베풀었습니다."

상씨가 크게 기뻐하였다. 그는 도둑질했다는 말을 듣고 그가 도둑질한 방법에 대해서는 듣지 못했다. 마침내 담을 넘고 집에 구멍을 뚫어 손과 눈이 미치는 대로 가지지 않는 것이 없었다. 얼마 되지 않아 장물을 얻은 죄로 그 조상들이 살던 집의 재물을 몰수당했다. 상씨는 국씨가 자기를 그르쳤다고 그에게 가서 원망했다. 국씨가 말했다.

"당신은 도둑질을 어떻게 했습니까?"

상씨가 그 상황을 말했다. 국씨가 말했다.

"아이고, 저런! 당신은 이때까지 도둑질하는 도를 잘못 알지 않았습니까? 이제 당신에게 말하지요. 나는 하늘에 때가 있고 땅에 이로움이 있다는 것을 들었습니다. 나는 하늘과 땅의 때와 이로움을 도둑질하였습니다. 구름과 비가 주는 물기와 산과 연못이 낳고 기르는 일이 나의 벼를 기르고 나의 곡식을 늘렸으며 나의 담장을 쌓고 내 집을 세웠습니다. 땅에서는 새와 짐승을 도둑질하고 물에서는 물고기와 자라를 도둑질했으니 도둑질 아닌 것이 없습니다. 벼와 곡식, 흙과 나무, 날짐승과 들짐승, 물고기와 자라는 모두 하늘이 낳은 것이니 어찌 나의 소유이겠습니까? 그러니 나는 하늘을 도둑질하여 재앙이 없습니다. 금과 구슬과 보배와 곡식과 비단과 재화는 사람이 취하는 것이니 어찌 하늘이 준 것이겠습니까? 당신이 그것을 도둑질하여 죄를 얻었다면 누구를 원망하겠습니까?"

상씨는 크게 당혹했다. 국씨가 자기를 크게 속인 것으로 여겨 동곽 선생을 찾아가 물었다. 동곽 선생이 말했다.

"당신의 한 몸도 어찌 도둑질한 것이 아니겠소? 음과 양의 조화를 도둑질하여 당신의 삶이 이루어지고 형태가 만들어졌거늘 하물며 바깥의 물건이 도둑이 아니겠소? 진실로 그러하기에 천지 만물은 서로 떨어질 수 없소. 자기 것이라고 여기며 가지고 있는 것은 모두 미혹된 것이오. 국씨의 도둑은 공정한 방법이라 재앙이 없소. 당신의 도둑은 사사로운 마음이 있어 죄를 얻었소. 공정함이 있건 사사로움이 있건 모두 도둑이오. 공정함과 사사로움을 없애고 나아가면 역시 도둑이오. 공정함을 공정하다고 하고 사사로움을 사사롭다고 하는 것이 천지의 덕이오. 천지의 덕을 아는 사람을 누가 도둑이라 하겠소? 누가 도둑이 아니라 하겠소?

| 해석과 감상 |

세상 모든 것은 빌린 것이다. 이곡(李穀, 고려말 학자, 1298~1351)은 「차마설」에서 '사람이 가지고 있는 것이 어느 것이나 빌리지 아니한 것이 없다'라고 말하면서 부귀한 자리, 권세 등을 빌리고서 사람들은 반성하지 않는다고 비판한다. 나의 부와 명예 또한 빌린 것 아닌가! 연극이나 드라마에서 배우는 자신에게 주어진 역할을 수행한다. 인간은 조물주가 역할을 부여한 배우이다. 나의 지위와 나의 명예, 나의 부는 무대를 벗어나면 사라진다. 세상은 모두 잠시 빌린 것일 뿐이어서 빈부귀천에 매달리면 자신은 존재하지 않는 빚쟁이가 된다. 마지막 문장에서 천지의 덕을 아는 사람은 사람의 물건을 도둑질하지 않았으니 도둑이라 할 수 없고, 하늘의 것일지라도 도둑질했으니 도둑질이라 할 수 있다는 의미로 해석한다.

| 필사하기 |

● 吾盜天地之時利(오도천지지시리)라.

*吾(나 오), 盜(훔칠 도), 天(하늘 천), 地(땅 지), 時(때 시), 利(이로울 리)

【나는 하늘과 땅의 때와 이로움을 훔쳤다.】

제2편 황제(黃帝), 노자와 함께 가장 위대한 성인

제2편의 첫 문장을 제목으로 삼았다. 황제는 도가에서 노자와 함께 존중받는 인물이다. 이를 묶은 학문을 황로학(黃老學), 황로지학(黃老之學)이라 한다. 황제와 노자는 도가에서 가장 위대한 성인으로 떠받든다. 이 편에서는 이상적인 성인을 통해 이상적인 인간을 이야기한다.

12개의 이야기는『장자』에도 실려 있다. 1) 술에 취한 사람을 통한 지인 (至人)의 경지(『장자』「달생」), 2) 열자의 활쏘기(「전자방」), 3) 호랑이 기르는 법(「달생」), 4) 배 다루는 법(「달생」), 5) 소용돌이 속에서 헤엄치는 법(「달생」), 6) 매미를 줍듯이 잡는 법(「달생」), 7) 사람의 관상(「응제왕」), 8) 열자의 사람 따르게 하는 법(「열어구」), 9) 홀로 잘난 체하는 사람과 모든 사람과 잘 어울리는 사람(「우언(寓言)」), 10) 여관의 미인과 못생긴 여자 이야기(「산목(山木)」), 11) 조삼모사(「제물」), 12) 기성자가 기른 싸움닭(「달생」) 등이다.

화서지몽(華胥之夢), 황제가 나라를 다스린 방법

> 지극한 도는 사람의 뜻으로 구할 수 없다.
> 화서 씨의 나라에서는 스스로 행하며 자연스럽게 사니
> 미움도 사랑도 없고 아름다움도 추함도 없다.
> 황제가 깨닫지만 깨달음은 깨달음일 뿐 전해줄 수 없어
> 황제는 황제로 남고 우리는 우리로 남아
> 다만 황제의 경지를 칭송할 뿐이다.

| 본문 | 황제가 즉위한 지 15년, 천하가 자기를 떠받드는 것을 기뻐하였다. 천명을 기르고, 귀와 눈을 즐겁게 하며 코와 입을 받들었다. 그런데도 초췌하니 살빛은 야위었으며, 희미하니 다섯 가지 감정은 정신을 차리지 못했다.

그 뒤 15년, 천하가 잘 다스려지지 않는 것을 근심하여 총명을 다하고 지혜롭게 힘을 써서 백성을 다스렸다. 그런데도 초췌하니 살빛은 야위었으

며, 희미하니 다섯 가지 감정은 정신을 차리지 못했다.[118] 황제가 이에 크게 탄식하며 말했다.

"짐의 잘못이 지나치다. 한 몸을 떠받드는 것도 이처럼 환란이 있는데 만물을 다스리는 것도 이와 같이 환란이 있구나."

이에 만 가지 일을 내려놓았다. 궁궐의 침실을 버리고 당직과 시중드는 사람을 내보냈다. 종과 현의 악기를 거두고 주방의 요리를 줄였다. 물러나 큰 정원이 있는 건물에서 한가로이 지내면서 마음을 가지런히 하고 의복을 바르게 했다. 석 달 동안 친히 정사를 돌보지 않았다.

낮에 자다가 꿈에 화서 씨(華胥氏)의 나라를 여행하였다. 화서 씨의 나라는 엄주의 서쪽, 태주의 북쪽에 있어 중국 중원에서 몇 천 리 떨어져 있는지 알지 못했다. 아마도 배나 수레, 사람의 다리의 힘으로 갈 수 없어 정신[119]만이 여행한다. 그 나라는 군대의 우두머리가 없고 스스로 행하며 자연스럽게 산다. 그 백성들은 즐기는 기호와 욕망이 없고 자연스럽게 살 뿐이다. 삶을 즐길 줄도 모르고 죽음을 싫어할 줄도 몰라 일찍 죽지 않는다. 자기를 사랑할 줄 모르고 남을 소원하게 할 줄도 몰라 사랑과 미움이 없다. 뒤에서 배반할 줄 모르고 순종할 줄도 몰라 이로움과 해로움이 없다. 모두 애석해하는 것이 없고 모두 두려워하고 꺼리는 것도 없다. 물에 들어가도 빠지지 않고 불에 들어도 뜨겁지 않다. 찌르거나 회초리를 대도 상하거나 아프지 않고 꼬집고 할퀴어도 쑤시고 쓰라리지 않는다. 공중을 다니는 것이 마치 땅을 밟는 것과 같고 허공에 잠드는 것이 침상에 있는 것 같다. 구

---

118. 앞 단락과 같은 문장이 반복된다. 곧, 15년 전이나 지금이나 똑같이 힘들다.

119. 신(神)을 정신 또는 귀신으로 해석할 수 있다. 맥락으로 볼 때 신(神)을 정신으로 풀이한다.

름과 안개가 그들의 눈을 가리지 못하고 천둥소리가 그들의 듣는 것을 어지럽히지 못한다. 아름다움과 추함도 그들 마음을 어지럽히지 못한다. 산과 골짜기가 그들의 발걸음을 멈추게 하지 못하고 정신으로만 다닌다.

황제가 잠에서 깨어나 스스로 깨달았다. 천로, 역목, 태산계를 불러 이들에게 말했다.

"짐이 석 달 동안 한가로이 지내면서 마음을 가지런히 하고 의복을 바르게 하였소. 그리고 몸을 떠받들며 사물을 다스리는 도를 생각하였으나 그 방법을 찾지 못했소. 피곤하여 잠을 자다가 꿈을 꾸었는데 이와 같았소. 지금 지극한 도는 사람의 뜻으로 구할 수 없다는 것을 알았소. 짐이 이를 알았구려! 이를 터득했구려! 그런데 그대들에게 말해 줄 수 없구려."

다시 28년, 천하는 크게 다스려져 화서 씨의 나라와 같았다. 황제가 돌아가시니 백성이 이를 칭송함이 이백여 년 동안 그치지 않았다.

| 해석과 감상 |

화서 씨의 나라는 신들의 세계로 어느 것도 그들의 마음을 어지럽히지 못한다. 스스로 행하고 자연스럽게 살아 사랑과 미움, 이로움과 해로움이 없이 하면 언제나 마음이 흔들리지 않는 삶을 살 수 있다. 황제가 도를 터득했는데 신하들에게 말로 전해줄 수 없다고 하는 말은 『도덕경』 1장 첫 구절의 내용과 같다. 도를 도라 할 수 있으면 영원한 도가 아니다. 도는 깨달을 뿐 전할 수 없다. 화서지몽(華胥之夢)을 국어사전에는 낮잠 또는 좋은 꿈을 이르는 말이라며, 『열자』 「황제편(黃帝篇)」에 나오는 말로, 고대 중국의 황제가 낮잠을 자다 꿈을 꾸었는데 화서라는 나라에 가서 그 나라의 어진 정치를 보고 깨어나 깊이 깨달았다는 데서 유래한다고 풀이한다.

| 필사하기 |

● 不知樂生(부지락생), 不知惡死(부지오사)라.

*知(알 지), 樂(즐길 락), 生(날 생), 惡(미워할 오), 死(죽을 사)

【삶을 즐길 줄도 모르고, 죽음을 싫어할 줄도 모른다.】

열자의 수련

옳고 그름,

이로움과 해로움에서 해방되어야

바람을 타고 다닌다.

조급함으로는 그 어느 것도 담을 수 없으니

자기 몸 한 조각도 땅이 얹어주지 않으면

도를 통할 수 없다.

제 자리가 없어 설 수 없다.

| 본문 | 열자는 노상씨(老商氏)를 스승으로 삼고, 백고자를 벗으로 삼았다. 두 사람의 도(道)를 다 배워 바람을 타고 돌아왔다.

윤생이 그 이야기를 듣고 열자를 따르며 머물러 몇 달이 되도록 자기 집을 살피지 않았다. 한가한 틈을 타서 그의 술법을 배우려고 열 번을 청했으나 가르쳐주지 않았다. 윤생은 원망하면서 떠나가려 할 때 열자는 또한 아무 말이 없었다. 윤생이 물러난 지 몇 달이 지났다. 뜻이 다하지 않아 다시 가서 열자를 따랐다. 열자가 말했다.

"그대는 어찌 가고 오는 것이 잦은가?"

윤생이 말했다.

"전에 제[120]가 선생님께 가르침을 청했으나 선생님께서는 가르쳐주지 않으셔서 정말로 선생님에게 섭섭했습니다. 지금은 그러한 마음이 풀려서 다시 찾아왔습니다."

열자가 말했다.

"전에 나는 그대를 통달한 것으로 여겼네. 지금 보니 고루(固陋)[121]하기가 이 지경에 이르렀단 말인가? 거기 앉게. 그대에게 내가 스승님께 배우던 일을 이야기해 주겠네.

나는 스승님을 섬기고, 다른 사람[122]을 벗으로 삼은 지 삼 년이 지났을 때네. 마음은 감히 옳고 그름을 생각하지 않고, 입은 감히 이롭고 해로움을 말하지 않게 되었지. 처음으로 선생님께서는 나를 한번 돌아보셨네.

오 년 뒤, 마음은 다시 옳고 그름을 생각하고, 입은 다시 이롭고 해로움을 말하게 되었네. 선생님께서는 비로소 한번 얼굴을 펴고 웃으셨다네.

칠 년 뒤, 마음이 생각하는 바를 따라도 다시는 옳고 그름이 없게 되고, 입이 말하는 바를 따라도 다시는 이롭고 해로움이 없게 되었지. 선생님께서는 비로소 나를 한번 부르셔서 나란히 자리에 앉으셨네.

구 년 뒤, 마음이 생각하는 대로 제멋대로 하고, 입이 말하는 대로 제멋대로 해도 전혀 나의 옳고 그름과 이롭고 해로움을 알지 못했네. 또한 남의 옳고 그름과 이롭고 해로움에 대해서도 알지 못하게 되었네. 선생님께서 나의 스승인지 어떤 사람이 나의 벗인지도 알지 못하게 되었다네. 안과 밖이 나아간 거지.

---

120. 장대(章戴), 윤생의 자(字).

121. 固陋(굳을 고, 좁을 루).

122. 백고자.

이후로 눈이 귀와 같고, 귀가 코와 같고, 코는 입과 같아서 같지 않은 것이 없게 되었지. 마음은 한데 뭉치고 몸은 풀려서 뼈와 살이 모두 어우러졌네. 몸이 의지하고 있는 것과 발이 밟고 있는 것을 깨닫지 못하게 되고, 동서로 바람을 따르는 것이 마치 나뭇잎이나 매미 허물 같았네. 마침내 바람이 나를 타는 것인지, 내가 바람을 타는 것인지 알지 못하게 되었다네!

지금 그대가 나의 문하로 들어온 지 얼마 되지도 않았는데 나를 섭섭하게 생각하기를 여러 번이네. 그대의 몸 한 조각도 장차 기운이 받아들이지 않고, 그대 몸의 한마디조차 장차 땅이 얹어주지 않을 것이네. 허공을 밟고 바람을 타는 일, 그것이 어찌 가능하겠는가?"

윤생은 너무 부끄러워 오랫동안 숨을 몰아쉬면서 감히 다시 말하지 않았다.

| 해석과 감상 |

도(道)의 경지에 이르는 단계를 통해 인간의 완성 단계를 말하고 있다. 이롭다거나 해롭다는 마음을 없애려고 노력하고, 자연스러운 단계를 지나, 이를 완전히 잊는 경지에 도달해야 한다. 무아(無我)의 경지에 도달해야 바람을 타고 노닐 수 있다. 『도덕경』 5장 '天地不仁(천지불인)', 『논어』 「위정」편 '종심소욕불유구(從心所欲 不踰矩)'와 연계하여 생각할 수 있다.

| 필사하기 |

● **不知彼之是非利害歟**(부지피지시비리해여)**라.**

*彼(저 피), 是(옳을 시), 非(아닐 비), 利(이로울 리), 害(해칠 해), 歟(어조사 여)

【남의 옳고 그름과 이롭고 해로움에 대해서도 알지 못했다.】

갈매기와 놀기

갈매기와 함께 놀면
갈매기도 놀고
갈매기를 가지고 놀고자 하면
갈매기는 놀지 않는다.
지혜 있다는 자들의 지혜는 그들의 뜻을 담으니
진정 하나가 되려면 아무런 뜻이 없어야 한다.

| 본문 | 바다 앞에 사는 사람이 갈매기를 좋아했다. 매일 아침 바닷가에 가서 갈매기를 따라 놀았는데 그 갈매기가 백 마리도 넘었다.

그 아버지가 말했다.

"내가 듣건대 갈매기들이 모두 너와 어울려 논다더라. 네가 좀 잡아 와라. 내 그걸 가지고 놀게."

다음날 바닷가로 나가 보니 갈매기들이 맴돌면서 내려오지 않았다. 그러므로 말한다.

"지극한 말은 말을 벗어나고, 지극한 행위는 행위가 없다. 보통 지혜 있다는 사람들이 안다는 것은 천박하다."

| 해석과 감상 |

자연스러운 마음이 사라지면 자연스럽지 못하다. 갈매기는 잡혀서 놀고 싶지 않다. 잡으려는 마음이 일어나면 그 욕심이 어떤 식으로든 드러나 상대가 안다. 겉으로 드러내지 않아도 싫어하고 좋아하는 마음을 개나 고양이는 안다. 아무런 뜻이 없어야 하나가 된다.

| 필사하기 |

● 至言去言(지언거언)하고 至爲無爲(지위무위)하니라.

*至(지극할 지), 去(갈 거, 버릴 거), 言(말씀 언), 爲(할 위), 無(없을 무)

【지극한 말은 말을 벗어나고, 지극한 행위는 행위가 없다.】

감동은 본래의 몸을 흔들어야

감동을 주려면 본래의 몸을 흔들어야 한다.

몸이 흥겨워 저절로 춤을 추어야 한다.

모두가 따르는 감동을 펼칠 때

함께 노니는 사람은 말하지 않으니

하잘것없는 말로는

앞서가는 자나 따르는 자가

깨닫지 못하고 깨우치지 못해 아무도 무르익지 않는다.

| 본문 | 열자가 제나라로 가다가 중도에서 돌아와서 백혼무인을 만났다.

백혼무인이 물었다.

"무슨 일로 되돌아왔는가?"

열자가 말했다.

"제가 놀랐습니다."

백혼무인이 물었다.

"어찌 놀랐나?"

열자가 말했다.

"제가 열 집에서 음식을 먹었는데 다섯 집에서는 먼저 음식을 주었습니다."

백혼무인이 말했다.

"그 같은 일로 그대는 어찌 놀랐는가?"

열자가 말했다.

"내면의 성실함을 풀지도 않고 외모가 나와 빛을 이루어, 밖으로 사람들의 마음을 눌러 사람들로 하여 귀인과 노인을 가볍게 하여 환난에 이를 것입니다. 무릇 음식점 주인은 다만 먹고 마실 것으로 돈이 되게 하여 이익이 많이 남는 것도 없습니다.[123] 그들은 이익이 되는 것이 적고, 그들이 권세를 삼는 것도 가벼운데 오히려 이와 같이 했습니다. 하물며 만승(萬乘)의 주인이겠습니까? 몸은 나라를 위해 수고롭고 앎은 일을 위해 다하니 그가 장차 일을 나에게 맡겨 나에게 공적을 이루라고 할 것입니다. 저는 이 일로 놀랐습니다."

백혼무인이 말했다.

"좋구나, 잘 보았다. 네가 머무는 곳이면 사람들이 장차 너를 믿을 것[124]이다."

얼마 지나지 않아 가보니 집 밖에 신발이 가득했다.

백혼무인이 북쪽을 바라보고 서서 지팡이에 턱을 괴고 얼마간 서 있다가 말없이 나갔다. 손님이 열자에게 알렸다. 열자가 신발을 끌다가 맨발로 달려가 문에 이르러 말했다.

"선생이 기왕 오셨는데 어찌 약 같은 말씀을 하시지 않으십니까?"

---

123. 무다여(無多餘)로 무(無)가 각 판본에 따라 있기도 하고 없기도 하다. 다(多)를 해석하려면 무(無)가 있어야 할 것이다.

124. 보(保), 지키다, 편안하게 하다, 책임지다, 믿다 등으로 따른다는 의미이다.

백혼무인이 말했다.

"그만두어라. 나는 본디 너에게 말하기를 '사람들이 장차 너를 믿을 것이다'라고 하였거늘 과연 너를 믿고 있구나. 네가 사람들에게 너를 믿게 할 수 있게 한 것이 아니라, 사람들로 하여 너를 믿지 않도록 할 수 없었다. 네가 어찌 감동을 주었는가? 감동에 앞서 남다른 특이한 것을 보여주었겠지. 반드시 감동이 있으려면 너의 본래의 몸을 흔들어야 하니 또한 말할 것이 없다.[125] 너와 더불어 노니는 사람은 또한 너에게 말[126]하지 않는다. 저들의 하잘것없는 말이 모두 사람의 독이다. 깨닫지 못하고 깨우치지 못하니 어찌 서로 무르익게 하겠는가?"

| 해석과 감상 |

자신의 훌륭함을 드러내어 남의 존경을 받을 수 없다. 자랑을 앞세우면 그 훌륭함이 가라앉고 나서지 않으면 그 무게가 서서히 드러난다. 티끌은 가벼운 바람에도 흩날리지만 산은 언제나 그 자리에 있어 존재가 드러난다. 남을 이끄는 것은 무의식적이고 자연스러운 관계일 때이며, 나아가서는 존재만으로도 가능하다. 『장자』「열어구편」에 이 글이 그대로 실려 있다.

| 필사하기 |

● 且必有感也(차필유감야)려면, 搖而本身(요이본신)이라.

*且(또 차), 感(느낌 감), 搖(흔들 요), 身(몸 신)

【또한 반드시 감동이 있으려면 너의 본 몸을 흔들어야 한다.】

---

125. 또한 반드시 감정을 갖게 된 것은 너의 본성을 흔들어서인데 말할 것이 없다.

126. 충고.

제3편 주목왕(周穆王), 주나라 목왕의 정신 유람

이 편은 환상과 현실의 이야기를 담고 있다. 환상과 현실을 초월한 삶이 생사고락에서 초연할 수 있다.

꿈속의 임금과 하인

낮일에 지친 일꾼은 밤이면 단잠을 자고
세상일 집안일로 지친 부자는 밤이 고통스럽다.
너그럽게 자기 일을 줄이면 삶의 반이 편하고
나머지 하루의 반, 밤에 숙면을 취한다.
남에게 너그러움으로 평화를 보내면 내 몸에 화평이 오고
남에게 고단하게 고통을 보내면 내 심장에 내가 보내는 고통이 쌓인다.

| 본문 | 주나라 윤씨가 크게 재산을 모았다. 그 밑에 일하는 사람이 아침 저녁을 넘기며 쉬지를 못했다. 늙은 일꾼이 근력이 다했는데 그에게 매우 부지런히 일하게 했다. 낮이면 숨을 몰아쉬며 일을 하고, 밤에는 어지럽고 지쳐서 깊이 잠들었다. 정신이 크게 흩어져 밤마다 꿈에 나라의 임금이 되었다. 그는 백성들의 위에 있으면서 한 나라의 일을 이끌었다. 궁전에서 놀며 잔치하고 멋대로 하고자 하여 그 즐거움이 견줄 데가 없었다. 깨어나면 곧 일을 했다.

어떤 사람이 부지런히 일하는 사람을 위로하여 말했다. 일꾼이 말했다.

"인생 백 년, 밤낮으로 각각 나누어져 있소. 나는 낮에는 하인으로 고생 고생이지만 밤이면 백성들의 임금이 되어 그 즐거움을 견줄 데가 없소. 원 망할 것이 있겠소?"

윤씨가 마음으로 세상일을 처리하며 집안일 생각을 한다. 마음과 몸이 모두 피로하여 밤이면 또한 어지럽고 지쳐서 잠이 들었다. 밤마다 꿈에 남의 종이 되어 이리저리 달리며 일을 하여 하지 않는 것이 없었다. 자주 욕을 먹고 매질을 당하여 이르지 않는 것이 없었다. 잠 속에서 헛소리를 하고 신음하다가 아침이 밝아 끝난다. 윤씨는 이를 병이라 생각하여 친구를 찾아갔다. 친구가 말했다.

"그대의 지위는 몸을 영화롭게 하기에 충분하고 재산에 여유가 있어 남들보다 훨씬 뛰어나오. 밤에 꿈에서 하인이 되어 고통스럽게 달아나는 것이 반복되는 것은 정상적인 일이오. 그대가 꿈을 깨어 이를 겸하고자 하나 어찌 가능하겠소?"

윤씨는 친구의 말을 듣고 그의 일꾼들이 하는 일을 너그럽게 하며 자기가 생각하고 있는 일을 줄이자 병이 아울러 적어지며 한가해졌다.

| 해석과 감상 |

늙은 일꾼은 육체적으로 힘들지만 단잠을 자며 행복하다. 부자는 가혹하게 남을 부리며 자기가 생각하고 있는 일들 때문에 제대로 잠도 못 잔다. 행복은 적절한 육체적 행동과 욕심 없는 마음이 만든다. 농부들은 농사일에 드는 경비보다 소득이 적어도 농사를 짓는다.

| 필사하기 |

● 人生百年(인생백년), 晝夜各分(주야각분)이라.

*百(일백 백), 年(해 년), 晝(낮 주), 夜(밤 야), 各 (각각 각), 分(나눌 분)

【인생 백 년, 낮과 밤으로 각각 나누어져 있다.】

잊지 못하는 것이 병이다

잊지 못하면 원한은 마리아나 해구처럼 깊어지고
잊지 못하면 그리움도 에베레스트산의 눈처럼 녹지 않고 쌓인다.
오히려 모두 잊어야 앙금 없이 평평하다.

| 본문 | 송나라 양리에 사는 화자(華子)가 중년에 건망증이 생겼다. 아침에 받고 저녁에 잊었다. 저녁에 주면 아침에 잊었다. 길에서는 가는 것을 잊고, 방에서는 앉는 것을 잊었다. 지금 앞을 알지 못하고 후에 지금을 알지 못했다. 집안사람들이 이를 걱정하였다. 점을 쳤으나 점이 나오지 않았다. 무당을 청하여 빌었지만 나아지지 않았다. 의사를 청하여 치료했지만 낫지 않았다.

노나라에 유생이 자청하여 이를 고칠 수 있다고 했다. 화자의 아내와 자식이 집 재산의 절반을 내놓고 그 방법을 청하였다. 유생이 말했다.

"이것은 본디 점괘로 점칠 수 없습니다. 기도로 빌 수 없습니다. 약으로 고칠 약이 없습니다. 내가 그의 마음을 바꾸고 그의 생각을 변화시켜 보겠습니다. 아마 그 병이 나을 것입니다!"

이에 시험 삼아 그를 벗기자 옷을 찾고, 그를 굶기자 음식을 찾고, 그를 어두운 곳에 두자 밝은 곳을 찾았다. 유생이 기쁘게 그 아들에게 말했다.

"병이 나을 수 있습니다. 그러나 내가 하는 방법은 전해지는 것을 비밀로 하고 남들에게 말하지 않습니다. 좌우를 물리치고 독방에서 이레 동안 함께 있겠습니다."

이를 따랐으나 그가 베푸는 바를 알지 못했다. 몇 년 동안 쌓인 병이 하루아침에 모두 나았다. 화자가 이윽고 깨닫자 곧 크게 노했다. 아내를 내

쫓고 아들을 벌했다. 창을 들고 유생을 쫓아냈다. 송나라 사람이 붙잡고 그 까닭을 물었다. 화자가 말했다.

"전에 내가 잊었을 때는 아득히 천지가 있고 없음을 깨닫지 못했습니다. 지금 갑자기 알게 되니 지난 수십 년 이래 존속하고 망한 것, 얻은 것과 잃은 것, 슬픔과 즐거움, 좋아함과 싫어함 등이 매우 어지럽게 만 가지나 되는 실마리가 솟아났습니다. 나는 앞으로 존망, 득실, 애락, 호오가 나의 마음을 이와 같이 어지럽게 할까 두렵습니다. 짧은 시간이라도 잊도록 다시 병을 얻을 수 있겠습니까?"

자공이 듣고 이를 괴이하게 여겨 공자에게 아뢰었다. 공자가 말했다.

"이것은 네가 알 바가 아니구나!"

공자가 돌아보며 안회에게 이를 기록하라고 일렀다.

| 해석과 감상 |

벗기자 옷을 찾고 굶기자 음식을 찾고 어두운 곳에 두자 밝은 곳을 찾는다는 것은 정상임을 뜻한다. 건망증이 낫자 화자는 도리어 화를 내며 다시 병을 얻을 수 없느냐고 묻는다. 장래의 삶과 죽음, 얻음과 잃음, 슬픔과 즐거움, 좋아함과 미워함 등으로 마음이 어지러워질 것이 오히려 두렵기 때문이다.

| 필사하기 |

● 須臾之忘(수유지망), 可復得乎(가부득호)아.

*須(모름지기 수), 臾(잠깐 유), 忘(잊을 망), 復(다시 부), 得(얻을 득)

【잠시 동안의 망각이라도 얻을 수 있겠소?】

온 세상 사람들이 잘못되었다면

정신착란이라 하는 자가
그가 정신착란 아닌 줄 어찌 아는가.
제 자랑, 제 욕심 많은 자가
그가 자랑인 줄 어찌 알고 욕심인 줄 어찌 아는가.
혼미한 사람들이 많으면
혼미함의 저울 또한 혼미하다.

| 본문 | 진나라 방씨(逢氏)는 아들이 있었다. 어렸을 때 지혜로웠는데 장성하여 정신착란증이 생겼다. 노래를 듣고는 통곡이라 여기고, 흰 것을 보고 검다고 하며, 향기를 맡고 썩었다고 하고, 오히려 단 것을 쓰다고 하며, 그른 것을 행하며 옳다고 여겼다. 그가 뜻하는 것은 천지, 사방, 물과 불, 추위와 더위가 거꾸로 되지 않은 것이 없다.

양씨가 그 아버지에게 말했다.

"노나라의 군자는 학술과 기예가 많다고 하니 어찌 능히 고치지 않겠습니까? 당신은 어찌 그를 찾아가지 않습니까?"

그 아버지가 노나라로 갔다. 진나라를 지나다가 노담을 만나 그 아들의 증세를 말했다. 노담이 말했다.

"그대는 어떻게 그대의 아들이 혼미하다는 것을 아시오? 지금 천하의 사람들이 옳고 그름에 현혹되고 이로움과 해로움에 혼미하고 같은 병이 있는 자가 많으니 본디 깨달음이 있는 자들이 아니오. 또 한 몸의 그르침은 한 집안을 위태롭게 하기에 충분하지 못하고, 한 집안의 그르침은 한 마을을 위태롭게 하기에 만족스럽지 못하며, 한 고을의 그르침은 한 나라를 위태롭게 하기에 만족스럽지 않고, 한 나라의 그르침은 천하를 위태롭게 하기에 만족스럽지 않으니, 천하가 모두 그릇되었다면 누가 곧 이를 위태롭다 하겠소? 온 세상 사람들의 마음이 당신 아들과 같다면 당신이 곧 반대로 그릇된 것이 될 것이오. 슬픔과 즐거움, 소리와 색, 냄새와 맛, 옳음과 그릇됨은 누가 이것을 바로잡을 수 있겠소? 또한 나의 말이 반드시 그릇됨이 없다고 할 수 없소. 하물며 노나라의 군자는 어떠하겠소? 그릇됨이 심한 사람이 어찌 남의 그릇됨을 풀 수 있겠소? 당신이 지닌 양식을 버리고 바로 돌아가는 것이 낫소."

| 해석과 감상 |

정신착란을 고치러 가는 이에게 노자가 말한다. 천하가 모두 그릇된 지도 모르는데 어찌 아들을 정신착란이라 말하는가?

| 필사하기 |

● 天下盡迷(천하진미), 孰傾之哉(숙경지재)리오?

*盡(다할 진), 迷(미혹할 미), 孰(누구 숙), 傾(기울 경), 哉(어조사 재)

천하 모두 그릇되었다면 누가 이를 기울었다 하겠소?

제4편 중니(仲尼), 공자

이 편의 처음 두 글자를 따서 중니라 했다. 모두 공자와 관련하여 열자의 사상을 전개한다. 성인은 하는 일 없이 사정에 따라 변화한다.

공자의 근심

시경과 서경과 예악이
어지러움을 다스리는 데 도움이 되지 않는다고
이를 개혁한다고 할 것이 없으니
버릴 것도 없고 바꿀 것도 없다.
다만 즐거움이 없고 아는 것이 없는 것이
진실로 즐기는 것이고 진실로 아는 것이니
공자가 즐기고 아는 것은
옛사람들이 아는 즐김과 앎이 아니다.
공자처럼 아는 자가 되고 좋아하는 자가 되어
즐기는 자가 되어도 터득하지 못했던 경지,
여기에서처럼 논어 속 공자는 터득했다 말하는가?

| **본문** | 공자가 한가롭게 있을 때 자공이 들어와 모시고 있었는데 얼굴색에 근심이 있었다. 자공이 감히 묻지 못하고 나가서 안회에게 알렸다. 안회가 거문고를 뜯으면서 노래했다. 공자가 마침내 이를 듣고 안회를 불러들여 물었다.

"너는 어찌 홀로 즐거운가?"

안회가 말했다.

"선생님은 어찌 홀로 근심하고 계십니까?"

공자가 말했다.

"네 뜻을 먼저 말하라."

안회가 말했다.

"저는 전에 선생님께서 하신 '타고난 대로 즐기고 운명을 알기에 근심이 없다.'는 말을 들었습니다. 제가 즐거워하는 까닭입니다."

공자가 안색이 변하여 한참을 있다가 말했다.

"그런 말을 했던가? 너의 생각은 잘못되었다. 그것은 옛날에 한 말이다. 지금 말을 바로잡겠다. 네가 홀로 타고난 것을 즐기고 명을 아는 것이 근심이 없다는 것을 알았지, 천성을 즐기고 명을 아는 것이 근심이 크다는 것을 알지 못했다. 지금 너에게 그 사실을 말하겠다. 한 몸을 닦아 궁하거나 통달하거나, 가고 오는 것이 내가 아님을 알거나, 마음과 생각에 변란이 없거나 하는 것이 네가 말하는 하늘을 즐기고 운명을 아는 근심 없음이다. 예전에 내가 시경과 서경을 익히고 예와 악을 바로잡아 장차 천하를 다스려 후세에까지 전하려 했지. 오직 한 몸을 닦고 노나라만을 다스리려는 것은 아니었지. 노나라의 임금과 신하가 날로 그 질서를 잃어가고 인과 의가 더욱 쇠약해지며 성정이 더욱 각박해졌어. 이 도가 한 나라와 이 시대에도 행해지지 않으면 천하가 다음 세상에 줄 것이 없지 않은가? 내가 비로소 시경과 서경, 예와 악이 어지러움을 다스리는 데 도움이 되지 않는다는 것을 알았다. 그리고 그것을 혁신하는 방법을 알아내지 못했다. 이것이 하늘을 즐기고 운명을 아는 자가 하는 근심이다. 비록 그렇지만 나는 이를 터득했다. 무릇 즐기고 아는 것은 옛날 사람이 말하는 즐거움과 아는 것이 아니다. 즐거움이 없고 아는 것이 없는 것이 진실로 즐기는 것이고 진실로 아는 것이다. 그러므로 즐기지 않는 바가 없고 알지 못하는 바가 없으며 근심하지 않는 바가 없고 하지 못하는 일도 없다. 시경과 서경, 예와 악이 버릴 것이 어디 있겠는가? 개혁한다고 무엇을 할 것인가?"

안회가 북면[127]하고 손을 모아 절을 하면서 말했다.

"저 또한 이를 터득했습니다."

나와서 자공에게 말했다. 자공이 망연히 자기를 잃었다. 집에 돌아와 칠일 동안 깊이 생각했다. 자지도 않고 먹지도 않아 뼈가 앙상하게 되었다. 안회가 거듭 가서 이를 깨우쳐 주었다. 이에 공자의 문하로 돌아왔다. 현악기로 노래하고 글을 외우는 일을 종신토록 그치지 않았다.

| 해석과 감상 |

공자는 『시경』과 『서경』과 예악으로 천하가 잘 다스려지기를 바랐다. 공자가 이들 책을 엮은 이유이다. 그러나 자신의 나라 노나라조차 올바른 도가 행해지지 않는 것을 보고 『시경』, 『서경』, 예악이 세상을 다스리는 데 도움이 되지 않는다는 것을 알고 근심하게 된다. 공자는 깨닫는다. 그 깨달음은 즐기는 것도 없고 아는 것도 없는 것이 진실로 즐기고 아는 것이다. 이 깨달음은 『시경』과 『서경』, 예악을 버릴 것도 없고 바꿀 것도 없다는 생각에 도달한다. 책과 이전의 예악으로 천하를 다스릴 수 있다는 생각에서 벗어난다. 공자를 노장사상과 연관시키는 내용이다. 공자가 과연 그랬을까? 노장사상의 시각이다.

공자는 시를 매우 중시하였다. 「학이」의 '절차탁마(切磋琢磨)'(『시경』「위풍」 '기욱'), 「위정」의 '사무사(思無邪)', 「팔일」의 '시가여언시이의(始可與言詩已矣)', 「팔일」의 '관저(關雎) 속 낙이불음(樂而不淫)과 애이불상(哀而不傷)'(『시경』「주남」'관저', 시경의 맨 처음 작품), 「술이」의 '자소아언(子所雅言) 시서집례(詩書執

---

127. 북면(北面): 고대 중국의 집은 남쪽을 향해 집을 지어 방에 앉아 있으면 남쪽을 향한다. 그를 보는 사람은 북쪽을 향하기 마련이어서 북면이 된다.

禮), 「태백」의 '관저지란(關雎之亂), 양양호영이재(洋洋乎盈耳哉)!' 「태백」의 시운(詩云) '전전긍긍(戰戰兢兢) 여림심연(如臨深淵) 여리박빙(如履薄氷).'(『시경』 『소아』 '소민'), 「태백」의 '흥어시(興於詩), 입어례(立於禮), 성어락(成於樂),' 「자로」의 '송시삼백(誦詩三百),' 「계씨」의 '불학시(不學詩) 무이언(無以言),' 「양화」의 '소자하막학부시(小子何莫學夫詩)' 등 시에 관한 내용이 11회에 걸쳐 등장한다. 특히 공자가 자기 아들 리(字 백어)에게 공부하라고 한 것은 시와 예, 두 가지이다. 제자들에게도 시에 대해 공부할 것을 시의 역할을 자세히 언급하면서 말하고 있다. 노자, 열자, 장자는 시에 대해 말한 부분을 찾기 어렵다. 『도덕경』을 운문의 형태로 읽을 수 있으나 공자의 시에 대한 개념과는 다르다. 공자는 『시경』을 편찬하고, 시를 아들과 제자들에게 강조하였다. 시를 공부해야 한다며 시의 역할에 대해 놀랄만한 식견을 보여준다. 공자가 전해오는 노래들을 묶은 시 삼백 편(현재 전해오는 것은 정확하게는 305편)의 원제목은 '시(詩)'였으나 후대에 '시경(詩經)'이라 하여 경전으로 높여 부르기 시작했다.

| 필사하기 |

● **無樂無知**(무락무지)**가 是眞樂眞知**(시진락진지)**니라.**

* 無(없을 무), 樂(즐길 락), 知(알 지), 是(이 시), 眞(참 진),

【즐거움이 없고 아는 것이 없는 것이 진실로 즐기는 것이고 진실로 아는 것이다.】

■ **『논어』 「옹야」 子曰**(자왈)**, 知之者不如好之者**(지지자불여호지자)**요 好之者不如樂之者**(호지자불여락지자)**니라.**

*知(알 지), 者(사람 자), 如(같을 여), 好(좋을 호), 樂(즐길 락)

【공자 가로되, 아는 자는 좋아하는 자를 이기지 못하고, 좋아하는 자는

즐기는 자를 이기지 못한다.】

■『논어』「위정」 子曰(자왈), 詩三百(시삼백)을 一言以蔽之(일언이폐지)면 曰(왈), '思無邪(사무사)'니라.

*詩(시 시), 百(일백 백), 蔽(덮을 폐), 思(생각 사), 無(없을 무), 邪(간사할 사)

【공자 가로되, 시 삼백[128]을 하나의 말로 표현하면 '생각에 사악함이 없다'】

■『논어』「술이」 子曰(자왈), 述而不作(술이부작)하며 信而好古(신이호고)라.

*述(기록 술), 作(지을 작, 새로 창안해 만들어 냄), 信(믿을 신), 好(좋아할 호)

【공자 가로되, 서술하되 창작하지 않으며 옛 것을 믿고 좋아한다.】

■『논어』「팔일」 子曰(자왈), 關雎(관저)는 樂而不淫(낙이불음)하고 哀而不傷(애이불상)이니라.

*關(빗장 관), 雎(물수리 저), 樂(즐길 락), 淫(음란할 음), 哀(슬플 애), 傷(상처 상),

【공자 가로되, 「관저」[129]에 즐거워하되 음란하니 않으며 슬프되 상처가 없다.】

■『논어』「양화」 子曰(자왈), 小子(소자)는 何莫學夫詩(하막학부시)인고? 詩(시)는 可以興(가이흥)하며 可以觀(가이관)이고 可以羣(가이군)이며 可以怨(가이원)이고 邇之事父(이지사부)

---

128. '시 삼백'은 공자가 모아서 편찬한『시경』을 말한다. 당시에『시경』은 이름이 없었으며 시 304편이 실려 있어서 시 삼백이라 했다. 공자는『논어』에서『시경』을 매우 중요하게 언급하고 있다.『논어』에 '시(詩)'가 14회 등장하고 그중에 5회는『시경』을 지칭한다.『시경』의 맨 앞부분에 실려 있는 「국풍」편 '주남'과 '소남'은 주나라 초기 민간인들의 풍속을 노래한 각 지방의 민요들로 각각 11편, 14편이 실려있다.

129. 「관저」는 '주남'의 민요로『시경』의 처음에 나오는 시이다.

며 遠之事君(원지사군)이요 多識於鳥獸草木之名(다식어조수초목지명)이니라. 子謂伯魚曰(자위백어왈), 女爲周南 召南矣乎(여위주남소남의호)아? 人而不爲周南召南(인이불위주남소남)이면 其猶正牆面而立也與(기유정장면이립야여)로다.

*何(어찌 하), 莫(없을 막), 學(배울 학), 詩(시 시), 興(일어날 흥), 觀(볼 관), 羣(무리 군), 怨(원망할 원), 邇(가까울 이), 事(섬길 사), 遠(멀 원), 識(알 식), 鳥(새 조), 獸(짐승 수), 草(풀 초), 謂(이를 위), 伯(맏 백), 爲(할 위, 배우다), 周(두루 주), 南(남녘 남), 召(부를 소), 猶(오히려 유), 牆(담 장), 與(더불 여, 어조사)

【공자 가로되, "제자들아 어찌 시를 배우지 않느냐? 시는 흥하게 하고, 볼 수 있게 하고, 어울릴 수 있게 하고, 원망할 수 있게 하며, 가까이는 아버지를 섬기는 일이고, 멀리는 임금을 섬기는 일이며, 새와 짐승과 초목의 이름을 많이 안다." 공자가 백어[130]에게 말했다. "너는 주남과 소남을 배웠느냐? 사람이 주남과 소남을 배우지 않으면 오히려 담장을 정면으로 마주하고 서 있는 것과 같다."】

「열자」와 「논어」로 우리 삶의 균형 찾기

『열자』에서는 공자를 『논어』 속 공자보다 높이 평가한다. 이 글에서는 공자가 노장사상을 수용하여 더 높은 경지에 도달한 것으로 서술함으로써 노장사상을 펼쳐나간다. 그만큼 공자의 영향력이 컸거나 공자가 많이 알려졌기 때문일 것이다. 시를 통해 공자는 장차 천하를 다스리고자 했다고 『논어』에 나오지만 시, 서, 예, 악이 어지러움을 다스리는 데 도움이 되지

---

130. 공자의 아들. 『논어』에 백어는 두 번 등장하는데 모두 공자는 아들 백어에게 시를 배우라고 말한다.

않는다는 것을 알았다는 내용은 없다. 곧,『열자』의 이곳에 등장한다. 버릴 것도 없고 개혁할 것도 없다며 노자와 같은 경지에 다가감을 보여준다.

공자와 제자

공자의 어짊은 안회보다 못하고
자사의 말재주는 공자보다 낫다.
공자의 용감함은 자로보다 못하고
자사의 의젓함은 공자보다 낫다.
그러나 모두 더해도 공자의 제자이다.

| 본문 | 자하가 공자에게 말했다.
"안회(顔回)의 사람됨은 어떠합니까?"
공자가 말했다.
"회(回)의 어짊은 나보다 낫지."
자하가 말했다.
"자공(子貢)의 사람됨은 어떠합니까?"
공자가 말했다.
"사(賜)의 말재주는 구(丘, 공자)보다 낫지."
자하가 말했다.
"자로(子路)의 사람됨은 어떠합니까?"
공자가 말했다.
"유(由)의 용감함은 나보다 낫지!"
자하가 말했다.

"자장(子張)의 사람됨은 어떠합니까?"

공자가 말했다.

"사(師)의 의젓함은 나보다 낫지!"

자하가 자리를 바꾸어 물었다.

"그러면 네 사람은 무엇 때문에 선생님을 섬깁니까?"

공자가 말했다.

"앉아라. 내가 너에게 말해 주겠다. 회(回)는 어질지만 변통하지 못해 고지식하고, 사(賜)는 말을 잘하지만 말을 천천히 할 줄 모르며, 유(由)는 용감하지만 겁을 낼 줄 모르고, 사(師)는 의젓하지만 남들과 화동(和同)할 줄 모른다. 네 사람이 가진 것을 다 겸하여 가지고 와서 나와 바꾸자 한다고 해도 나는 허락하지 않을 것이다. 이것이 나를 섬기면서도 마음이 한 가지인 (바뀌지 않는) 까닭이다."

| 해석과 감상 |

유가에서 성인(聖人)은 어질고, 고지식하지 않고 융통성 있고, 달변이면서 천천히 말하고, 용감하면서 겁낼 줄 알고, 의젓하면서 화동할 줄 안다. 대개는 하나의 커다란 장점만 갖고 있는데 공자는 모두를 고르게 갖고 있다. 공자는 하나하나의 일에 대해서는 제자들보다 못하지만 전체로는 한 가지 특성에 얽매여 있지 않은 성인이다. 그런 까닭에 제자들의 모든 능력을 합해도 바꿀 수 없다고 말한다. 제자 4명의 훌륭함을 더해도 공자는 자신의 덕을 따를 수 없어 바꾸지 않겠다고 말한다. 몇몇 뛰어난 능력만으로 성인이 되는 것은 아니다.

● 兼四子之有以易吾(겸사자이유이역오), 吾弗許也(오불허야)라.

*兼(겸할 겸), 有(있을 유), 易(바꿀 역), 吾(나 오), 弗(아닐 불), 許(허락할 허)

【네 사람이 가진 것을 다 가지고 나와 바꾸자 해도 나는 허락하지 않는다.】

지극한 노닒

진정한 노닒은 노닒을 모른다.

노닐거나 보는 바를 모르니

자기 몸에서 만족을 취함이

노닒의 지극함이다.

물건마다 모두 노닒일 때 지극한 노닒이다.

| 본문 | 처음에 열자가 노닐기를 좋아했다.

호구자가 말했다.

"어구가 노니는 것을 좋아하는데 노니는 게 무엇이 좋으냐?"

열자가 말했다.

"노니는 즐거움은 옛것이 없음을 즐깁니다. 남들이 노니는 것은 보는(드러난) 것을 구경하는 것이고, 제가 노니는 것은 변화하는 것을 보는 것입니다. 노니는 것이여! 노니는 것이여! 그 노니는 것을 아직 분별할 수 있는 사람은 없습니다."

호구자가 말했다.

"어구의 노닒은 본디 남들과 같은데 자네는 남들과 다르다고 말하는가? 대체로 보는 것은 그 변화를 보는 것이네. 사물의 옛것이 없는 것을 즐기면서, 내가 또한 옛 모습이 없음을 알지 못한다. 밖의 노닒에 힘쓰고 안을 보는 것에 힘쓰는 일을 모른다. 밖에서 노니는 사람은 물건에서 모두를 구하지만 안을 보는 사람은 자기 몸에서 만족을 취한다. 자기 몸에서 만족을 취함이 노닒의 지극함이라 하고 사물에서 구하고 갖추는 것[131]은 노닒이 지극하지 못하다."

이에 따라 열자는 종신토록 나가지 않고 스스로 노닒을 알지 못한다고 하였다.

호구자가 말했다.

"노닒이 지극한 경지이구나! 지극한 노닒을 행하는 자는 가는 바를 알지 못하고, 지극한 구경을 하는 사람은 보는 바를 알지 못한다. 물건마다 모두 노닒이고, 물건마다 모두가 보는 것이니 이것이 내가 노닒이라 말하는 것이고 내가 보는 것이라 말하는 것이다. 그러므로 말한다. 노닒이 지극한 경지구나! 노닒이 지극한 경지구나!"

| 해석과 감상 |

자기 몸에서 만족을 취할 때가 지극한 노닒이다. 참고로 놀이에 대해서는 1938년 네덜란드의 문화사학자인 하위징아의 『호모 루덴스』가 본격적인 연구서이다. 이 책은 '문화는 놀이에서 시작되었다.'라고 주장한다. 저자는 호모 사피엔스가 아니라 호모 루덴스라며 놀이하는 인간으로 인간을 다시 정의한다. 그러나 하위징아의 놀이는 이 글에서 말하는 철학적 노닒과는 다르다.

---

131. 모두를 구하다로 해석할 수 있다. 비(備, 갖출 비, 모두 비).

● 取足於身(취족어신), 遊之至也(유지지야).

*取(취할 취), 足(발 족, 만족할 족), 身(몸 신), 遊(놀 유), 至(지극할 지)

【자기 몸에서 만족을 취하는 것이 노닒의 지극한 경지이다.】

● 至遊者不知所適(지유자부지소적), 至觀者不知所■(지관자부
지소시).

*至(이를 지), 遊(놀 유), 知(알 지), 所(바 소), 適(갈 적), 觀(볼 관), ■(볼 시)

【지극히 노는 자는 가는 바를 알지 못하고, 지극히 구경하는 사람은 보
는 바를 알지 못한다.】

요임금의 다스림

요임금이 나라를 다스릴 때는
백성이 임금을 몰랐으니
큰 다스림은 보이지 않는 공기와 같다.
훌륭한 사장은 일을 맡기고 간섭하지 않으며
더 훌륭한 지도자는 맡기는 일조차 없다
대우주처럼 소우주도 제 스스로 움직일 뿐이다.

| 본문 | 요임금이 천하를 50년 동안 다스렸는데 천하가 다스려지고 있는
지 다스려지지 않는지 알지 못했다. 수많은 사람이 자기를 떠받들려고 하
는지 그렇지 않은지를 몰랐다. 좌우를 돌아보아 물어도 측근 신하들이 알
지 못했다. 바깥 관청에 물었으나 바깥 관청이 알지 못했다. 민간에 물었
으나 민간에서도 알지 못했다. 요임금은 이에 미복(평상복 변장)으로 넓은

거리로 나가 아이들의 노래를 들었다.

 "우리 수많은 백성이 살아가는 것이

 당신의 법도 아닌 것이 없네.

 깨닫지도 못하고 알지도 못하니

 황제의 법칙을 따르네."

요임금이 기뻐 물었다.

"누가 너희에게 이런 노래를 하라고 가르쳤니?"

아이가 말했다.

"저는 대부에게 이것을 들었습니다."

대부에게 물었더니 대부가 말했다.

"옛날 시입니다."

요임금이 궁궐에 돌아와 순을 불렀다. 천하를 선양[132]하니 순이 사양하지 않고 이를 받았다.

| 해석과 감상 |

고복격양(鼓腹擊壤), 함포고복(含哺鼓腹) 등의 성어와 관련이 있는 내용이다. 격양가(擊壤歌, 작자 미상)는 다음과 같다.

日出而作(일출이작)하고	해 뜨면 밭을 일구고
日入而息(일입이식)하노라	해 지면 돌아와 쉬노라
鑿井而飮(착정이음)이니	우물 파서 물을 마시니

---

132. 선(禪): 천자의 자리를 넘겨주는 것.

帝力何有於我哉(제력하유아재)리오.　　나에게 어찌 임금이 있으랴

요임금의 태평성대를 나타내는 대표적인 노래이다. 훌륭한 임금의 다스림은 백성들에게 느껴지지 않는다. 백성들이 불편함이 없으니 임금의 덕이 가장 훌륭하다. 폭정에서는 백성들이 하루도 빠짐없이 통치자를 생각하면서 고통스러워한다.

요임금은 자신이 천하를 잘 다스리는지 몰랐다. 자신의 다스림이 황제의 법칙을 따른다는 평을 듣고는 요임금은 더 이상 할 것이 없어 순임금에게 자리를 물려주며 두 딸, 아황과 여영을 부인으로 내준다.

老子曰 : 人無爲而治, 有爲也卽傷. 無爲而治者, 爲無爲, 爲者不能無爲也, 不能無爲者, 不能有爲也. (『통현진경 通玄眞經 (文子) 제2권』)

노자가 말했다. "애써 함이 없어야 다스려지는데, 애써 함이 있으면 상한다. 애써 함이 없이 다스리는 사람은 애써 함이 없는 일을 하지만, 애써 하는 사람은 애써 함이 없는 일을 할 수 없다. 애써 함이 없는 일을 할 수 없는 사람은 애써 해야 하는 일을 할 수 없다."

노자와 공자가 요순을 높이 받드는 이유는 무위의 정치 때문이다.

| 필사하기 |

● 不識不知(불식부지)이니 順帝之則(순제지칙)이라.

*識(알 식), 知(알 지), 順 (순할 순), 帝 (임금 제), 則(법칙 칙)

【깨닫지도 못하고 알지도 못하니 황제의 법칙을 따른다.】

■『논어』「태백」子曰, 大哉(대재)라! 堯之爲君也(요지위군야)여! 巍巍乎(외외호)로다! 唯天爲大(유천위대)거늘 唯堯則之(유요칙지)하니라.

*哉(어조사 재), 堯(요임금 요), 爲(할 위), 巍(높을 외), 唯(오직 유), 則(본받을 칙)

【공자 가로되, 위대하구나! 요의 임금됨이여. 높고 높구나! 오직 하늘이 위대한데 오직 요가 이를 본받았다.】

■『논어』「위령공」子曰(자왈), 無爲而治者(무위이치자)는 其舜也與(기순야여)로다 夫何爲哉(부하위재)리오? 恭己正南面而已矣(공기정남면이이의)니라.

*治(다스릴 치), 舜(순임금 순), 與(어조사 어, 감탄, 의문 등), 何(어찌 하), 哉(어조사 재), 恭(공손할 공), 己(자기 기), 正(바를 경), 南(남녘 남), 面(낯 면)

【공자 가로되, 무위로 다스린 사람은 순이구나. 대저 무엇을 했는가? 몸가짐을 공손히 하고 바르게 임금 자리에 있었을 뿐이다.】

『열자』와 『논어』로 우리 삶의 균형 찾기

『열자』와 『논어』 모두 요임금에 대한 생각은 거의 같다. 『열자』에서는 요임금이 다스림도 없는데 잘 다스려진 상황을 묘사한다. 공자도 요임금의 무위의 다스림을 찬양한다.

제5편 탕문(湯問), 탕 임금이 묻다

이 편의 이름은 글의 첫 두 글자를 땄다. 우공이산 이전까지는 은나라 탕 임금과 하극의 문답이다. 하극은 만물의 기원, 우주의 크기 등에 대해 답하고, 크고 작은 것 또는 길고 짧은 것에 대한 판단은 상대적인 것으로 우주의 입장에서 보면 말하기 어렵다고 말한다. 여기에는 열자의 생각이 담긴 흥미로운 이야기만 실었다.

우공이산(愚公移山), 우공이 산을 옮긴다

세상은 어리석은 자의 것,
잔꾀는 모래알로 자갈을 감추려 하나
어리석은 자는 산을 옮기고 삶을 바꾼다.
일만 시간의 법칙은 어리석은 자의 것,
돌로 된 문턱도 신발에 닳아 패인다.

| 본문 | 태형산(太形山)[133]과 왕옥산(王屋山)[134]은 넓이가 사방 700리, 높이가 만 길이다. 본래 기주(冀州)[135]의 남쪽과 하양(河陽)[136]의 북쪽에 있다. 북산(北山)의 우공이 나이가 아흔이 다 되었는데 산이 마주 보이는 곳에 살았다. 북산이 막고 있어서 출입할 때 길을 돌아가야 하는 괴로움이 있었다.

그는 집안 식구들을 모아 놓고 의논했다.

"나와 너희들이 힘을 다해 험한 산을 평평하게 하자. 그러면 예주(豫州)

---

133. 태형산: 태행 또는 오행으로 불린다. 지금의 하남성, 산서성, 하북성에 걸친 산맥.

134. 왕옥산: 산서성 양성현 서남쪽에서 하남성에 걸친 산 이름.

135. 기주(冀州): 옛날 9주의 하나. 지금 하북, 산서, 요녕, 요하, 하남에 걸친 고을.

136. 하양(河陽): 지금의 하남성 맹현 서쪽 고을.

의 남쪽[137]으로 곧장 통할 수 있고, 한수(漢水)의 남쪽[138]에 도달할 수 있다. 할 수 있겠느냐?"

모두가 서로 찬성했다. 그 부인이 의문을 제기했다.

"당신의 힘으로 괴보(魁父)의 언덕도 깎아 내지 못했는데, 태형과 왕옥을 어떻게 하겠단 말이오? 더구나 흙과 돌은 어디다 버릴 거요?"

모두 말했다.

"모두 발해(渤海)의 끝과 은토(隱土)의 북쪽에다 버리면 됩니다."

마침내 자손과 짐 지는 사람 셋을 이끌고 돌을 깨고 흙을 파서 삼태기로 발해의 끝으로 운반했다. 이웃집 과부 경성씨도 칠팔 세 된 아들을 보내니, 뛰어다니며 도왔다. 겨울과 여름이 바뀌는 동안 한 번 갔다가 돌아왔다.

황하의 지혜 많은 노인이 웃으며 이를 말렸다.

"심하도다! 그대의 슬기롭지 못함이. 그대의 남은 생애와 남은 힘으로는 산의 풀 한 포기도 없애기 어려울 텐데, 흙과 돌을 어떻게 한단 말이오?"

북산 우공이 장탄식하며 말했다.

"당신 생각이 막혀 있는데, 그 막힘을 뚫을 수 없구려. 과부네 어린아이만도 못하구려. 내가 죽으면 아들이 있고, 아들이 또 손자를 낳고, 손자가 또 아들을 낳으며, 자식이 또 자식을 낳고, 자식이 또 손자를 낳아, 자자손손 끊이지를 않는데, 산은 더 커지지 않으니 어찌 평평해지지 않는다고 걱정하겠소?"

하곡의 지수는 대꾸할 수가 없었다.

---

137. 예남: 예주 남쪽.

138. 한음(漢陰): 한수의 남쪽. 강물에서 음(陰)은 남쪽, 양(陽)은 북쪽. 한양(漢陽)은 한강의 북쪽이란 뜻.

조사의 신(操蛇神)이 이를 듣고 (산을 옮기는 일을) 그치지 않을까 두려워하여 상제에게 고했다. 상제는 그 정성에 감동하여 과아씨[139]의 두 아들에게 명하여 두 산을 업어다 하나는 삭동에 두고, 하나는 옹남에 두게 했다. 이로부터 기주의 남쪽과 한수의 남쪽에는 가로막힌 것이 없게 되었다.

| 해석과 감상 |

사람이 꾸준히 노력하면 못 이룰 게 없다. 우공은 어리석은 사람이란 뜻이고 지수는 현명한 노인이란 뜻이지만 반어적으로 쓰였다. 우공이산(愚公移山), 우보만리(牛步萬里)는 함께 묶어서 흔히 사용한다. 어리석은 사람이 산을 옮기고, 소의 느린 걸음이 만 리를 간다. 가장 늦었을 때가 가장 빠르다는 말도 역설적인 표현이다. 신경과학자 다니엘 레비틴의 '일만 시간의 법칙'은 우공이산(愚公移山), 우보만리(牛步萬里)의 현대적 연구의 결과이다. 하루 세 시간씩 십 년을 하면 성공한다는 말이다. 하루도 쉬지 않고 세 시간씩 전념하기란 쉽지 않다. 그러나 자기가 좋아하는 일이라면 충분히 하고도 남는다. 공자는 이를 '아는 자는 좋아하는 자만 못 하고, 좋아하는 자는 즐기는 자만 못하다(知之者不如好之者 好之者不如樂之者)'로 표현하였다. 즐겨서 하는 일이 행복을 가져오고, 그 결과가 성취를 이룬다.

류시화는 『좋은지 나쁜지 누가 아는가』에서 미국의 시인 찰스 부코스의 말을 인용한다. "무엇인가를 시도할 것이라면 끝까지 가라. 그러면 너는 너의 인생에 올라타 완벽한 웃음을 웃게 될 것이다. 그것이 세상에 존재하는 가장 훌륭한 싸움이다." 우공이산의 한 모습이다.

---

139. 과아씨(夸蛾氏): 신통한 힘을 가지고 있던 사람.

● 愚公移山(우공이산), 牛步萬里(우보만리).

*愚(어리석을 우), 公(존칭 공), 移(옮길 이), 步(걸음 보), 萬(일만 만), 里(마을 리)

【어리석은 사람이 산을 옮기고, 소걸음이 만 리를 간다.】

남쪽 나라와 북쪽 나라 사람

말하지 않아도 천성이 알아 풍속을 이루니
아프리카에서는 부자가 맞담배질을 하고
러시아에서는 한겨울 얼음물에 들어간다.
이슬람은 돼지고기를 피하지만
돼지고기는 인류의 단백질 보급원이고
인도에서는 소가 신이지만
한국에서는 마블링 한우고기를 신처럼 우러러본다.
티벳 천장(天葬)은 죽은 자를 도끼로 토막 내어 독수리에 던지지만
한국에서 시신 훼손과 유기죄는 도저히 용서받지 못하고
죽은 자의 무덤조차 감히 손대지 못한다.

| 본문 | 남쪽 나라 사람은 머리털을 바싹 깎고 나체로 지낸다. 북쪽 사람은 두건을 쓰고 가죽옷을 입는다. 중원 사람은 머리에 관을 쓰고 치마를 입는다. 구주의 땅에서 재물을 얻기 위해 혹은 농사를 짓고 혹은 장사를 하며 혹은 밭을 일구고 혹은 고기를 잡는다. 겨울에 가죽옷을 입고 여름에 칡으로 만든 옷을 입으며 물에서 배를 타고 육지에서 수레를 이용한다. 말하지 않아도 이를 터득하여 천성이 이를 이룬다.

월나라 동쪽에 첩목(輒木)이란 나라가 있다. 그들은 장자를 낳으면 날로

먹는데 이를 의제(아우에게 좋은 일)라 했다. 그 할아버지가 죽으면 그의 할머니를 업어다 버리면서 "귀신의 아내와 함께 살 수 없다."라고 말한다.

초나라 남쪽에 염인(炎人)이란 나라가 있다. 그 부모가 죽어 육신이 썩으면 버리고 그 뼈를 묻는데 비로소 효자라 한다.

진(秦)나라 서쪽에 의거(儀渠)라고 하는 나라가 있다. 그들은 부모가 죽으면 나무를 쌓아놓고 불태웠는데 타서 연기가 올라가면 하늘로 올라갔다[140]고 하며 그런 후에야 효자라 여겼다.

이런 것들로 위에서는 다스리고 백성들은 풍속이라 여겼다. 이상하다고 여길 것이 없다.

| 해석과 감상 |

문화상대주의를 말하고 있다. 돼지고기를 먹지 않는 이슬람교도, 소를 잘 모시는 인도 등 사람들은 문화에 따라 다른 삶을 산다. 이와 관련한 대표적인 책으로는 마빈 해리스의 『문화의 수수께끼』가 있다. 노장사상은 가르지 말라고 말한다. 현대인의 마음의 병은 나누고 가르는 데서 출발한다. 문화뿐 아니라 모든 것을 비교하지 말고 있는 그대로 받아들이고 이해하려는 마음이 평화를 가져온다.

| 필사하기 |

● 南國之人(남국지인)은 祝髮而裸(축발이나)이라.

*南(남녘 남), 國(나라 국), 祝(빌 축, 자를 축), 髮(터럭 발), 裸(벗을 나)

---

140. 등하(登遐).

【남쪽 나라 사람은 머리털을 자르고 나체로 지낸다.】

아침 해와 정오의 해

사장은 사장의 잣대로 재고
사원은 사원의 저울로 잰다.
뜨겁거나 차갑거나
멀거나 가깝거나는
사람마다 다르니
태조 이성계에게 내린 금척(金尺)처럼
왕이 될 사람에게는 하늘이 황금자를 꿈으로 보낸다.

| 본문 | 공자가 동쪽을 유람하다가 두 아이가 말다툼하고 있는 것을 보았다. 그 까닭을 물으니 한 아이가 말했다.

"저는 해가 처음 떠오를 때 사람에 가깝고, 중천에 떴을 때 멀다고 했습니다."

한 아이가 해가 처음 나올 때 멀고, 중천에 떴을 때 가깝다고 했다. 한 아이가 말했다.

"해가 처음 나올 때 크기가 수레 덮개 같고, 중천에 떴을 때 넓적한 그릇 같습니다. 이것은 멀리 있는 것이 작게 보이고, 가까이 있는 것이 크게 보이는 것 아닙니까?"

한 아이가 말했다.

"해가 떠오를 때 차고 서늘한데 중천에 뜨면 매우 뜨겁습니다. 이는 가까운 것은 뜨겁고, 멀리 있는 것은 서늘한 것 아닙니까?"

공자가 결정을 내릴 수 없었다. 두 아이가 웃으며 말했다.

"누가 당신을 아는 게 많다고 하던가요?"

| 해석과 감상 |

판단은 한 가지 기준이 아니다. 공자의 지식으로는 아무것도 판단하지 못한다고 비판한다.

| 필사하기 |

● 孔子不能決也(공자불능결야)**라.**

*孔(구멍 공), 能(능할 능), 決(틀 결, 결단할 결)

【공자가 결정을 내릴 수 없다.】

벼 이삭 수염 낚싯바늘로 수레 가득 찰 물고기 낚기

균형을 갖추었다고
어찌 명주실 낚싯줄에 억새 풀 낚시로 고기를 낚을 수 있을까마는
기울어진 멜빵으로는 어깨가 아프고
힘이 남아도 멀리 가지 못한다.
밧줄 위에서도 팔을 펴서 균형을 잡으면
걸을 수 있고 뛰며 묘기를 부린다.
동양의학은 상생(相生)으로 협조하고 상극(相克)으로 억제하니
허(虛)한 것도 병이고 실(實)한 것도 병이다.
허약하면 보(補)하고, 실하여 항진(亢進)하면 사(瀉)하니
건강도 세상도 우주도
균형으로 하는 시소(seesaw) 놀이다.

| 본문 | 균형이란 천하의 지극한 이치이다. 모든 형체나 사물이 또한 그

러하다. 균형 있게 하면 머리카락으로 매달 수 있다. 가벼움과 무거움이 머리카락을 끊는데 머리카락이 균형을 잃어서이다. 균형이 있으면 그 끊어짐은 끊어지지 않는다. 사람들이 그렇지 않다고 여겨도 스스로 그러함을 아는 사람이 있다.

첨하(詹何)는 한 가닥의 명주실로 낚싯줄을 만들고 억새 풀 바늘로 낚시를 만들었다. 가시나무로 낚싯대를 만들어 곡식알을 쪼개 미끼로 삼았다. 수레에 가득 찰만한 물고기를 백 길이 되는 연못의 거센 물결에서 끌어올렸다. 실이 끊어지지 않고 바늘이 펴지지 않았으며 낚싯대가 휘지 않았다.

초나라 임금이 이를 듣고 이상히 여겨 그를 불러 까닭을 물었다. 첨하가 말했다.

"신은 돌아가신 아버지 말씀을 들었습니다. 포저자(蒲且子)의 주살은 활이 약하고 주살 끈이 가는데 바람을 타고 활을 움직여 푸른 하늘가에서 두 마리 왜가리를 쏘아 잡습니다. 마음을 오직 한 가지에 집중하여 손을 균형 있게 움직입니다. 신은 그 일로 인하여 본받고 낚시를 배웠습니다. 5년이 지나 비로소 그 도를 깨달았습니다. 신이 물에 당도하여 낚싯대를 잡습니다. 마음은 잡다한 생각을 버리고 오직 고기 생각만 합니다. 낚싯줄을 던지고 낚시를 가라앉힙니다. 손에 가볍고 무거움이 없어 어떠한 물건도 어지럽힐 수 없습니다. 물고기가 신의 낚싯밥을 보고 오히려 가라앉은 티끌이나 모여 있는 물거품으로 여겨 이를 의심 없이 삼킵니다. 약한 것으로 능히 강한 것을 제압하고 가벼운 것으로써 무거운 것을 끌어당깁니다. 대왕께서 나라를 다스림에 이처럼 성실하게 하시면 천하를 한주먹에 넣고 운영하실 수 있습니다. 장차 또한 무슨 일이 있겠습니까?"

초나라 임금이 말했다.

"좋은 말이오!"

| 해석과 감상 |

균형을 잡으면 일이 해결된다. 음식도 균형에 맞게 먹어야 하고, 운동도 균형에 맞게 해야 한다. 영양제도 균형을 잃으면 오히려 병이 된다. 균형을 잡지 못하는 병에는 귀의 평형 기능 이상으로 어지럼증이 발생하는 메니에르병이 있다. 걷다가 갑자기 어지럼증으로 균형을 잃고 쓰러진다. 화장실에서 또는 계단에서 차가 다니는 도로에서 어지럼증으로 균형을 잃고 쓰러진다. 『적절한 고통의 언어를 찾아가는 중입니다』에서 저자 오희승은 샤르코 마리 투스(CMT)라는 희귀병으로 제대로 걷지 못하는 고통을 표현하고 있다

| 필사하기 |

● 均髮均縣(균발균현)이니라.

*均(고를 균), 髮(터럭 발), 縣(매달 현)

【균형 있게 하면 머리카락으로 매달 수 있다.】

백아와 종자기, 지음(知音, 마음이 서로 통하는 벗)

마음이 마음을 아니
둘은 하나이다.
부부인가 부자인가!

석가모니가 연꽃 한 송이를 들어 보이자
마하가섭이 그 뜻을 알고 미소를 지으니
염화시중(拈花示衆), 염화미소(拈花微笑), 이심전심(以心傳心), 불립문자(不立文字), 교외별전(教外別傳)이다.

서로 통하면 눈빛만으로도 통하고
말하지 않아도 안다.

| **본문** | 백아는 거문고를 잘 타고, 종자기는 듣는 것을 좋아했다. 백아가 거문고를 타면서 높은 산에 오르는 데 뜻을 두면 종자기가 말했다.

"좋구나! 산이 높고 험한 것이 태산 같구나!"

뜻을 흐르는 물에 두고 연주하자 종자기가 말했다.

"훌륭하구나! 넓고 넓구나! 마치 장강이나 황하 같구나!"

백아가 생각하는 바를 종자기는 틀림없이 알아냈다.

백아가 태산의 음지(북쪽)로 놀러 가다가 갑자기 폭우를 만나 바위 아래 멈추었다. 마음이 슬퍼서 이에 거문고를 들고서 타기 시작했다. 처음에는 장맛비의 곡조였다가 다음에는 산이 무너지는 소리를 연주했다. 곡조를 매번 연주할 때마다 종자기는 그 뜻을 모두 알아맞혔다. 백아는 거문고를 놓고 칭찬하며 말했다.

"훌륭하고 훌륭하구나! 그대의 들음(감상)이여! 생각이 나의 마음과 같다. 나의 연주는 그대의 감상에서 어찌 피할 수 있겠는가?"

| 해석과 감상 |

지음(知音)은 마음이 서로 통하는 벗이란 뜻이다. 『열자』의 이 글은 유명하다. 백아의 연주 실력만 실력이 아니다. 종자기의 감상 능력도 똑같이 훌륭한 예술이다. 백아절현(伯牙絶絃), 백아가 거문고 줄을 끊었다는 뜻이다. 종자기가 죽자 자기 거문고 소리를 알아주는 이가 없게 되자 거문고 줄을 끊어버리고 다시는 거문고를 타지 않았다는 데서 유래한 한자 성어이다. 자기를 알아주는 참다운 벗의 죽음을 슬퍼함을 나타낸다. 친구의 사귐에 대한 고사성어가 많다는 것은 친구 관계가 그렇게 어려우면서 귀중하다는 것을 역설적으로 보여준다. 백아절현(伯牙絶絃), 수어지교(水魚之交), 막역지우(莫逆之友), 금란지계(金蘭之契), 관포지교(管鮑之交), 죽마고우(竹馬故友), 문경지교(刎頸之交), 교칠지교(膠漆之交), 붕우유신(朋友有信) 등에서 많은 이들에게 적용되는 것은 죽마고우(竹馬故友)뿐일지도 모른다.

| 필사하기 |

● 伯牙所念(백아소념)을 鍾子期必得之(종자기필득지)라.

*伯(맏 백), 牙(어금니 아), 念(생각할 념), 鍾(종 종), 期(기약할 기), 得(얻을 득)

【백아가 생각하는 바를 종자기는 틀림없이 알아냈다.】

■ 『논어』「계씨」孔子曰(공자왈), "益者三友(익자삼우)요 損者三友(손자삼우)니 友直(우직), 友諒(우량), 友多聞(우다문)이면 益矣(익의)니라. 友便辟(우편벽), 友善柔(우선유), 友便佞(우편녕)이면 損矣(손의)니라.

*益(더할 익), 損(덜 손), 直(곧을 직), 諒(믿을 량), 聞(들을 문), 便(편할 편, 아첨), 辟(피할 피, 편벽될 피), 善(착할 선), 柔(부드러울 유), 佞(아첨할 녕)

【공자 가로되, 유익한 것으로 세 벗이 있고 손해를 보는 것으로 세 벗이 있다. 벗이 정직하고, 벗이 신의가 있고, 벗이 견문이 많으면 유익하다. 벗이 정직하지 못하며 외모만 그럴듯하고, 벗이 성실하지 못하며 아첨을 잘하고, 벗이 실제가 없고 구변만 좋으면 손해가 된다.】

■ 『논어』「계씨」孔子曰(공자왈), 益者三樂(익자삼요)요 損者三樂(손자삼요)니 樂節禮樂(요절예악)하며 樂道人之善(요도인지선)하며 樂多賢友(요다현우)면 益矣(익의)요, 樂驕樂(요교락)

하며 樂佚遊(요일유)하며 樂宴樂(요연락)이면 損矣(손의)니라.

*益(더할 익), 樂(즐길 락, 좋아할 요), 損(덜 손), 節(마디 절, 검소할 절), 禮(예도 례), 樂(풍류 악), 道(길 도), 善(착할 선), 多(많을 다), 賢(어질 현), 友(벗 우), 驕(교만할 교), 佚(편안할 일), 遊(놀 유), 宴(잔치 연)

【이로운 것에 세 가지 좋아하는 것[141]이 있고, 손해나는 것으로 세 가지 좋아하는 것이 있다. 예와 음악을 절제하는 것을 좋아하고, 남의 좋은 점을 말하는 것을 좋아하며, 현명한 벗이 많음을 좋아하는 것은 이롭다. 교만한 즐거움을 좋아하고, 편안하게 노는 것을 좋아하며, 잔치의 즐거움을 좋아하는 것은 손해를 본다.】

「열자」와 「논어」로 우리 삶의 균형 찾기

열자에는 지음의 고사가 실려 있고, 논어에는 유익한 벗과 손해나는 벗을 이야기하고 있다. 열자에서는 마음이 통하는 친구 이야기를 하고, 논어에서 공자는 친구를 구분한다. 열자에서 친구는 서로를 알아주는 사람이고, 논어에서 친구는 유익함을 주는 사람이다.

---

141. 樂을 '즐거울 락'으로 읽고 해석하기도 한다. 좋아하면 즐기고, 즐기면 좋아한다고 말할 수 있다. 그러나 절제를 즐기는 것과 절제를 좋아하는 것은 후자가 더 어울린다. 벗이 많음을 즐기는 것과 좋아하는 것, 잔치의 즐거움을 즐기는 것과 좋아하는 것도 후자가 어울린다. '즐겁다'의 사전적 의미는 '마음에 거슬림이 없이 흐뭇하고 기쁘다.' 이며, '좋아하다'는 '~ 좋은 느낌을 가지다, 즐겁게 하거나 하고 싶다' 등의 의미를 지닌다. 나쁜 것을 기쁘게 생각하는 것은 나쁜 일이어서 논의의 대상이 될 수 없다. 나쁜 것을 하고 싶어 하는 것은 경계의 대상이 된다. 이런 까닭에 樂을 '좋아할 요'로 해석한다.

절묘한 활쏘기 배우기

송곳이 앞에 다가와도 눈을 깜박이지 않는 단계를 지나
터럭으로 매단 이가 산처럼 보이면
마주 보고 쏘는 화살이 가운데서 서로 맞아 떨어진다.
명궁은 수많은 신화와 전설을 만들어 내었으니
활 잘 쏘는 사람이란 뜻의 고주몽,
조선을 개국한 이성계가 그들이다.
이름난 왕들만 활을 잘 쏜 것은 아니다.
의적 로빈훗이나 사냥꾼 빌헬름 텔,
아킬레스의 발꿈치를 헤라클레스의 활로 쏜 파리스도 있다.

| 본문 | 감승(甘蠅)은 옛날 활을 잘 쏘는 사람이다. 활을 당기면 짐승이 엎드리고 새가 내려앉았다. 제자에 이름이 비위(飛衛)라는 사람이 있었다. 감승에게 활쏘기를 배웠으나 그 스승보다 기술이 뛰어났다. 기창(紀昌)이란 사람이 또 비위에게 활쏘기를 배웠다.

비위가 말했다.

"너는 먼저 눈을 깜박이지 않는 것을 배우라. 그런 후에 활에 대해 말할 수 있다."

기창은 돌아와 그의 아내 베틀 아래에 드러누워 끌고 빼는 북을 눈으로 보았다. 2년 후에 비록 송곳이 눈초리에 다다라도 눈을 깜빡이지 않았다. 이를 비위에게 말했다.

비위가 말했다.

"아직 아니다. 다음에 보는 것을 공부한 후에 가능하다. 작은 것을 큰 것처럼 보고 희미한 것을 뚜렷한 것 같이 보아야 한다. 그 후에 나에게 말하라."

기창은 터럭으로 이[虱(슬)]를 창에 매달고 남쪽을 향해 이를 바라보았다. 열흘이 지나자 점차로 커졌다. 삼 년이 지난 후에 수레바퀴 같아졌다. 나머지 만물을 보니 모두가 언덕이나 산이다. 이에 연나라 뿔로 만든 활로 삭붕 지방의 조릿대로 만든 화살을 쏘니 이의 심장을 꿰뚫었다. 그런데 매단 것은 끊어지지 않았다. 비위에게 아뢰자 비위가 높이 뛰면서 가슴을 치며 말했다.

"네가 터득했구나!"

기창이 비위의 기술을 모두 배웠다. 천하에 자기를 대적할 사람을 헤아려보니 딱 한 사람뿐이었다. 이에 비위를 죽이려고 꾀하던 중 들판에서 서로 만났다. 두 사람이 활을 쏘니 중도에서 촉이 서로 부딪혀 땅에 떨어지는데 먼지가 일어나지 않았다. 비위의 화살이 먼저 떨어지고 기창의 화살이 하나 남았다. 화살을 쏘자 비위가 가시나무 화살로 이를 막았는데 어긋남이 없었다. 이에 두 사람은 울면서 활을 던지고 길에서 서로 절하면서 부자가 되길 청하였다. 팔을 찔러 피로써 맹세하고 남에게 술법을 가르쳐주지 않았다.

| 해석과 감상 |

기초 훈련이 활쏘기의 명인을 만든다. 지루한 인내가 성공을 만든다. '일만 시간의 법칙'으로 보면 최소 10년 이상은 수련해야 무언가를 이룰 수 있다. 불교에서 출가하면 밥 짓고, 나무하고, 밭 갈기 등으로 많은 세월을 보낸다. 이 과정에서 많은 수행자가 떨어져 나간다고 한다. 무협지 만화나 영화에서 검법을 배우려고 들어가면 십 년을 잔심부름만 시키는 것을 볼 수 있다. 선수들도 흔들리면 다시 기초로 돌아간다.

| 필사하기 |

● 視小如大(시소여대)요 視微如著(시미여저)라.

*視(볼 시), 如(같을 여), 微(작을 미), 著(분명할 저)

【작은 것을 큰 것처럼 보고 희미한 것을 뚜렷한 것처럼 본다.】

■ 『논어』「팔일」子曰(자왈), 君子無所爭(군자무소쟁)이나 必也 射乎(필유사호)로다! 揖讓而升(읍양지승)하여 下而飮(하이음) 하니 其爭也君子(기쟁야군자)니라.

*爭(다툴 쟁), 射(쏠 사), 揖(읍할 읍), 讓(사양할 야), 升(오를 승), 飮(마실 음)

【공자 가로되, 군자는 다투는 일이 없으나 오직 활쏘기가 있다. 읍하고 사양하며 오르고 내려와서 마시니 그 다툼이 군자이다.】

■ 『논어』「팔일」子曰(자왈), 射不主皮(사부주피)하고 爲力不 同科(위력무동과)니 古之道也(고지도야)니라.

*射(쏠 사), 皮(가죽 피, 과녁), 同(같을 동), 科(과정 과), 古(예 고), 道(길 도)

【공자 가로되 활쏘기는 가죽 과녁을 뚫는 것을 제일로 여기지 않는 데 힘을 쓰는 것이 같지 않기 때문이다. 옛날의 도이다.】

『열자』와 『논어』로 우리 삶의 균형 찾기

열자에서는 명궁이 되기까지를 언급하고, 공자는 활쏘기를 군자가 닦을 도라고 말한다. 열자에서는 긴 훈련을 통해 활쏘기의 명인이 되는 과정을 이야기한다. 무엇보다 과정에 초점이 모아진다. 공자는 활쏘기가 겸손과 양보의 미덕을 기를 수 있고, 군자에게 다툼이 있다면 활쏘기에서 다투어야 한다고 말한다. 공자는 활을 쏠 때 가죽 과녁 뚫는 것만을 제일로 여기지 않았는데 사람마다 힘이 다르기 때문에 이를 생각해야 한다고 말한다. 곧, 가죽 과녁을 맞추기만 하면 되지 힘으로 뚫는 것을 제일로 치는 것은 옛날의 도가 아니라고 강조한다.

제6편 역명(力命), 절대적인 운명

이 편의 이름은 첫 구절의 두 글자를 땄다. 운명 또는 천명은 절대적이라는 점을 강조한다. 운명은 사람의 힘으로나 지혜로 바꿀 수 없다는 것이다. 묵자는『비명(非命)』편에서 운명을 주장하는 것은 난폭한 사람들의 도라고 말한다.

인력과 천명의 대화

사람의 힘으로는 하늘의 명을 어쩔 수 없다.
사람의 뜻대로라면
안연이나 백이숙제는 오래 살아야 한다.
삶은 자연의 섭리이니 그 속에서 최선을 다할 뿐이다.
천명은 천명도 모른다.
니체는 아모르(Amor) 파티(Fati), 네 운명을 사랑하라며
사물의 필연적인 것에 대해 아름답게 보는 법을 배우고자 한다.
지금 이 순간, 있는 그대로의 자신과 자신의 삶을 사랑하라
우주의 운행도 때때로 우연이니
천명도 모르는 천명을 그대로 사랑하라.
그러면 그곳에 내가 있다.

| 본문 | 인력[142]이 천명[143]에게 일러 말했다.

---

142. 력(力), 능력, 인간의 재능.

143. 명(命), 운명, 하늘의 명.

"그대의 공이 어찌 나와 같은가요?"

천명이 말했다.

"그대가 세상의 사물에 무슨 공이 있어서 짐(朕)과 견주려 하는가?"

인력이 말했다.

"오래 살고 일찍 죽는 것, 궁핍하게 살고 잘 사는 것, 귀하고 천한 것, 가난하고 부유한 것은 나의 힘으로 능히 할 수 있는 것이지요."

천명이 말했다.

"팽조의 지혜는 요임금이나 순임금보다 못했지만 팔백 살을 살았고, 안연(顏淵)의 재주는 보통 사람보다 못하지 않았지만 서른두 살[四八]을 살았다. 중니(仲尼)의 덕은 여러 제후보다 못하지 않았지만 진(陳)나라, 채(蔡)나라에서 곤경에 처했고, 은(殷)나라 주왕(紂王)의 행동은 세 어진 신하[144]보다 못했지만 임금의 자리에 있었다. 계찰(季札)[145]은 오(吳)나라에서 벼슬을 하지 못했고, 전항(田恆)[146]은 제(齊)나라를 차지했다. 백이와 숙제는 수양산에서 굶어 죽었고, 계씨(季氏)[147]는 전금(展禽)[148]보다 부유했다. 만약 이것이 자네의 힘으로 능히 한 것이라면 어찌 저들은 오래 살고 이들은 요절하며, 성인은 궁지에 처하고 거스르는 자가 통달하며, 어진 사람이 천하게 되고 어리석은 사람이 귀하게 되며, 착한 이가 가난하고 악한 이가 부

---

144. 미자, 기자, 비간.

145. 계찰(季札)은 춘추시대 오(吳)나라 임금 수몽의 작은 아들로 현명하다는 명성을 얻었지만 벼슬을 사양하였다.

146. 전항은 제(齊)나라의 신하로써 강씨에게서 임금을 빼앗아 전씨의 나라가 되었다.

147. 계씨(季氏)는 춘추시대 노(魯)나라 정치를 마음대로 주물렀다.

148. 전금(展禽)은 노나라의 유하혜(柳下惠)로 덕이 있는 사람이다.

자가 되는가?"

인력이 말했다.

"만약 그대의 말처럼 내가 세상의 사물에 공헌한 것이 전혀 없고 세상의 사물이 이와 같다면 이것이 그대가 만드는 것인가요?"

천명이 말했다.

"이미 천명이라 하였거늘 어찌 그것을 만드는 자가 있는가? 짐은 곧은 것은 그대로 밀고, 굽은 것은 그대로 맡겨둔다. 스스로 오래 살고, 스스로 요절하며, 스스로 궁핍하고 스스로 출세하고, 스스로 귀해지고 스스로 천해지며, 스스로 부유해지고 스스로 가난해진다. 짐이 어찌 능히 이를 알겠는가? 짐이 어찌 능히 이를 알겠는가?"

| 해석과 감상 | (2018 서울시립대 논술 고사 제시문)

이 글은 2018 서울시립대 논술 고사의 제시문이다. 논술의 주제는 '선천적 조건의 차이에 대한 서로 다른 시각'이다. 천명의 입장은 할 수 있는 것은 하되 안 되는 것은 안 되는 상태로 놔둔다. 곧, 일이 되어가는 대로 맡겨둔다. 인력과 천명의 대화를 통해 천지는 자연의 법칙에 따라야 한다는 무위자연의 사상을 펼치고 있다. 천지는 사람의 힘이나 하늘의 운명으로 운행되지 않고 자연의 법칙에 따라 운행한다.

고대 3대 희랍비극은 운명론이 중심이다. 김동리의 단편소설 「역마」는 운명대로 살아가야 하는 삶을 그리고 있다. 『열자』와 『장자』에는 위 천명의 말처럼 지조가 높은 인물, 학문이 높은 사람들이 가난하고 명이 짧은 이야기를 끊임없이 언급한다. 묵자는 운명론을 지배계급이 사회제도를 유지하기 위해 내놓은 방편으로 천하의 큰 해악이라고 비판한다. 묵자에 의하면 운명론은 지배계급의 폭정을 쉽게 받아들이게 하여 지배자들이 백성을 위한 정치에 관심이 없고, 백성은 자기 삶을 개척하도록 스스로 노력하지 않는다. 그 결과 백성들은 궁핍한 생활을 하게 된다는 것이다. 니체는 '아모르 파티', 다시말해 운명애(運命愛)를 말한다. 아모르 파티는 모든 것이 운명이며 그 운명을 받아들이고 사랑하라는 것이다. 이는 "삶의 가장 낯설고 가장 가혹한 문제들에 직면해서도 삶 자체를 긍정하는 것, 자신의 최상의 모습을 희생시키면서 제 고유의 무한성에 환희를 느끼는 삶에의 의지"(『우상의 황혼』) 같은 디오니소스적인 삶이다.

| 필사하기 |

● 直而推之(직이퇴지)요 曲而任之(곡이임지)라.

*直(곧을 직), 推(밀 퇴, 옮길 추), 曲(굽을 곡), 任(맡길 임)

【곧은 것은 곧은 것을 밀고, 굽은 것은 굽은 것에 맡긴다.】

관중(管仲)과 포숙아(鮑叔牙), 습붕(隰朋)

관중을 알아준 이는 포숙이다.
그들은 훌륭한 사귐을 한 것이 아니라
그 사람됨에 따라 어쩔 수 없던 것이니
모두가 본인에게서 비롯한 일이다.
열자는 관포지교를 어쩔 수 없는 일로 치부하고
사마천은 사기열전에서 깊은 우정으로 높인다.
관포지교는 열자가 출전이지만
사마천의 붓에서 관안열전으로 알려지니
구텐베르크가 직지의 최초 활자를 빼앗은 것과 같다.
사마천처럼 어쩔 수 없는 관계보다 깊은 우정을

우리 모두는 꿈꾸는지 모른다.

|본문| 관이오와 포숙아(鮑叔牙) 두 사람은 서로 벗하여 매우 친했다. 다 같이 제(齊)나라에서 살았다.

관이오는 공자(公子) 규(糾)를 섬기고, 포숙아는 공자 소백(小白)을 섬겼다. 제(齊)나라 공자 집안에는 제후의 총애를 받는 사람들이 많았고, 적자(嫡子)와 서자(庶子)가 나란히 다녀 백성들은 나라가 어지러워질 것을 두려워하였다. 관중(管仲)과 소홀(召忽)은 공자 규(糾)를 받들어 노(魯)나라로 달아나고, 포숙(鮑叔)은 공자 소백(小白)을 모시고 거(莒)나라로 달아났다. 그러는 동안에 공손무지(公孫無知)[149]가 난을 일으켜 제나라에 군주[150]가 없게 되었다.[151] 두 공자는 돌아와 다투었다. 관이오는 소백과 거(莒)나라에서 싸우다가 길에서 활을 쏘아 소백의 허리띠 쇠고리를 맞추었다. 소백(小白)이 곧 일어나 노(魯)나라를 위협하여 공자 규(糾)를 죽이도록 하였는데, 소홀(召忽)은 죽고 관이오는 잡혀서 갇혔다. 포숙아는 제나라 환공(桓公, 소백(小白))에게 말하였다.

"관이오의 능력은 나라를 다스릴 만합니다."

환공이 말했다.

"나의 원수이니, 그를 죽이고 싶소."

---

149. 公孫無知: 양공의 사촌 아우. 양공이 즉위하자 대우가 박해져 불만을 품고 난을 일으켜 양공을 살해하고 왕이 되었다. 그러나 공손무지는 얼마 후 살해되고, 공자 소백이 뒤를 이어 제나라 임금이 된다. 소백은 강태공의 12세손이며 포숙아의 추천으로 관중을 재상으로 삼아 춘추시대 패자가 된다. 시호는 환공이다.

150. 제 양공.

151. 반란을 일으키나 곧 암살된다.

포숙아가 말했다.

"제가 듣건대 현명한 군주는 사사로운 원한이 없습니다. 또한 그런 사람의 능력은 그 주인을 섬기고, 다른 사람을 다스릴 수 있습니다. 임금께서 패왕이 되시려면 이오(夷吾)[152]가 아니면 가능하지 않습니다. 임금께서는 반드시 그를 풀어주십시오!"

마침내 관중을 불러들임으로써 노(魯)나라에서 제나라로 돌아갔다. 포숙아는 교외까지 나가 맞이하고, 그의 갇힌 몸을 풀어주었다. 환공은 예(禮)를 다하고, 고씨와 국씨[153]보다 높은 지위에 앉혔다. 포숙아는 자신이 그의 아래에 있으면서 국정을 맡겼다. 중보[154]라는 호칭을 붙여주고, 환공은 마침내 패업을 이루었다. 관중(管仲)이 일찍이 탄식하여 말하였다.

"내가 젊어서 곤궁하게 지낼 때 일찍이 포숙과 함께 장사하였다. 재물을 나눌 때 내가 많이 가져가도 포숙은 나를 탐욕스럽다고 하지 않았다. 내가 일찍이 포숙과 일을 꾀할 때 크게 곤궁하게 되었는데 포숙은 나를 어리석다고 하지 않고 때가 불리하고 유리함이 있음을 알아주었다. 내가 일찍이 세 번 벼슬하였다가 세 번을 군주에게 쫓겨남을 보고, 포숙은 나를 못났다고 하지 않았다. 내가 때를 만나지 못했기 때문이라고 알아주었다. 내가 일찍이 세 번을 싸워서 세 번을 도망갔으나 포숙은 나를 비겁하다고 하지 않았다. 나에게 늙은 어머니가 있음을 알아주었다. 공자 규(糾)가 패하였을 때, 소홀(召忽)은 거기에서 죽었고 나는 사로잡혀 유폐되는 치욕을 당했다. 포숙은 나를 부끄러움을 모르는 사람이라고 하지 않고, 내가 작은 절

---

152. 夷吾, 관중의 이름.

153. 제나라에서 대대로 벼슬이 높은 집안들.

154. 중(仲)은 이름, 보(父)는 아버지처럼 섬긴다는 뜻으로 존칭.

조(節操)는 부끄러워하지 않고 이름이 천하에 드러나지 않음을 치욕으로 여기고 있다며 알아주었다. 나를 낳아준 분은 부모이고, 나를 알아준 사람은 포숙이다!"

이 이야기 때문에 세상에서는 관중과 포숙이 훌륭한 사귐을 했던 사람들이고, 소백(환공)은 능력 있는 자를 잘 등용했다고 한다. 그러나 실제로 훌륭한 사귐이 없고, 실제로 능력 있는 사람을 등용하지 않았다. 실제로 훌륭한 사귐도 없고 능력 있는 사람을 등용한 일이 없다는 것은, 더욱 훌륭한 사귐이 있다거나 더 능력 있는 사람을 등용한 일이 있다는 것이 아니다. 소홀은 죽고 싶어서 죽은 게 아니라, 어쩔 수 없이 죽었다. 포숙이 현인을 잘 천거한 게 아니라, 어쩔 수 없어 그를 천거했다. 소백이 원수를 잘 등용한 게 아니라, 어쩔 수 없이 등용했다. 관이오가 병이 들자 소백 환공이 문안을 가서 물었다.

"중보께서 병이 깊으시니 거리낌 없이 말하겠습니다. 큰 병에 이르렀으니 과인은 누구에게 국정을 맡기는 게 좋겠습니까?"

이오가 말했다.

"임금님께선 누구에게 맡기고자 하십니까?"

소백이 말했다.

"포숙아가 좋겠습니다."

관중이 말했다.

"아니 됩니다. 그의 사람됨은 청렴결백하고 선한 선비입니다. 그는 자기만 못한 사람은 친하게 지내지 않고 또 남의 잘못을 한번 들으면 죽을 때까지 잊지 못합니다. 만약 그에게 나라를 다스리게 하면 위로는 임금님을 걸고넘어지고, 아래로는 백성을 거스를 겁니다. 그가 임금님께 죄를 짓게 되어 오래 가지 못할 것입니다."

소백이 말했다.

"그렇다면 누가 좋겠습니까?"

관중이 대답하여 말했다.

"하는 수 없다면 습붕(隰朋)이 좋겠습니다. 그의 사람됨은 위에서는 잊고, 아래에서는 배반하지 않습니다.[155] 그는 황제와 같지 못함을 부끄러워하고, 자기와 같지 않은 사람을 불쌍히 여깁니다. 덕을 남에게 나누어 주는 사람을 일러 성인이라 하고, 자기의 재물을 남에게 나누어주는 사람을 일러 현인이라 합니다. 현명함으로 남을 다스리면 사람을 얻을 수 없으나, 현명함으로 남에게 낮추면 사람을 얻지 못하는 경우가 없습니다. 그는 나라에서 듣지 않는 것이 있고, 집안에서 보지 않는 것이 있습니다. 어쩔 수 없다면 습붕이 좋을 것입니다."

그렇다면 관이오는 포숙을 가볍다 한 것이 아니라 어쩔 수 없어 가볍다 한 것이다. 습붕을 두텁다 한 것이 아니라 어쩔 수 없어 두텁다 한 것이다. 처음에는 두텁다고 하고 혹은 끝에 가서는 가볍다고 하고, 끝에서는 가볍다고 하고 혹은 처음에 두텁다고 한다. 두텁다는 것과 가볍다가 오가는 것은 나로부터 비롯되는 것이 아니다.

| 해석과 감상 |

이 글에서는 관중이나 습붕이 어쩔 수 없는 상황에서 등용이 된 것이라 한다. 관중과 포숙아가 훌륭한 사귐이라는 것에 대한 반박의 글이다. 포숙

---

155. 앞에서 관중을 말할 때 上且鉤乎君,下且逆乎民라고 하였다. 습붕을 말할 때는 上忘而下不叛라고 말한다. 이를 보면 아래의 문장을 윗자리에서는 ('임금을 걸고넘어지는 것'에 대응하는 의미로) 임금을 잊고, 아래로는 ('백성을 거스르'는 것에 대응하는 의미로) 백성을 배반하지 않는다는 의미로 해석해야 할 것이다.

아는 관중을 천거하고, 관중은 포숙아 천거를 반대하며 습붕을 천거하지만 후대에 사마천은 『사기열전』「관안열전」에서 포숙아는 그것조차 이해한다고 서술한다. 『열자』속에는 이미 사마천이 훌륭한 사귐이라고 했던 관중과 포숙아의 사귐을 예측이나 한 듯이 설정하고 반박한다. 관중과 포숙아의 사귐은 이미 훌륭한 사귐으로 정평이 나 있었던 것으로 보인다.

관포지교라는 유명한 고사성어에 관한 글이다. 사마천의 『사기열전』「관안열전」에 상세히 기록되어 있다. 장자는 BC 400년 전후의 사람이고 사마천이 BC 100년 전후의 사람이다. 관중과 포숙은 BC 600년대 사람이다. 『열자』에 이미 관포지교의 이러한 글이 있음에도 사마천의 「관안열전」으로 더욱 유명한 고사가 되었다. 우리나라에서 세계 최초로 발명한 인쇄술보다 후에 만들어진 구텐베르크의 인쇄술이 더 영향을 끼친 것이 더 유명해진 결과와 유사하다 할 것이다.

| 필사하기 |

● 生我者父母(생아자부모)요 知我者鮑叔也(지아자포숙야)라.

*生(날 생), 我(나 아), 鮑(절인 어물 포), 叔(아저씨 숙)

【나를 낳아준 이는 부모이고, 나를 알아준 이는 포숙이다.】

● 以賢下人者(이현하인자), 未有不得人者也(미유부득인자야).

*賢(어질 현), 者(사람 자), 未(아닐 미), 有(있을 유), 得(얻을 득)

【현인으로써 남에게 낮춘 사람은 사람을 얻지 않을 수 없다.】

■ 『논어』「태백」子曰(자왈), 好勇疾貧(호용질빈), 亂也(난야). 人而不仁(인이불인), 疾之已甚(질지이심), 亂也(난야).

*勇(날쌜 용), 疾(병 질), 貧(가난할 빈), 亂(어지러울 난, 반역), 甚(심할 심)

【공자 가로되, 용맹을 좋아하면서 가난을 싫어하면 난을 일으킨다. 사람

이 어질지 못하면서 이를 싫어하는 것이 심하면 난을 일으킨다.】

■『논어』「헌문」子曰(자왈)[156], 桓公九合諸侯(환공구합제후)**하되 不以兵車(불이병거)는 管仲之力也(관중지력야)니 如其仁 如其仁(여기인여기인)이로다.**

*桓(굳셀 환, 클 환), 合(합할 합), 諸(모든 제), 侯(제후 후), 兵(군사 병), 車(수레 거), 管(대롱 관), 仲(버금 중)

【공자가 가로되, 환공이 아홉 번 제후를 규합했는데 군사력을 쓰지 않은 것은 관중의 힘이다. 그와 같으니 어질구나, 그와 같으니 어질구나!】

『열자』와 『논어』로 우리 삶의 균형 찾기

이 글에서는 관중과 포숙이 훌륭한 사귐 때문이 아니라 자기 능력에 합당하여 천거되었다고 말한다. 『논어』에서는 관중의 어짊에 초점을 둔다. 관중을 추천한 포숙아 역시 어질다. 어질지 못하면서 가난을 싫어하면 난을 일으킬 수 있지만 포숙아는 관중을 천거하고 관중은 어짊으로 나라를 다스린다.

죽음을 슬퍼한 제나라 경공

자연도 인간도 순환한다.
죽음은 순환의 한 과정이다.
피가 순환하다가 멈추면

---

156. 桓公殺公子糾(환공살공자규), 김忽死之(소홀사지), 管仲不死(관중불사). 曰(왈), 未仁乎(미인호)? 자로가 말했다. 환공이 공자 규를 죽이자 소홀은 죽었는데 관중은 죽지 않았습니다. 다시 말했다. 어질지 않은 것입니까?

산소 공급이 막히어 숨이 멎는다.

죽어 썩지 않으면 지구는 새로운 생명을 낳지 못한다.

| 본문 | 제나라 경공이 우산에 놀러 갔다. 북쪽에서 그 나라의 성을 바라보며 눈물을 흘리며 말했다.

"아름답구나! 나라여! 초목이 매우 울창하고 우거져 있는데 어찌 이 나라를 떠나 죽어야 하는가? 옛날부터 죽음이란 것이 없었다면 과인이 이곳을 떠나 어디로 가겠는가?"

사공(史孔)과 양구거(梁丘據)가 모두 따라 눈물을 흘리며 말했다.

"신들은 임금님의 은혜에 힘입어 거친 음식이나 거친 고기라도 얻어먹고 모자란 말이나 작은 수레를 얻어 탈 수 있었습니다. 그런데 오히려 죽고 싶지 않은데 하물며 우리 임금님은 어떠하시겠습니까?"

안자(晏子)가 홀로 곁에서 웃고 있다. 공이 눈물을 닦고 안자를 돌아보며 말했다.

"과인이 오늘 노는 것을 슬퍼하고 있고, 사공이 양구거와 함께 모두 과인을 따르며 울고 있는데 그대는 홀로 웃고 있다니 어찌 된 일이오?"

안자가 대답하여 말했다.

"현자에게 이 나라를 언제나 지키게 하였다면 태공과 환공이 언제나 지켰을 것입니다. 용기가 있는 사람에게 이 나라를 영원히 지키게 했다면 장공이나 영공이 영원히 지켰을 것입니다. 몇몇 군주가 이를 지켰다면 우리 임금님은 장차 도롱이와 삿갓을 걸치고 밭이랑 가운데에 서 있을 것입니다. 오직 일을 돌보느라 어디 여가가 있어 죽음을 생각하시겠습니까? 곧 우리 임금님이 어찌 이 자리를 얻어 계실 수 있겠습니까? 번갈아 이 자리에 있고 번갈아 이 자리를 떠나가며 임금님에게 이르렀습니다. 홀로 이를 위해 눈물을 흘리시니 이것은 어질지 못합니다. 어질지 못한 임금을 뵙고 아첨하는 신하들을 보고 있습니다. 신이 이 둘을 보고 홀로 몰래 웃었습니다."

경공이 부끄러워 잔을 들어 스스로 벌을 했다. 두 신하에게 벌로써 각각 두 잔을 마시게 했다.

| 해석과 감상 |

죽음을 담담히 받아들여야 한다. 사람들이 죽지 않는다면 지구는 사람들로 넘쳐날 것이고, 이미 앞 사람들이 차지해서 내가 차지할 것은 없다는 내용이다. 아우렐리우스의 『명상록』을 함께 읽어 볼 일이다. 니어링 부부의 『조화로운 삶』, 헬렌 니어링의 『아름다운 삶, 사랑 그리고 마무리』도 죽음을 긍정적으로 본다. 살 만큼 살았으면 자연으로 돌아간다는 사실을 로마 시대 5현제 중의 하나인 아우렐리우스 황제는 설파하고 있다. 그 죽음은 신이 정한 것이다. 헬렌 니어링은 백 살이 되던 날에 스스로 곡식을 끊고 죽는다. 그녀는 평소 꿈꾸던 방식으로 죽어간다.

| 필사하기 |

● 迭處之(질처지)요 迭去之(질거지)라.

* 迭(번갈아들 질), 處(곳 처, 머무를 처), 去(갈 거)

【번갈아 이 자리에 머무르고 번갈아 이 자리를 떠나간다.】

아들의 죽음

아들의 죽음은 아들이 없을 때와 같아진 것이니
그때처럼 근심이 없다는구나.
자식의 죽음을 혹독하게 슬프다 하여 참척이라 하니
자연의 순리를 거스름이 주는 큰 슬픔이다.
아들의 죽음으로 근심이 없다니
무자식이 상팔자라는 체념인가.
자기 한 몸도 지탱하지 못하는 가난인가, 게으름인가
아니면 우주를 통달한 도사인가.

| 본문 | 위나라에 동문오라는 사람이 있었다. 그의 자식이 죽었는데 근심하지 않았다. 그 집안의 집사가 말했다.

"공께서 사랑하는 아들은 세상에 둘도 없습니다. 지금 아들이 죽었는데 걱정도 하지 않으시니 어찌 된 일입니까?"

동문오가 말했다.

"나는 항상 아들이 없었네. 아들이 없어서 근심이 없네. 지금 아들이 죽었으니 지난번 아들이 없을 때와 같다네. 어찌 걱정한단 말인가?"

농사는 때를 따르고, 장사는 이익을 취하며, 공업은 기술을 따르고, 벼슬은 형세를 좇으니 형세가 그렇게 만든다. 그러나 농사는 가뭄이 있고, 장사는 손실이 있으며, 공업은 성공과 실패가 있고, 벼슬은 등용과 그렇지 못함이 있으니 운명이 그렇게 만든다.

| 해석과 감상 |

운명론의 극단이다. 부모님이 돌아가셨을 때를 천붕(天崩), 하늘이 무너졌다고 말한다. 자식이 먼저 세상을 떠나면 참척(慘慽)이라 한다. 혹독하게 슬프다는 뜻이다. 부모가 죽으면 산에 묻지만 자식이 죽으면 가슴에 묻는다는 속담이 참척을 표현하는 말이다. 이순신은 『난중일기』에서 3남 이면의 전사 소식을 듣고 '온 세상이 깜깜하고 해조차 색이 바래 보인다.'라고 참척의 슬픔을 표현한다. 자식을 잃은 부모를 표현할 어휘가 없다고 할 만큼 그 슬픔은 크다. 그런데 이 글은 자식이 죽는 큰 슬픔을 겪고도 아무렇지 않다는 듯이 운명을 이야기한다. 공자의 제자인 자하는 자식이 죽은 뒤 너무 슬퍼서 눈이 멀었다고 한다. 자식의 죽음은 자연을 거스르기 때문에 슬픔이 더 크다. 『장자』 「천지」 편에 무자식에 대한 비판적인 이야기가 나온다.

| 필사하기 |

● 無子之時不憂(무자지시불우)라.

*無(없을 무), 時(때 시), 憂(근심할 우)

【자식이 없을 때 근심이 없다.】

제7편 양주(楊朱), 위아설

이 편의 이름은 첫 두 글자를 딴 것이며 양주의 사상을 드러내는 제목이다. 양주는 자기의 몸에서 터럭 하나를 뽑아서 온 천하를 이롭게 하더라도 자기의 털을 뽑아서는 안 된다는 위아설을 주장한다. 이는 맹자의 공격을 받는다.

자기만을 위해야 한다는 양주의 사상을 열자는 의식적인 행동은 하지 말아야 한다는 것으로 보았다. 양주의 주장을 통해 열자는 자기 생각을 펼치고 있다.

명예란 무엇인가

명예가 부유를 가져오고 부유해지면 신분이 높아진다.
신분이 높아지면 자손에 이익이 된다.
관중과 요순임금은 거짓 명예를 내세워 몸을 유지하고
백이숙제는 실제 명예를 좇아 굶어 죽었다.
명예인가, 삶인가.

| 본문 | 양주가 노나라를 유람하다가 맹씨 집에 머물렀다. 맹씨가 물었다.

"단지 사람이면 그뿐인데 어찌 명예를 위하려 합니까?"

양주가 말했다.

"명예를 좇는 것은 부유해지기 위해서입니다."

"부유해진 뒤에도 어찌 그만두지 않습니까?"

"귀한 신분이 되기 위해서입니다."

"귀한 신분이 된 후에도 어찌 그만두지 않습니까?"

"죽음을 위해서입니다."

"죽었는데 무엇을 위합니까?"

"자손을 위해서입니다."

"명예가 어떻게 자손에게 이익이 됩니까?"

"명예는 그 몸을 고통스럽게 하고 그 마음을 초조하게 합니다. 그 명예를 누리는 사람은 종실에 혜택이 되고 이익은 겸하여 고향에 도움이 됩니다. 하물며 자손에게 말해 무엇 하겠습니까?"

"보통 명예를 위하는 사람은 반드시 청렴해야 하고 청렴하면 가난합니다. 명예를 위하는 사람은 반드시 사양해야 하는데 사양하면 낮아집니다."

"관중은 제나라 재상으로 임금이 음란하면 자기도 음란하고 임금이 사치하면 자기도 사치했습니다. 뜻이 맞고 말을 잘 따라 도가 나라의 으뜸으로 행해졌습니다. 그러나 죽은 후에는 관씨일 뿐입니다. 전씨는 제나라 재상으로 임금이 넘치면 자기는 낮추고 임금이 거두면 자기는 베풀었습니다. 백성이 모두 이를 따랐습니다. 이에 따라 제나라를 차지하고 자손이 이를 누리며 지금까지 끊어지지 않고 있습니다. 실제의 명예가 가난하다면 거짓 명예는 부자입니다."

"실속은 명예가 없고 명예는 실속이 없습니다. 명예란 것은 거짓일 뿐입니다. 옛날 요순임금은 거짓으로 천하를 허유(許由)와 선권(善卷)에게 양위하려고 하여 천하를 잃지 않아 임금의 자리를 백 년을 누렸습니다. 백이와 숙제는 참으로 고죽국의 임금 자리를 사양하다가 끝내 그 나라를 잃고 수양산에서 굶어 죽었습니다. 진실과 거짓의 분별은 이처럼 살피는 것입니다."

| 해석과 감상 |

관중과 요순임금은 거짓 명예를 얻은 자들이다. 진실한 명예를 얻은 백이와 숙제는 굶어 죽었다. 모든 명예는 추구할 바가 아니다. 명예가 붙는 말 중에 명예시민, 명예교수, 명예영사, 명예박사, 명예혁명, 명예회장 등은 긍정적으로 사용되는 예이다. 국내법상으로 명예훼손죄는 진실 또는 허위의 사실을 적시하여 사람의 사회적 평가를 실추시키는 것을 처벌하는 법이다. 부자가 되거나 공부를 열심히 하는 목적은 지위나 금전 외에 명예에 대한 열망이 크다.

| 필사하기 |

● 若實名貧(약실명빈)이면 僞名富(위명무)니라.

*若(같을 약), 實(열매 실), 貧(가난할 빈), 僞(거짓 위), 富(부유할 부)

【실제 명예가 가난하다면 거짓 명예는 부유하다.】

■『논어』「이인」子曰(자왈), 富與貴(부여귀)는 是人之所欲也 (시인지소욕야)나 不以其道得之(불이기도득지)면 不處也(불처야)니라.

*富(넉넉할 부), 與(더불 여), 貴(귀할 귀), 欲(하고자 할 욕), 得(얻을 득), 處(살 처)

【공자 가로되, 부귀는 사람들이 하고자 하는 바이다. 도로써 이를 얻은 것이 아니면 머물러서는 안 된다.】

■『논어』「헌문」子曰(자왈), 貧而無怨難(빈이무원난)하고 富而無驕易(부이무교이)하니라.

*貧(가난할 빈), 怨(원망할 원), 難(어려울 난), 富(부유할 부), 驕(교만할 교)

【공자 가로되, 가난하면서 원망하지 않기는 어렵고, 부유하면서 교만하지 않기는 쉽다.】

『열자』와 『논어』로 우리 삶의 균형 찾기

이 글은 거짓 명예가 부유하다고 말한다. 공자는 도로써 부귀를 얻어야 하고 부유하면 교만하기 쉽다고 말한다. 같은 관점을 취한다.

뺄 시간은 빼라, 인생은 짧다

인생은 길지 않다.
자는 시간 빼고
멍한 시간 빼고
술 취해 기억이 사라진 시간 빼고

화내는 시간도 빼고

남 흉보는 시간도 빼고

요양원에 누워 있는 시간 빼고

너나없이 개인별로 빼고 싶은 시간 빼면

살아 있는 시간 길지 않다.

| 본문 | 양주가 말했다.

"백 살은 사람 수명의 커다란 한계이다. 백 살을 사는 사람은 천 명에 하나도 없다. 설령 한 명이 있다고 하더라도 어려서 어머니 품에 있을 때와 늙어서 혼미하니 활동을 못 하는 때가 거의 반을 차지한다. 밤에 잠잘 때 활동이 멈춘 시간, 낮에 깨어 있을 때 헛되이 보내는 시간이 또한 그 반을 차지한다. 아프고 병들고 슬프고 고통스러워하며 자기를 잃고 근심하고 두려워하는 시간이 또한 거의 그 반을 차지한다. 십수 년 동안을 헤아려보면 즐거움을 스스로 얻으면서 작은 걱정을 잊는 때가 한 시도 없다.

그러한즉 사람의 삶에서 어찌해야 하는가? 무엇을 즐겨야 하는가? 아름답고 두텁게 즐겨야 하며 음악과 색을 즐겨야 한다. 아름다움과 두터움도 언제나 싫도록 만족할 수 없고, 음악과 색도 언제나 즐겨 들을 수 없다. 또한 형벌과 상이 금하기도 하고 권하기도 하며, 명예와 법령이 나아가게 하거나 물러나게도 한다. 황망히 한 때의 헛된 명예를 두고 경쟁하고, 죽은 후의 남는 영광을 꾀하기도 한다. 우물쭈물 귀와 눈이 보고 듣는 것을 따르고, 몸의 뜻에 따라 옳고 그름을 애석하게 여긴다. 헛되이 당장의 지극한 즐거움을 잃고 한 시도 자기 마음대로 행동할 수 없다. 중벌을 받는 죄수의 구속과 무엇이 다른가?

태곳적 사람은 삶이 잠시 이 세상에 와 있는 것임을 알고, 죽음이 잠시 뒤에 떠나는 것임을 알았기에 마음을 따라 움직이고, 자연스럽게 좋아하는 것을 어기지 않고 몸이 즐거움을 당하면 피하지 않았다. 그러므로 명예를 위해 권하는 바가 없었다. 본성을 따라 놀고, 만물이 좋아하는 것을 거스르지 않으며, 죽은 후에 명예는 취할 바가 아니어서 형벌이 미치는 바가 없었다. 명예를 앞세우거나 뒤에 놓는 것, 수명이 많거나 적음에 대해 헤아리지 않았다."

| 해석과 감상 |

쓸데없는 시간 빼면 사는 것 같이 사는 시간은 길지 않다. 이를 생각하면 살아 있을 때 살아 있음을 만끽하면서 사는 방법을 찾아야 한다. 양주 사상의 핵심과 관계가 깊다. 100살을 산다고 가정하고 양주가 말한 방법으로 사는 것 같이 사는 시간을 계산해 보자. 어머니 품에 있을 때, 늙어서 혼미한 때를 최소한으로 하여 각각 5년씩 잡으면 90년, 그 중에 밤에 잠자는 시간을 7시간, 화장실을 가거나 해서 낮에 헛되이 지내는 시간을 5시간으로 잡으면 45년이 남는다. 아파서 제대로 활동하지 못하는 시간, 근심과 두려움으로 보내는 시간은 매우 편차가 크지만 10년으로 잡으면 35년이 남는다. 젊어서 직장을 잡으려고 학교 다니며 공부하는 시간 13년에 취직 공부 기간을 2년만 잡으면 20년이 남는다. 늙어서 혼미하지는 않지만 삶을 즐길 수 없는 기간도 짧게는 5년은 된다. 이렇게 대략 계산하면 남은 기간은 15년이다. 100살을 살지 못하는 사람은 이보다 짧은 삶을 산다. 매일 매시간 정말 열심히 살아야 한다.

| 필사하기 |

●痛疾哀苦(통질애고)요 亡失憂懼(망실우구)니 又幾居其半矣

(우기거기반의)**니라.**

*痛(아플 통), 疾(병 질), 哀(슬플 애), 苦(쓸 고), 亡(잃을 망), 失(잃을 실), 憂(근심 우), 懼(두려워할 구), 幾(거의 기), 居(있을 거), 半(반 반)

【아프고 병들고 슬프고 고통스러워하며 자기를 잃고 근심하고 두려워하는 시간이 또한 거의 삶의 반을 차지한다.】

뽐내다가 죽은 백이와 전계

자랑하려다 무리해서 죽고
자랑하다가 침 튀긴다.
뽐내려다 몸이 상하고
뽐내다가 눈총 맞는다.
자랑하고 뽐낼 때
소음 속에 자기 혼자뿐이다.
청렴이거나 정절이거나 많은 명예가 삶을 그르친다.

| 본문 | 양주가 말했다.

"백이는 욕망이 없었던 것이 아니다. 청렴의 으뜸을 자랑하다가 굶어 죽는 것을 본받았다. 전계(展季)[157]는 정이 없었던 것이 아니다. 정절의 으뜸을 자랑하다가 후손이 줄어들었다. 청렴과 정절이 이처럼 착함을 그르친다."

---

157. 전계(展季): 유하혜(柳下惠). 유하는 식읍이고 혜는 시호이다. 성은 전이며 이름은 획(獲)이다. 능란한 변설과 밝은 예절로 공자로부터 칭송받았다. 맹자는 이윤, 백이, 공자, 전계를 4대 성인으로 추앙하였다. 『장자』에서 도척은 그의 동생이다. 『논어』 18편 미자 편에 전계 이야기가 실려 있다.

| 해석과 감상 |

앞의 이야기와는 다른 시각에서 백이숙제를 말하고 있다. 자랑하다가 명예는 얻었지만 죽었다. 노장사상이 생명 사상이라는 시각을 보여주고 있다.

| 필사하기 |

● 淸貞之誤善(청정지오선)이라.

*淸(맑을 청), 貞(곧을 정), 誤(그르칠 오), 善(착할 선)

　청렴과 정절이 착함을 그르친다.

■『논어』「공야장」子曰(자왈), 伯夷叔齊(백이숙제)는 不念舊惡(불념구악)이라 怨是用希(원시용희)니라.

*伯(맏 백), 夷(평평할 이), 齊(가지런할 제), 念(생각할 념), 舊(예 구), 惡(악할 악), 怨(원망할 원), 是(이 시), 用(쓸 용), 希(바랄 희)

【공자 가로되, 백이숙제는 옛 잘못[158]을 생각하지 않았다. 원한이 이 때문에 드물게 사용되었다.】

■『논어』「술이편」(冉有) 入曰(입왈), 伯夷叔齊何人也(백이숙제하인야)잇고? 曰(왈), 古之賢人也(고지현인야)라 曰(왈), 怨乎(원호)잇가? 曰(왈), 求仁而得仁(구인이득인)이어니 又何怨(우하원)이리오?

* 冉(나아갈 염), 賢(어질 현), 怨(원망할 원), 得(얻을 득)

【(염유) 들어가 여쭈었다. "백이숙제는 어떤 사람입니까?" 공자 가로되,

---

158. 옛날의 악행(원한)을 보복하려 하지 않았다는 뜻이다(『논어주소』).

"옛날의 현인이다." 여쭙기를 "원망했습니까?" 공자 가로되, "인을 추구하여 인을 얻었으니 또 어찌 원망했겠느냐?"】

■『논어』「계씨편」伯夷叔齊餓于首陽之下(백이숙제아우수양지하)이나 民到于今稱之(민도우금칭지)니라.
【백이숙제는 수양산 아래에서 굶어 죽었으나 백성이 지금에 이르도록 칭찬한다.】

『열자』와 『논어』로 우리 삶의 균형 찾기

『열자』에서는 백이숙제에 대해 청렴과 정절이 착함을 그르쳤다고 말하고, 『논어』에서는 백이숙제가 원한을 마음에 두지 않았다고 말한다. 『열자』는 백이숙제의 그르침을 말하고 『논어』에서는 백이숙제를 칭송한다. 『논어』 속에 백이숙제 관련 글은 위의 셋이다.

삶을 즐겨라

조셉 캠벨은 신화를 연구하고 지금 삶을 즐기라 말한다.
호라티우스는 카르페디엠을 노래한다.
영화 죽은 시인의 사회 또한 그렇다.
시의 신선 이백은 장진주(將進酒)에서
황하가 한 번 흘러가면 다시 돌아오지 않으니
지금 호주머니 털어서 마시잔다.
노세, 노세! 우리 민요는 젊어서 놀아보잔다.
정철은 관찰사로 관동팔경 여행을 삼월에 떠나
오월에 울진 망양정에서 더 놀 수 없음을 아쉬워한다.
석 달을 여행하고도 놀아야 하는지 근무해야 하는지 갈등한다.

관동별곡인가, 관동갈등곡인가.

미루다 죽는다.
더운 날 아이스크림 아끼면 다 녹는다.

| 본문 | 양주가 말했다.

"원헌(原憲)은 노나라에서 가난하게 살았고, 자공은 위나라에서 재물을 모았습니다. 원헌의 가난은 삶을 훼손했고, 자공의 재물은 몸에 폐를 끼쳤습니다. 그러한즉 가난도 옳지 않지만 재물을 불리는 것도 옳지 않습니다."

"그러면 할 수 있는 것이 무엇이 있습니까?"

양주가 말했다.

"삶을 즐기는 일이 옳은 일이며, 몸을 편안하게 하는 것이 옳은 일입니다. 그러므로 삶을 잘 즐기는 사람은 가난하지 않고, 몸을 매우 편안히 하는 사람은 재물을 불리지 않습니다."

| 해석과 감상 |

조셉 캠벨의 『신화와 인생』, 니코스 카잔차키스의 장편소설 『그리스인 조르바』, 영화 〈죽은 시인의 사회〉, 호라티우스의 시 「카르페디엠」은 지금 인생을 즐기라고 말한다. 한국의 민요 〈노세 노세! 젊어서 노세〉, 이백의 장시 「장진주」, 정철의 사설시조 「장진주사」도 같은 맥락이다. 인생은 황허 강처럼 흘러가면 다시는 돌아오지 않는다. 그러니 현재를 붙잡아 현재에 충실해야 한다. Carpe Diem, Seize the day! 돈도 흐르고 인생도 흐른다. 가난이나 재물로 몸을 손상해서는 안 된다는 사상이다.

삶을 즐기는 것과 관련하여 쾌락주의를 살펴볼 수 있다. 서양의 노자로 불리는 에피쿠로스(BC 341~BC 270)는 인생의 유일한 목적이 쾌락이라고 하였다. 쾌락주의의 창시자인 그는 최고의 쾌락 상태인 '아타락시아'를 누리는 방법은 고통의 부재(아포니아)이며, 내세나 영생은 존재하지 않는다고 주장하였다. 그는 방탕한 쾌락은 참된 쾌락이 아니라고 단호하게 말한다. 로마시대 루크레티우스(약 BC 99~BC 55)는 『사물의 본성에 관하여』라는 시를 통해 에피쿠로스의 삶을 칭송하면서 두려움과 불안을 조장하는 영혼과 신들에 대한 종교적, 신화적 견해를 비판하였다. 토마스 모어(1478~1535)는 『유토피아』에서 쾌락을 자연스럽게 즐길 수 있는 육체적, 정신적 활동 모두라고 정의한다. 그는 모조품 등을 예로 들면서 자신과 타인을 속여서 얻는 것들은 헛된 쾌락이며, 인간의 존엄성을 저하시키는 사냥도 어리석은 쾌락이라고 말한다. 그러면서 한결같은 건강이 최고의 쾌락이며, 유토피아 사람들은 정신적인 쾌락을 좋아한다고 설명한다.

| 필사하기 |

● 可在樂生(가재락생)이요 可在逸身(가재일신)이라.

*可(옳을 가), 在(있을 재), 樂(즐길 락), 生(날 생), 逸(편안할 일), 身(몸 신)

【옳은 것은 삶을 즐기는 데 있고, 몸을 편안히 하는 데 있다.】

잘 사는 법

살고 싶은 대로 사는 것이
잘 사는 법이다.
죽으면 끝이다.
죽은 후에는 예의도 쓸모없다.
내면이 제멋대로여야 양생(養生)이다.

|본문| 안평중 안영이 관이오 관중에게 양생(잘 사는 법)에 관해 물었다.

"제멋대로 할 뿐입니다. 막지도 말고 멈추게도 하지 말아야 합니다."

안평중이 말했다.

"자세한 내용은 무엇입니까?"

이오가 말했다.

"귀가 듣고 싶은 것을 마음대로 하고, 눈이 보고 싶은 것을 마음대로 하고, 코가 향하고자 하는 바를 마음대로 하고, 입이 말하고자 하는 바를 마음대로 하고, 몸이 편안하고자 하는 바를 마음대로 하고, 생각이 행하고자 하는 바를 마음대로 하는 것입니다. 귀가 듣고 싶어 하는 것이 음성(음악)인데 듣지 못하게 하면 귀가 밝은 것을 막는 것이라 합니다. 눈이 보고자 하는 것이 아름다운 색깔인데 이를 보지 못하게 하면 이는 보는 것을 막는 것이라 합니다. 코가 향하는 것이 산초와 난초인데 냄새를 맡지 못하면 냄새 맡는 것을 막는 것이라 합니다. 입이 도에 대해 말하는 것이 옳고 그름인데 말을 하지 못하면 지혜를 막는 것이라 합니다. 몸이 편안하고자 하는 것이 아름다움과 두터움인데 이를 따르지 않는 것을 편안함을 막는 것이라 합니다. 뜻이 하고자 하는 바를 편안함을 본받는 것이라 하는데 이를 행하지 않는 것은 본성을 막는 것이라 합니다.

이렇게 모두 못하게 하면 피폐와 학대의 주인입니다. 피폐와 학대의 주인을 떠나보내고 즐거이 죽음을 기다린다면 하루가 한 달이 되고, 일 년이 십 년이 됩니다. 내가 말하는 잘 사는 법입니다. 이를 꺼려 피폐와 학대의 주인이 되어 거기에 잡혀서 벗어나지 못하고 근심하며 오랜 삶, 백 년, 천 년, 만 년을 살아도 내가 말하는 양생이 아닙니다."

관이오가 말했다.

"나는 선생에게 양생에 대해 이미 말씀드렸습니다. 죽은 이를 보내는 것은 어찌하여야 합니까?"

안영이 말했다.

"죽은 사람은 간소하게 보냅니다. 어찌 말하겠습니까?"

관이오가 말했다.

"나는 진실로 이것에 대해 듣고 싶습니다."

평중이 말했다.

"이미 죽었는데 어찌 나와 관계가 있습니까? 화장해도 좋고 수장을 해도 좋으며 매장해도 좋습니다. 들에 놓아도 괜찮고 섶에 싸서 깊은 골짜기에 버려도 괜찮습니다. 곤룡포에 수를 놓은 바지를 입혀 돌로 만든 관에 넣어도 좋습니다. 오직 때에 따를 뿐입니다."

관이오가 포숙과 황자를 돌아보면서 말했다.

"살고 죽는 길은 우리 두 사람이 모두 말했습니다."

| 해석과 감상 |

자신을 억압하지 않는 삶이 열자가 말하는 잘사는 법, 양생법이다. 양생법이란 먹을 것을 가리고 몸과 마음을 다스려 건강한 몸으로 오래 살게 하는 방법이다. 양생(養生)이란 섭생(攝生)과 유사한 말로 생명을 기른다는 의미이다. 오래 사는 방법으로 약물이나 음식물 섭취, 특별한 운동, 마음의 수양 등으로 나눌 수 있다. 양생은 식욕과 색욕을 억제하는 방법을 흔히 취한다. 식욕의 억제는 벽곡(辟穀)으로 나아간다. 벽곡은 곡식을 먹지 않고 솔잎, 대추, 밤 따위만 생것으로 조금씩 먹는 것을 말한다. 장유의『계곡집』제5권에는 영천공의 대화가 나온다. "역시 일찍부터 초목(草木)을 쪄서 가루로 만들고 금석(金石)을 달구고 볶아 복용(服用)하셨던가? 역시 일찍부터 호흡법을 익혀 묵은 숨을 내쉬고 새 기운을 들이마시면서 양생법(養生法)을 닦으셨던가? 역시 일찍부터 북두성(北斗星)에 제(祭) 올리고 선령(仙靈 신선(神仙))을 섬기면서 경건하게 재계(齋戒)하여 행복과 장수를 기도해 오셨던가?" 이에 대해 영천공이 답한다. "아니다. 그런 일은 있지 않았다. 우리 아버님의 생활 태도를 보면 아무 음식이나 드시되 탐욕을 부리지 않으실 따름이고 마음 내키는 대로 행하시되 편벽되게 하지 않으실 따름이다. 배가 고프면 식사하고 목이 마르면 물을 마시며 여름에는 갈포(葛布) 옷을 입고 겨울에는 가죽옷을 입으며 해가 뜨면 활동을 하고 해가 지면 휴식을 취하는 등 모두 일반인과 동일하게 행하실 따름이다. 그러니 무슨 술법 따위가 있겠는가."

『황정내경경(黃庭內景經)』은 도가(道家)의 양생법(養生法)을 기술한 책으로 양구자(梁邱子)가 주석을 달았으며, 도가서(道家書) 중에서도 가장 중요하게 생각되어 많이 읽히는 책이다. 청나라 조설근의『홍루몽』에서는 가경이 불로장생법에 매달려 도관에서 생활하다가 수은중독으로 사망한다. 진시황은 불로장생초를 구하려했다는 것으로 유명하지만 49세의 나이에 죽는다. 평균 수명이 매우 짧았던 시기에 소크라테스는 71세에 사약을 먹고 죽고, 공자는 73세까지 산다. 노자는 100세 또는 200세 등을 살았다고 하고 석가모니는 79세, 묵자 90세, 장자는 80세, 사마천은 87세를 살았다. 최고의 양생법은 이들에서 찾아야 할 것이다.

| 필사하기 |

● 肆之而已(사지이이)라 勿壅勿閼(물옹물알)하라.

*肆(방자할 사), 而已(~뿐, 이이), 勿(말 물), 壅(막을 옹), 閼(그칠 알)

【제 멋대로 할 뿐이다. 막지도 말고 멈추게도 말라.】

양주, 세상을 위해 자기 몸의 터럭 하나 뽑아야 하나

세상을 위해
터럭 하나 뽑을 수 없다는
양주와 제자 맹손양은
노자가 마땅하다고 말할 것이고
뽑을 수 있다는 묵적과 우임금은
금자의 말을 마땅하다고 할 것이다.
터럭은 시작이니
터럭부터 보존해야 내 몸을 보존한다.

| 본문 | 양주가 말했다.

"백성자고는 자기 몸의 한 개의 터럭으로도 사물을 이롭게 하지 않았으며, 나라를 버리고 숨어 살면서 밭을 갈았습니다. 우임금은 자기 한 몸을 스스로 이롭게 하지 않고, 몸이 지치고 깡마르게 되었습니다. 옛날 사람들은 천하를 이롭게 하기 위해 터럭 하나를 뽑는다고 해도 하지 않았고, 천하를 모두 자기 한 사람에게 바친다고 하더라도 받지 않았습니다. 사람마다

한 개의 터럭을 뽑지 않고,[159] 사람마다 천하를 이롭게 하려고 하지 않으면 천하가 다스려집니다."

금자가 양주에게 말했다.

"그대 몸에서 한 개의 터럭을 뽑음으로써 온 세상을 도울 수가 있다면 그대는 그렇게 하시겠습니까?"

양자가 말했다.

"세상은 본시부터 한 개의 터럭으로 도울 수 있는 게 아닙니다."

금자가 말했다.

"가령 도울 수 있는 경우라면 하시겠습니까?"

양자는 대답하지 않았다. 금자가 나와서 맹손양에게 말하자 맹손양이 말했다.

"그대는 선생님의 마음을 깨닫지 못했습니다. 내가 그에 대해 말씀드리지요. 살갗 같은 것을 훼손해 만금을 얻을 수 있다면 그대는 그 일을 하겠습니까?"

금자가 말했다.

"합니다."

맹손양이 말했다.

"하나의 마디 같은 것을 잘라 한 나라를 얻을 수가 있으면 그대는 그 일을 하겠습니까?"

금자는 한동안 말을 못 했다. 맹손양이 말했다.

"한 개의 터럭은 살갗보다 작으며, 살갗은 하나의 마디보다 작음이 분명합니다. 그러나 한 개의 터럭이 쌓여서 살갗을 이루고, 살갗이 쌓여서 하

---

159. 문맥을 고려하여 장담 판본의 '人人有損一毫'를 '人人不損一毫'로 바꾸었다.

나의 마디를 이루게 됩니다. 한 개의 터럭은 본래 한 몸의 만분의 일의 사물이지만 어찌 이를 가벼이 여길 수 있겠습니까?"

금자가 말했다.

"나는 그대에게 대답하지 못하겠습니다. 그러나 그대의 말에 대해 노담(老子)과 관윤(關尹)에게 묻는다면 그대의 말이 마땅하다고 말할 것입니다. 나의 말에 대해 우임금과 묵적(墨翟, 墨子)에게 가서 물어본다면 나의 말이 합당하다고 할 것입니다."

| 해석과 감상 | (2009년 서울시립대 수시모집 논술 고사 인용문)

양주의 위아설(爲我說), 위아주의(爲我主義)가 잘 나타나 있다. 남을 위해 머리카락 하나의 희생도 할 수 없다는 사상이다. 반대로 묵자는 모든 사람을 똑같이 사랑해야 한다는 겸애주의를 내세웠다. 우임금은 묵적이 가장 존경하던 임금이다. 열자 대신에 제자 맹손양이 스승의 사상을 덧붙여 설명한다. 한 개의 터럭이라지만 하나의 터럭이 쌓이면 하나의 몸을 이루는데 몸을 바쳐 천하를 위하는 것은 잘못이라는 것이다. 작은 것은 아무것이 아닐 수 있으나 이로부터 문제가 일어날 수 있음을 반영하고 있다. 위아주의는 희생을 강요하는 사회에 비판을 가하며 자기 행복을 앞세운다.

"양주는 자신을 위하니 이는 임금이 없는 것이다. 묵자는 두루 사랑하니 이는 아버지가 없는 것이다."(『맹자』 「등문공」 하편).

"양주는 위아설을 취하여 머리카락 하나를 뽑아 천하를 이롭게 한다고 해도 하지 않는다. 묵자는 겸애로 이마를 갈아 발꿈치에 이르게 한다 하더라도 천하를 이롭게 한다면 그렇게 한다."(『맹자』 「진심」 상편).

맹자는 양주가 국가를 없애는 사람이라 비판하고, 묵자를 아버지를 더 사랑하지 않는다고 비판한다. 양주는 자신만을 위하고 묵자는 남만을 위한다고 지적한다. 양주의 위아설은 전국시대의 혼란한 시대를 종결시키는 방법으로 아나키스트(무정부주의자)와 같은 사상이며 이기주의와는 다르다. 그는 개인의 삶을 위해 국가가 존재해야 한다고 역설한다. 묵자는 공자의 사랑을 차별적 사랑이라 비판하며 보편적 사랑으로 혼란한 시기를 해결하려 했다. 전국시대 제자백가 중에서 양주와 묵자는 가장 영향력 있던 두 철학자였다.

| 필사하기 |

● 損一毫利天下(손일호리천하)라도, 不與也(불여야)라.

*損(덜 손), 毫(가는 털 호), 利(이로울 리), 天(하늘 천), 與(줄 여)

【터럭 하나를 뽑아 천하를 이롭게 해도 뽑아 주지 않는다.】

■『논어』「안연」子曰(자왈), 己所不欲(기소불욕)을 勿施於人(물시어인)하라.

*己(자기 기), 所(바 소), 欲(하고자 할 욕), 勿(말 물), 施(베풀 시)

【공자 가로되, 자기가 하고자 하지 않는 것을 남에게 베풀지 말라.[160]】

『열자』와 『논어』로 우리 삶의 균형 찾기

양주는 자신의 몸을 제일로 삼고, 공자는 남에게 피해를 주지 말라고 말한다. 양주는 자신을 향하고, 공자는 타인을 향한다.

---

160. '자기가 하고 싶지 않으면 남에게 시키지 말라'고 해석할 수 있다.

훌륭한 임금과 포악한 임금

요순의 훌륭함과 걸주의 포악함 중
행복은 무엇인가.
명예인가 실질인가.

| 본문 | 양주가 말했다.

"천하의 아름다움은 순임금, 우임금, 주공, 공자에게 돌아가고, 천하의 악은 걸왕과 주왕에게 돌아간다. 그러나 순임금은 하양에서 밭을 갈고, 뇌택에서 질그릇을 구웠다. 온몸이 잠시도 편안할 수 없었고 입과 배는 맛있는 것으로 채울 수 없었다. 부모가 사랑하지 않았고, 아우와 누이도 친하지 않았다. 나이 삼십이 되자 부모에 알리지 않고 장가를 들었다. 요임금으로부터 선양 받았을 때는 이미 늙고 지혜는 쇠약했다. 아들 상균은 재주가 없어 우임금에게 자리를 선양하고 매우 슬프게 죽었다. 이는 천하 사람들 중에서 심한 궁핍과 참혹함이다.

곤은 물과 땅을 다스렸다. 그는 쌓고 쓰는 것을 이루지 못해 우산(羽山)에서 처형되었다. 우(禹)가 아버지 일을 이어받아 원수를 섬겨 황폐한 땅에서 공을 이루었다. 자식을 낳은 후 기르지 못하고 자기 집의 문을 지나면서 들어가지 못했다. 신체는 바싹 마르고 손발은 살갗이 트고 굳은살이 박였다. 순임금에게 선양을 받고 궁실을 왜소하게 하고 제사 지낼 때 입는 옷을 입었다. 그리고 매우 슬프게 죽음을 맞이했다. 이것은 천하사람 중에서도 큰 근심과 고통이다.

무왕이 죽고 성왕이 어려서 약해 주공이 천자의 정치를 섭정했다. 소공이 기뻐하지 않아 네 나라에 소문을 퍼트려서 동쪽에서 삼 년을 살았다. 형을 죽이고 동생을 쫓아내어 거우 그 몸의 화를 면했다. 그는 매우 슬프게 죽었다. 이것은 천하 사람 중에서도 큰 위험과 두려움이다.

공자는 제왕의 도리에 밝아 당시 군주의 초빙에 응했다. 송나라에서는 그를 죽이려고 나무를 베어 넘어뜨리고, 위나라에서는 쫓겨났으며, 상나라와 주나라에서는 궁핍했고, 진나라와 채나라에서는 포위되었다. 계씨에게 굴욕을 받고, 양호에서 욕을 보았다. 그는 매우 슬프게 죽었다. 이것은 천하 백성 중에서 큰 황망함과 두려움이다.

이 네 명의 성인은 하루의 기쁨도 없이 살다가 만세의 이름을 남기고 죽었다. 명예라는 것은 본디 실제로 취할 바가 아니다. 비록 그를 칭송하더라도 알지 못하고, 비록 그에게 상을 준다고 해도 알지 못하니 나무 그루터기나 흙덩이와 다를 바가 없다.

걸왕은 여러 대에 걸쳐 쌓은 재물에 의지하여 임금의 자리에 있었다. 지혜는 여러 신하를 대항하기에 충분하고 위세는 바다 안(세상)에 떨치기에 충분했다. 귀와 눈이 즐기는 것을 제멋대로 하고 뜻과 생각이 하고자 하는 바를 다하며 즐거움 속에서 죽었다. 이는 천하 백성 중에서도 큰 편안함과 방탕함이다.

주왕은 여러 대에 걸쳐 쌓은 재물에 의지하여 임금의 자리에 있었다. 위세는 행하지 않음이 없었고 뜻은 따르지 않음이 없었다. 넓은 궁전에서 제멋대로 하고 긴 밤에 하고자 하는 바대로 하여 예와 의로써 자신을 괴롭히지 않았다. 기쁨 속에 있다가 목이 달아났다. 이것은 천하 백성 중에서도

---

161. 문왕의 서자(庶子).

제멋대로 산 것이다.

그들 둘의 흉악함은 하고자 하는 것을 따르는 기쁨을 가지고 살았고, 어리석고 포악하다는 이름을 입고 죽었다. 실제라는 것은 본디 명성이 주는 바가 없다. 비록 헐뜯어도 알지 못하고 칭찬해도 알지 못한다. 이것은 나무 그루터기나 흙덩이와 다를 바가 없다. 저들 네 명의 성인은 비록 아름다움으로 돌아갔지만 괴로움이 종말에 이르게 하고 함께 죽음으로 돌아갔다. 뒤의 두 흉악한 왕은 비록 악으로 돌아갔지만 즐거움으로써 종말에 이르고 죽음으로 돌아갔다."

| 해석과 감상 |

열자는 기존의 훌륭한 임금과 포악한 임금을 전혀 다른 시각으로 본다. 순임금은 부모로부터 사랑도 받지 못하였으며 심한 궁핍과 참혹한 삶으로 매우 슬프게 죽었다. 우임금 역시 처형된 아버지의 일을 이어받아 집에도 들어가지 못하면서 큰 근심과 고통의 삶을 살다가 슬프게 죽었다. 만인이 우러르는 주공도 매우 슬프게 죽었다. 공자는 여러 나라에서 쫓겨나고 굴욕을 받았으며 슬프게 죽었다. 이들은 기쁨 없이 이름을 남기고 죽었으니 흙덩이와 같다. 걸왕은 제멋대로 하고 즐거움 속에서 죽었다. 주왕도 제멋대로 하고자 하는 바대로 살면서 자신을 괴롭히지 않았다. 둘은 흉악하다고 하지만 즐거움으로써 종말에 이르렀다. 이들을 통해 무엇을 따를 것인가를 열자는 묻고 있다.

| 필사하기 |

● 實者固非名之所與也(실자고비명지소여야)**라.**

*實(열매 실), 固(굳을 고, 본디 고), 非 (아닐 비), 所 (바 소), 與(줄 여)

【실제라는 것은 본디 명성이 주는 바가 없다.】

집, 옷, 음식, 여자 등 만족함을 추구해야

만족을 모르면 만족이 무너진다.
집에서 자고
옷으로 추위를 막으며
음식으로 행복을 맛보며
함께 하는 이와 이를 나누면 따로 할 일이 없다.
긴 세월 젊음을 바쳐 도달하고자 함이 이것이니
처음부터 그 자리로 향하는 것이 낫다.

| 본문 | 양주가 말했다.

"풍족한 집과 아름다운 옷, 맛있는 음식과 예쁜 여자, 이 네 가지가 있는데 어찌 다른 것을 추구하는가? 이런 것들이 있는데 다른 것을 추구하는 것은 만족을 모르는 성격이다. 만족을 모르는 성격이 음양[162]의 좀벌레다."

| 해석과 감상 |

집, 옷, 음식, 여자(여자의 경우 멋진 남자)를 따르면 된다. 이것이 자연의 원리라는 것이 양주의 사상이다. 이들은 모두가 추구하는 가정을 이루는 근본이다.

---

162. 자연의 원리.

| 필사하기 |

● 豐屋美服(풍옥미복), 厚味姣色(후미교색).

*豐(풍성할 풍), 屋(집 옥), 美(아름다울 미), 服 (옷 복), 厚(두터울 후), 味(맛 미),

姣(예쁠 교), 色(색 색)

【좋은 집과 아름다운 옷과 맛있는 음식과 예쁜 사람】

제8편 설부(說符), 도에 부합하는 말

설부(說符)란 말이 도에 부합한다는 뜻이다. 여기에서 말은 도가에서 일
컫는 지극한 사람의 말이다.

굶주리며 곡식 받지 않은 열자

열자는 굶주려도
남의 말을 듣고 주는 곡식을 받지 않는다.
남의 말을 듣고 곡식을 주는 이는
남의 말을 듣고 남을 죽일 수 있기 때문이다.

| 본문 | 열자가 가난하여 용모에 굶주린 기색이 보였다. 나그네가 정(鄭)
나라 자양(子陽)에게 말했다.

"열어구는 도(道)가 있는 선비입니다. 임금님의 나라에 살면서 궁핍하게
지내고 있습니다. 임금께서는 선비를 좋아하지 않으십니까?"

정나라 자양은 곧 관리에게 명하여 곡식을 보내주었다. 열자가 나와 관
리를 보고 두 번 절하며 사양하였다.

관리가 돌아가고, 열자가 들어왔다. 부인이 그를 보고 가슴을 치며 말

했다.

"첩[163]이 듣건대 도를 터득한 사람의 아내는 모두 편안하고 즐겁게 지낸다고 합니다. 지금 굶주린 기색이라 임금이 예우하여 선생에게 먹을 것을 보냈는데 선생은 받지 않으니 어찌 운명이 아니란 말이오?"

열자가 웃으며 말했다.

"임금은 자신이 나를 알아준 게 아니오. 남의 말을 듣고 나에게 곡식을 보내주었소. 그는 나에게 벌을 줄 때도 또한 남의 말을 들을 것이오. 이것이 내가 받지 않은 이유라오."

마침내 백성들이 정말 난을 일으켜 자양을 죽였다.

| 해석과 감상 |

남의 말을 듣고 상을 주는 사람은 남의 말을 듣고 벌을 줄 수 있다는 것이다. 열자는 진정으로 나를 알아서 나를 대우하지 않는다면 그것은 받지 않는다.

뽕 따는 여자에게 수작을

남의 것을 탐내면
나도 모르는 사이에
남이 내 것을 도둑질한다.
손자병법에 이르기를
적을 이익으로 유인하여

---

163. 여자가 자신을 이르는 1인칭 대명사.

혼란에 빠졌을 때를 공략하여 승리를 쟁취하라 하였으니

남의 것을 탐내면

나의 전체를 잃기 쉽다.

| 본문 | 진나라 문공이 전쟁을 일으켜 위나라를 정벌하려 하였다. 공자(公子) 서(鋤)가 하늘을 보며 웃었다. 문공이 어째서 웃느냐고 물었다. 그가 말했다.

"신(臣)이 이웃 사람 때문에 웃었습니다. 그가 처를 친정으로 데려다주는데 길에서 뽕 따는 여자를 보고서 좋아하여 그 여자에게 말을 하려 했습니다. 그때 그 처를 돌아다보니 또한 그의 처에게 손짓을 하고 있는 사람이 있었습니다. 신(臣)이 이것을 보고 몰래 웃었습니다."

문공은 그의 말을 깨닫고 정벌을 곧 중지하고 군사들을 이끌고 돌아갔다. 아직 도착하기 전에 그 나라 북쪽 변경을 쳐들어오는 자들이 있었다.

| 해석과 감상 |

남의 것을 탐내다 보면 자신의 것을 탐내는 사람이 있다는 것을 잊기 쉽다.

| 필사하기 |

● 『손자병법』 「시계(始計)」 利而誘之(이이유지)하고 亂而取之(난이취지)니라.

*利(날카로울 리, 이익 리), 誘(꾈 유), 亂(어지러울 난), 取(취할 취)

【적을 이익이 되게 하여 유인하고 혼란에 빠졌을 때 취하라】

강하면서 약하게 보이는 처신

강해도 부드러움으로 알려지고 싶다.
강함은 부드러움을 위함이다.
처음부터 부드러움으로 시작할 것을 강함을 거쳐 부드러움에 도착하니
강함을 거치지 않고 부드러움을 알기는 어렵다.

| **본문** | 공자의 힘은 나라 성문의 빗장을 밀 수 있지만 힘으로 유명하려 하지 않았다. 묵자는 공격을 막아 공수반을 복종시켰으나 병법으로 알려지는 것을 바라지 않았다. 그러므로 승리를 잘 유지하는 사람은 강함을 약함이라 이른다.

| 해석과 감상 |

약한 듯 보이는 처신에 대해 말하고 있다. 사람들은 무력으로 상대를 복종시키는 것을 좋아하지 않는다. 공자는 체구도 크고 힘도 좋았지만 힘으로 하고자 한 일은 없다. 묵자도 병법으로 상대를 복종시켰으나 병법으로 알려지는 것을 바라지 않았다.

| 필사하기 |

● 善持勝者(선지승자)는 以彊爲弱(이강위약)하니라.
*善(착할 선), 持(가질 지), 勝(이길 승), 彊(굳셀 강), 弱(약할 약)
【승리를 잘 유지하는 사람은 강함을 약함이라고 이른다.】

망양다기(亡羊多岐)

세 갈래 길,
잃은 양을 어느 길에서 찾을 수 있는가.
길이 많으면 길을 헤매다 양을 잃을 뿐이다.
여기 기웃 저기 기웃하다가
자기 무덤도 찾지 못하는 영원한 방랑자로 남는다.

| 본문 | 양자의 이웃 사람이 양을 잃었다. 자기 집사람들을 모두 이끌고 또한 양자에게 청하여 하인들을 보내 양을 찾게 했다. 양자가 말했다.

"허허, 양 한 마리 잃었군요. 찾으러 가는 사람이 어찌 이리 많소?"

이웃 사람이 말했다.

"갈림길이 많습니다."

돌아와서 물었다.

"양은 찾았소이까?"

"양을 잃었습니다."

"어찌 잃었소?"

"갈림길 가운데 또 갈림길이 있었습니다. 나는 갈 바를 몰라 돌아왔습니다."

양자는 근심하는 듯 얼굴빛이 변하고 한동안 말을 하지 못했습니다. 하루 종일 웃지도 않았습니다. 사람들이 이를 이상히 여겨 물었습니다.

"양은 천한 짐승이고, 또한 선생님(夫子)의 소유가 아닌데 말도 없고 웃지도 않으니 무슨 일이오?"

양자가 대답하지 않았다. 제자들[164]이 대답을 얻지 못했다. 제자 맹손양이 나와 심도자(心都子)에게 알렸다. 다른 날 맹손양과 함께 들어가서 물었다.

"옛날 삼 형제가 있었는데 제나라와 노나라 사이를 노닐다가 같은 스승을 모시고 배웠습니다. 인의(仁義)의 도(道)의 경지에 나아간 다음에 돌아왔습니다. 그 아버지가 말했습니다. '인의의 도가 어떤 것 같으냐?' 형이 말했습니다. '인의는 내가 몸을 사랑하고 후에 이름을 드러내는 것입니다.' 둘째가 말했습니다. '인의는 내가 몸을 죽여 이름을 이루는 것입니다.' 막내가 말했습니다. '인의는 내 몸과 이름을 나란히 온전하게 하는 것입니다.' 저 셋의 술법(방법)은 서로 거스르지만 똑같이 유가에서 나온 것입니다. 어느 것이 옳고 어느 것이 그른 것입니까?"

양자가 말했다.

"어떤 사람이 황하 물가에 살면서 물에 익숙해지고 헤엄치는 것이 용감해지자 배를 다루며 나룻배 일을 했다. 이익이 백 명을 먹여 살렸지. 양식을 넣어가지고 배우러 오는 사람이 무리를 이루었는데, 물에 빠져 죽는 사람이 거의 반이 되었단다. 본래 헤엄치는 것을 배워야 하지, 익사하는 것을 배우려는 것은 아니다. 이익과 해로움이 이와 같은데 그대는 어떤 것이 옳고 어떤 것이 그르다는 것이냐?"

심도자는 묵묵히 나왔다. 맹손양이 그를 나무랐다.

"어찌 그대는 동떨어진 질문을 해서 선생님이 답을 치우치게 하는가? 나의 의혹은 더욱 심해졌네."

---

164. 문하생.

심도자가 말했다.

"큰길은 갈림길이 많아 양을 잃게 되네. 공부하는 사람이 방법[방도]이 많아 삶을 잃게 되네. 배움이 근본이 같지 않은 것도 아니고, 근본이 하나가 아닌 것도 아닌데 끝은 이처럼 다르네. 오로지 같아서 하나로 돌아가야 얻고 잃는 게 없게 되네. 그대는 오랫동안 선생의 문하에 있으면서 선생의 도를 익히고도 선생의 깨우침을 알지 못하고 있네. 슬프구나!"

| 해석과 감상 |

망양(亡羊)은 독서하다가 양을 잃고 노름을 하다가 양을 잃었다는 뜻으로, 하는 일은 달라도 한 가지 일에 전념하지 아니하고 이것저것 하면 실패함을 이르는 말이다. 『장자』「병무편(駢拇篇)」에 나오는 말이다. '열 가지 재주 가진 사람이 빌어먹고 산다.'라는 우리 속담이 있다. 재주가 많으니 한 가지 일에 몰두하지 못하고 이것저것 참견하여 뛰어난 전문가가 되지 못한다. 반대로 한 가지 재주밖에 없는 사람은 자기 몸을 바쳐 그 재주에 전념하여 성공하게 된다. 망양(亡羊)은 망양지탄(亡羊之歎)을 줄인 말로, 갈림길이 매우 많아 잃어버린 양을 찾을 길이 없음을 탄식한다는 뜻으로, 학문의 길이 여러 갈래여서 한 갈래의 진리도 얻기 어려움을 이르는 말이다. 망양다기는 망양지탄이다.

| 필사하기 |

● 大道以多歧亡羊(대도이다기망양)이요 學者以多方喪生(학자이다방상생)이라.

*道(길 도), 歧(갈림길 기), 亡(잃을 망), 羊(양 양), 學(배울 학), 喪(잃을 상)

【큰 길은 갈림길이 많아 양을 잃게 된다. 배우는 사람이 방향(방법)이 많

아 삶을 잃게 된다.】

● 唯歸同反一(유귀동반일)이면 爲亡得喪(위망득상)이라.

*唯(오직 유), 歸(돌아갈 귀), 反(되돌릴 반), 得(얻을 득), 喪(잃을 상)

【오로지 하나로 같은 데로 본디대로 돌아가면 얻고 잃는 게 없다.】

흰옷 입고 나갔다가 검은 옷 입고 들어오자 개가 짖다

겉모양 보고 판단하지 마라.
비 오면 우산 쓰고
눈보라 치면 털모자 쓴다.
흙 묻은 옷 입던 사람도
정장 입고 길 나선다.

| 본문 | 양주의 아우 포(布)가 흰옷을 입고 나갔다가 비가 와서 흰옷을 벗고 검은 옷을 입고 돌아왔다. 그 집의 개가 알지 못하고 마주 나오며 짖었다. 양포가 노하여 개를 때렸다. 양주가 말했다.

"때리지 마라! 너 역시 오히려 그럴 것이다. 조금 전에 너의 개가 희게 하고 나가서 검게 하여 돌아오면 어찌 괴상하지 않겠느냐?"

| 해석과 감상 |

겉모양을 보고 판단하기 쉽다. 평상시에 입지 않던 옷을 입으면 사람들이 잘 알아보지 못한다.

방생, 잡아서 놓아준다면

방생은 살인이다.
살린다고 잡아야 하니 얽매는 일이다.
잘못 잡으면 죽으니 방생은 살인이다.
위한다고 위함을 내세우지 마라.
지나친 위함이 위함을 해친다.

| **본문** | 한단의 백성이 정월 초하루 아침에 간자에게 비둘기를 바쳤다. 간자는 크게 기뻐하고 그에게 두터운 상을 내렸다. 손님이 그 이유를 묻자, 간자가 말했다.

"정월 초하루 아침[165]의 방생(放生)은 은덕이 있음을 보일 수 있습니다."

손님이 말했다.

"백성들이 임금님께서 방생한다는 것을 알면, 다투어 비둘기를 잡느라고 죽이는 것이 많아질 것입니다. 임금님께서 만약 비둘기를 살리시려면 백성들에게 잡지 못하도록 금령을 내리시는 게 좋습니다. 잡았다가 놓아주는 것은 은덕과 잘못이 서로 보상할 수 없습니다."

간자가 말했다.

"그렇군요."

---

165. 원단(元旦).

흔히 방생(放生, 잡힌 생물을 놓아줌)을 은덕이라고 생각한다. 동물보호 측면에서 방생은 은덕이 아니라 동물 학대이다.

도끼 잃은 자의 편견

의심은 의심을 낳는다.
의심의 눈길로 보면 모두가 의심스럽고
사랑으로 보면 모두가 사랑스럽다.

부모는 자기 닮은 자식 낳는다.

| 본문 | 어떤 사람이 도끼를 잃어버리고, 그의 이웃집 아들을 의심했다.
그의 걸음걸이를 보아도 도끼를 훔쳤고, 안색을 보아도 도끼를 훔쳤으며, 말씨로 보아도 도끼를 훔쳤다. 동작과 태도가 도끼를 훔친 사람 같지 않은 것이 없었다.
얼마 뒤 골짜기를 파다가 그 도끼를 찾았다. 다음날 다시 그 이웃집 아들을 보니 동작과 태도가 도끼를 훔친 사람 같지 않았다.

| 해석과 감상 |

생각을 따라서 본다. 병은 마음이 만든다. 위장이 좋지 않다고 생각한 사람이 병원에서 아무 이상이 없다고 진찰받으면 금세 낫는다. 늘 위장이 좋지 않아서 내과에 간 사람에게 의사 선생님이 고스톱을 칠 때도 아프냐고 묻더란다. 의심이 병이다.

금 도둑

욕심에 눈이 먼다.
오래 보면
어떤 이는 금 전문가가 되고
어떤 이는 금 도둑이 된다.
욕심 없이 보면 그때 금빛이 보인다.

| **본문** | 옛날 제나라에 금 욕심이 있는 사람이 있었다. 이른 아침 의관을 입고, 시장에 갔다. 금은방에 가서 금을 움켜쥐고 도망갔다. 관리가 그를 잡고, 물었다.

"사람이 모두 있는데, 그대는 다른 사람의 금을 어찌 훔쳤는가?"

그가 대답했다.

"금을 집을 때는 사람이 보이지 않고, 다만 금만 보였습니다."

| 해석과 감상 |

집착하면 집착의 대상만 보인다. 돈을 벌려는 사람은 돈이 벌리는 것만 생각한다.

| 필사하기 |

● 取金之時(취금지시)면 不見人(불견인) 徒見金(도견금)이라.

*取(취할 취), 金(쇠 금), 時(때 시), 見(볼 견), 徒(무리 도, 다만 도)

【금을 집을 때는 사람이 보이지 않고, 금만 보인다.】

치유의 언어 -상권
논어와 함께 노자, 열자, 장자 읽기

발행일 1쇄 2023년 12월 20일
지은이 최기재
펴낸이 여국동

펴낸곳 도서출판 인간사랑
출판등록 1983. 1. 26. 제일-3호
주소 경기도 고양시 일산동구 백석로 108번길 60-5 2층
물류센타 경기도 고양시 일산동구 문원길 13-34(문봉동)
전화 031)901-8144(대표) | 031)907-2003(영업부)
팩스 031)905-5815
전자우편 igsr@naver.com
페이스북 http://www.facebook.com/igsrpub
블로그 http://blog.naver.com/igsr
인쇄 하정인쇄 **출력** 현대미디어 **종이** 세원지업사

ISBN 978-89-7418-617-3   04080
       978-89-7418-611-1   (세트)